EMILE - BAYARD

L'Art de Reconnaître la Beauté du Corps Humain

l'Homme

la Femme

l'Enfant

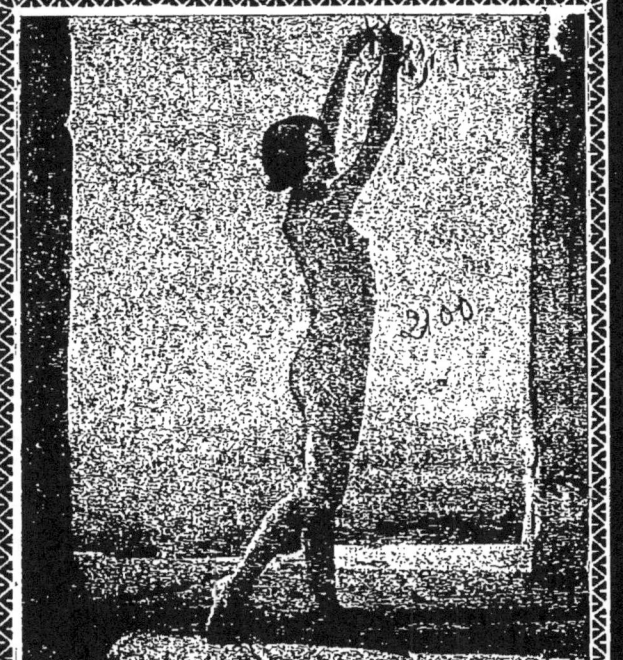

Ernest GRÜND, Éditeur, PARIS

L'Art
de reconnaître
la Beauté
du Corps Humain

OUVRAGES DU MÊME AUTEUR

L'Art appliqué français d'aujourd'hui.
L'Art de reconnaître les meubles anciens (11e mille).
L'Art de reconnaître les dentelles, guipures, etc. (8e mille).
L'Art de reconnaître la céramique (12e mille).
L'Art de reconnaître les gravures anciennes, etc. (9e mille).
L'Art de reconnaître les tableaux anciens, etc. (8e mille).
L'Art de reconnaître les fraudes en art.
L'Art de reconnaître les bijoux anciens, etc.
L'Art de reconnaître les styles (100e mille).
Le Style Renaissance (20e mille).
Le Style Louis XIII (32e mille).
Le Style Louis XIV (35e mille).
Les Styles Régence et Louis XV (34e mille).
Le Style Louis XVI (40e mille).
Le Style Empire (42e mille).
Le Style anglais (8e mille).
Les Styles flamand et hollandais (10e mille).
Les Meubles rustiques régionaux de la France (10e mille).
L'Illustration et les illustrateurs (13e mille).
La Caricature et les caricaturistes (12e mille).
Les Arts de la Femme (15e mille), etc.

GUIDES PRATIQUES DE L'AMATEUR ET DU COLLECTIONNEUR D'ART

ÉMILE-BAYARD
INSPECTEUR AU MINISTÈRE DES BEAUX-ARTS

L'Art de Reconnaître la Beauté du Corps Humain

L'Homme
La Femme
L'Enfant

OUVRAGE ILLUSTRÉ DE 150 GRAVURES

ERNEST GRÜND
Libraire-Éditeur
9, RUE MAZARINE, PARIS (VIe)

1926

En cordial hommage

à M. Paul Bouju,

Préfet de la Seine.

E.-B.

CHAPITRE PREMIER

Considérations générales sur l'Art et le Beau.

Si, au dire de Victor Cousin, la fin de l'art est l'expression de la beauté à l'aide de la beauté physique, le beau abstrait s'avère la chimère des artistes qui négligent le beau visible. Aussi bien l'art cache l'étude sous l'apparence du naturel et, l'illusion sur un fond vrai, s'écrie Joubert, voilà le secret des beaux-arts !

Quant aux définitions du Beau, nous les abandonnerons à leur vacuité. Qu'il soit « splendeur du bien » avec Platon ou qu'il « existe dans l'ordre et la grandeur » avec Aristote, nous voici bien avancés ! On ne dirait vraiment point que, selon Vauvenargues, « la clarté orne les pensées profondes », et la nature exprimée, non telle qu'elle est mais telle qu'elle devrait être, nous ramène à l'art sous la conduite du divin Raphaël.

Car l'art seul, déduit de la nature, incarne l'idéal et cette beauté pure où s'identifient l'idée et la forme. En dehors des images choisies de la vie, point de beauté frappante, et tout au moins serions-nous mal inspirés de choisir dans l'artificiel les types de notre admiration. La vérité qui s'arrête à l'intelligence alors que la beauté pénètre jusqu'au cœur, selon Lamennais, ordonne à la fois cette sélection et cette élection d'où Voiture conclut que la beauté est une lettre de recommandation que la nature donne à ses favoris. Le sentiment entre alors en jeu, mais encore le sentiment éduqué par l'observation, basé sur le goût et l'étude. Non point un sentiment capricieux commandé par la mode ni désorienté par le snobisme, mais un sentiment d'élite.

Encore le sentiment de la beauté varie-t-il suivant les époques, alors que la nature, en principe, demeure tellement invariable; et c'est là, pour l'art, l'occasion somptueuse de s'épanouir toujours différemment.

Il s'agirait maintenant de savoir si un critérium de beauté existe pour mettre d'accord les divers idéals. Là encore intervient le goût propre malgré que, cependant, des lois d'harmonie régissent l'admiration et la déterminent.

Pour avoir dit que le Beau pour le crapaud, c'est sa crapaude, Voltaire ne désavouait pas une définition plus élevée, car si l'on est digne de la beauté que l'on mérite suivant le degré de culture que l'on a, il ne faut point bannir les sommets et ravaler aux yeux égoïstes et vulgaires une appréciation grossièrement subordonnée.

Un amoureux voit avec son cœur, si l'on peut dire; un artiste objective son idéal, et les chefs-d'œuvre de l'art fixent l'exemple.

Qu'un Descartes ait affectionné les yeux louches, qu'un Benjamin-Constant ait montré quelque penchant pour les femmes laides, n'infirme en rien la beauté essentielle. L'ordre sentimental intervertit le jugement jusqu'à l'aberration, mais la Vénus de Milo s'oppose triomphalement à la Vénus des Hottentots. Si les choses ne sont pas comme elles sont mais comme on les voit, Chateaubriand estime qu'il faut comprendre pour admirer, et le dernier mot revient à Victor Hugo constatant que le beau n'a qu'un type et que le laid en a mille.

Cuvier, parlant de la reine de Saba, apprécie débonnaire-

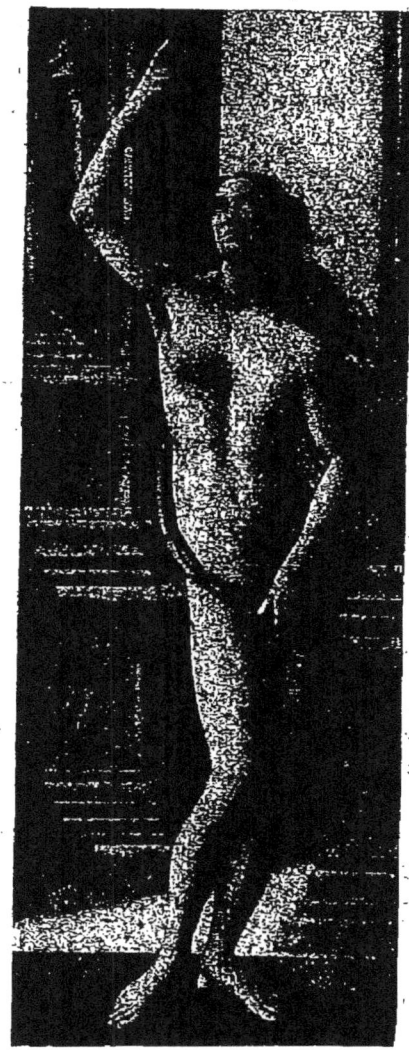

Fig. 1. — *La Femme*, de Sandro Botticelli.(Extrait de *La Calomnie*.)

ment qu'elle n'avait qu'un œil mais que son cœur était grand ; Pascal considère que la face du monde eût été changée si le nez de Cléopâtre avait été plus court; or, cela concerne moins l'esthétique que la philosophie et la littérature. Grandville s'est singulièrement moqué du style lapidaire lorsqu'il dessina, au pied de la lettre, l'idéal romantique au front d'ivoire, aux yeux de saphirs, aux sourcils et cheveux d'ébène, aux joues de roses, à la bouche de corail, aux dents de perles et cou de cygne... De quoi donner des désirs à un voleur, a dit spirituellement Alphonse Karr, mais nullement à un amoureux.

Les passions qu'inspirèrent la laideur des acteurs Le Kain et Garrick, l'épiderme pustuleux d'un Danton closent enfin le chapitre sensuel mais ne sauraient détourner de la beauté réfléchie.

Et pourtant l'art, comme le cœur, « a des raisons que la raison ne connaît pas ». Le docteur Stratz ainsi, établit médicalement que Simonetta Catanea, modèle de Sandro Botticelli (fig. 1), était phtisique. D'où il conclut que le délicieux peintre florentin s'était complu, dans sa Vénus, à un idéal phtisique sans le savoir, et que ses héritiers comme ses imitateurs, séduits par cet idéal, imprimèrent ingénûment à des modèles parfaitement sains, « une partie des symptômes de la phtisie, créant ainsi des êtres hybrides, impossibles dans la réalité »...

Poursuivant son étude, le docteur Stratz constate encore que dans les tableaux de Burne-Jones, on

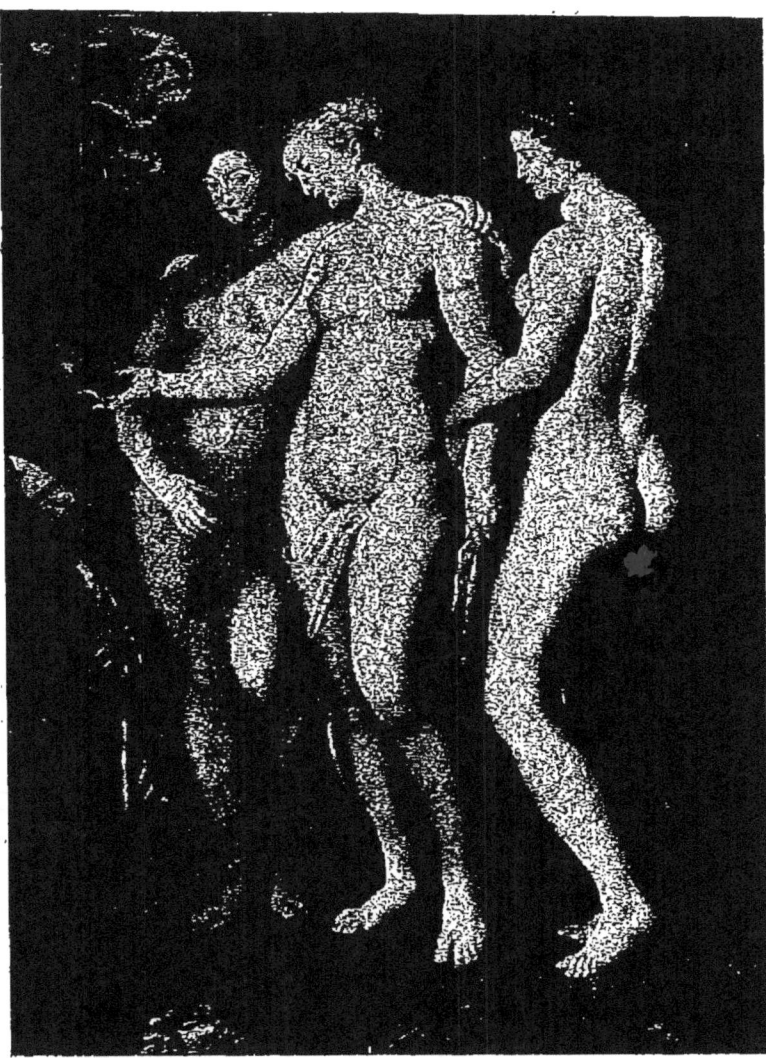

Fig. 2. — *La Femme (Les Trois Grâces)*, de P.-P. Rubens.

voit des individus bien portants qui sont tous devenus plus ou moins phtisiques (1)...

Sans discuter avec la science, il nous semble avéré que l'idéal de Botticelli, tout de gracilité, relève d'un style voulu, procédant d'ailleurs de celui de Fra Filippo Lippi pour qui Simonetta Catanea ne posa point. Quant à Burne-Jones, en qualité de chef de l'école anglaise préraphaélite, il rejoint le *primitivisme* — où fleurissent notamment Botticelli et son maître Lippi, — sans avoir eu pour modèle Simonetta, mais bien le style de ces peintres adorables que notre pseudo-primitivisme en France (de 1890 à 1900) ne se fit point faute aussi d'imiter.

Mais retenons que Lippi, Botticelli et leur école tout entière, béatifièrent la maigreur d'où ils dégagèrent cette saveur étrange dont ils ont fait de la beauté, tandis qu'un P.-P. Rubens se complut, au contraire (et auparavant P. Véronèse qui nous révéla sa corpulente épouse, à triple menton, à

---

(1) Comme on montrait à un médecin le portrait d'un homme peint par Titien, l'esculape jugea que l'original du portrait avait la fièvre quarte lorsqu'on s'occupait de le peindre, et, au dire de l'auteur que nous citons, il ne se trompait pas !... Mais le génie plane au-dessus du mal, et, récemment, au cours d'une promenade au musée du Louvre, un docteur éminent qui nous accompagnait se complut à diagnostiquer les pires maladies devant les plus admirables académies qui défilaient sous nos yeux ! Simple confusion, sans doute, des libertés permises à l'art avec les tares exclusivement de son ressort.

Devant un paysage dont j'admire la grandeur et la sérénité, un général s'écrie : « Quel beau champ de bataille ! » Autre déformation professionnelle.

robuste encolure, à poitrine débordante !) à immortaliser l'exubérance adipeuse (fig. 2).

« Une femme a passé dans les rues de Rome, dit Charles Blanc, Michel-Ange l'a vue, il l'a dessinée sérieuse et fière; Raphaël l'a vue aussi, et elle lui a paru belle, gracieuse et pure. Mais si Léonard l'a rencontrée, il aura découvert en elle une grâce plus intime, une suavité pénétrante, et la peindra enveloppée d'une gaze de demi-jour... »

A côté de la Vénus maigre et pensive de Sandro, la Vénus grasse et joyeuse de Rubens : deux styles opposés. Puis en voici un troisième : celui de Rembrandt. La *Bethsabée* (fig. 3), qui reflète encore un autre type parvenu à la beauté par le détour de la réalité, de la laideur presque, comparativement aux chefs-d'œuvre de Léonard de Vinci, de Raphaël (fig. 4). A force de vérité, le peintre de la *Leçon d'anatomie* devient sublime comme d'autres à force d'élévation et d'idéal.

Si nous nous tournons ensuite vers Michel-Ange, autre prestigieux style. Sa Vénus est la femme musclée d'un Titan (fig. 5). Elle ignore la grâce et dispute au mâle sa puissance. Pour la Vénus de A. Rodin, observation similaire, car cette dernière offre davantage de sensualité, de mouvement, parce qu'elle ne désire point être aussi magistralement décorative et architecturale. Et, que d'autres Vénus pour autant de styles de séduction contradictoire ! Mais, sur ce point, nous craindrions de nous répéter.

Il s'agit maintenant de s'entendre sur les vertus normales, si l'on peut dire, et générales, de

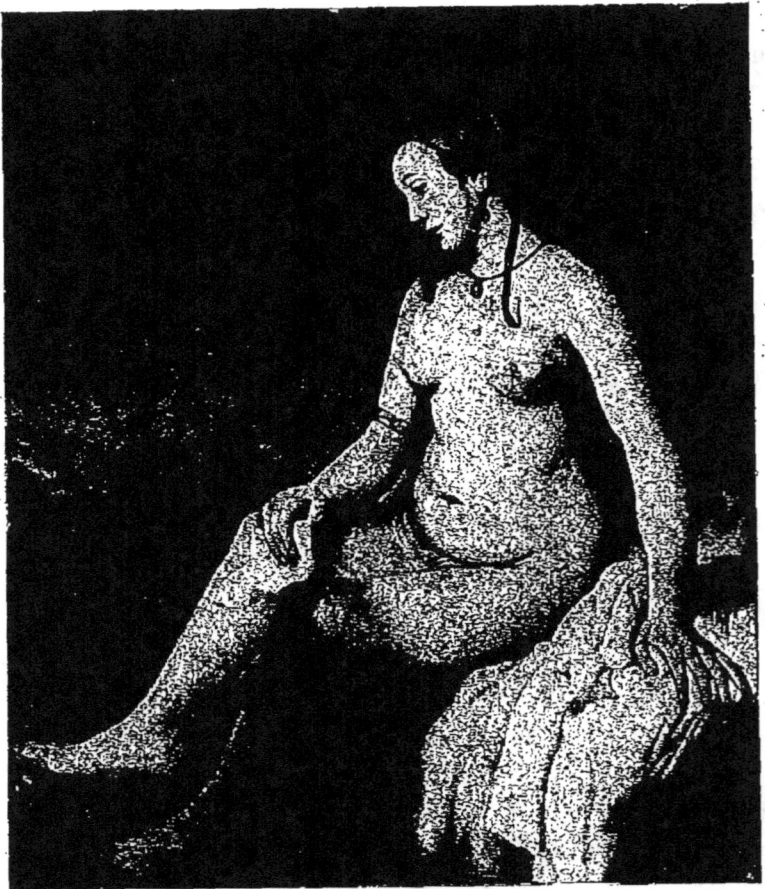

FIG. 3. — *La Femme (Bethsabée)*, de Rembrandt.

la pureté au charme en passant par le caractère. La *beauté pure* commande une harmonie d'où

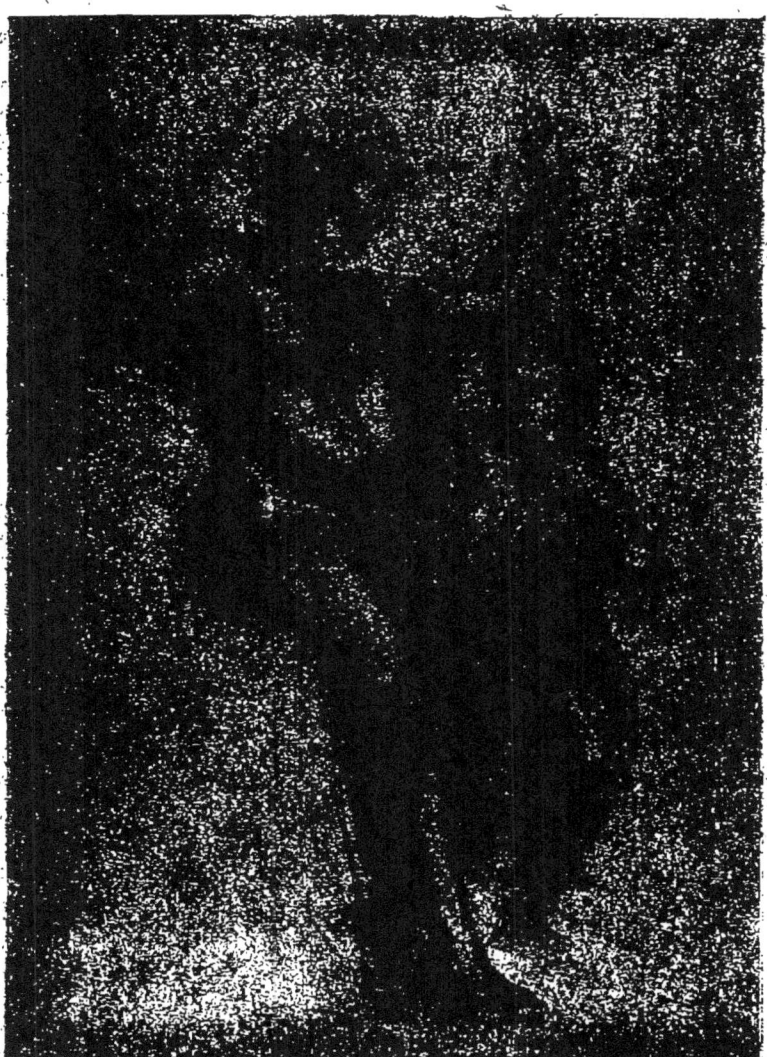

Fig. 4. — *La Femme (dessin)*, de Raphaël Sanzio.

résulte une admiration unanime, susceptible de démonstration par comparaison et déduction. On peut résister à telle expression de beauté ou la discuter, mais on ne peut, en principe, la nier.

Comme palliatif à la beauté pure, voici le *charme*, indiscutable. C'est là la beauté extériorisée; la beauté instinctive qui échappe au raisonnement. Puis, avec le *caractère* s'excuse souvent la beauté défaillante. La laideur comme la beauté offrent un caractère que démêle l'art aussi bien qu'il accuse le charme.

La beauté pure peut indifférer l'émotion, elle en impose divinement, tandis que le charme et le caractère sont d'ordre humain.

Avant d'envisager l'éloquence de la beauté dans l'art, on remontera à la nature inspiratrice. La nature représente le modèle, l'exemple de toute beauté figurée.

Phidias disait que les artistes donnaient aux dieux la forme humaine parce qu'ils n'en connaissaient pas de plus belle. Et, de fait, rien ne surpasse la nature dans l'idéal des hommes, si toutefois l'interprétation de l'art se doit de jouer sur le thème de la nature, des modulations infinies.

Il reste à s'accorder sur les caractéristiques de la beauté autant que sur celles de son interprétation. Sur ce dernier point surtout, les avis demeurent partagés, sinon divisés, à travers les époques esthétiques qui présentent autant de modes de voir et de sentir, contradictoires.

Pour Poussin, l'art doit être délectable, et Molière, s'inquiétant ironiquement de savoir si la grande règle de toutes les règles n'est pas de plaire, devait déjà, comme le maître de la peinture classique en France, rompre des lances avec son temps, avant de se rencontrer avec lui dans la gloire.

Pourtant, délecter à la façon du Poussin, cela n'était point dégénérer dans le « joli », non plus que plaire selon Molière ne signifiait sacrifier la valeur de l'agréable. Et, l'abîme du plaisant au bout du vil métier, effraya peu à peu l'opinion, qui soudain se cabra et découvrit le délectable et le plaisant dans la laideur, qu'elle béatifia. Du goût et des couleurs (1)...

Malheureusement, les réactions portent en elles leur exagération et, la littérature aidant, — qui tend de plus en plus à fleurir de mots la vision jusqu'à détourner du strict objectif de l'art plastique, — fait fête peut-être excessivement aux contingences.

De telle sorte que, du fait d'une « sensation d'art » d'ordre abstrait, dirigée par la littérature, ce ne sont plus les praticiens de l'art qui sont compétents mais les critiques-écrivains.

Pourvu que l'ignorance, le snobisme et la spéculation s'en mêlent, on voit jusqu'où peut aller l'aberration des mentors !

Mais c'est là l'évolution, et il faut admettre ses phénomènes au nom de la recherche et des bienfaits susceptibles d'en résulter, toujours plus féconds que l'inertie.

---

(1) Locution exécrable, d'ailleurs, parce qu'elle autorise toutes les prétentions.

D'autre part, si l'interprétation varie à travers les époques, la nature, son modèle en principe, serait-elle donc immuable? Non point, étant donné, déjà, que l'architecte, l'ingénieur, voire le jardinier, la publicité et ses manifestations envahissantes en ornant (en déparant plutôt !) le paysage sous les auspices du progrès, sous l'impulsion des conditions économiques nouvelles, etc., s'égalent au couturier qui dispense la mode et les formes qu'elle désire, à la nudité humaine.

Qu'il s'agisse de la marche commandée par la chaussure ou de la silhouette dont la coiffure, la robe, etc., décrètent l'agrément, l'œil se fait successivement des êtres de la vie une conception différente qui a son retentissement physique même.

La transformation à travers les styles et les caprices vestimentaires de la nature, au gré de l'art servi par les hommes comme à la fantaisie du commerce de la mode, crée, inéluctablement, une optique de la nature dissemblable à travers les époques.

Le mauvais goût, selon Flaubert, c'est invariablement le goût de l'époque précédente. Il apparaît inutile de récriminer sur le passé. Il importe seulement d'être de son temps, et nous nous garderons d'opposer ici la moindre critique à cette évidence.

En revanche, la morphologie et ses avatars dans la contrainte ou la déformation engendrée par la mode, dans les défaillances d'ordre pathologique et les altérations consécutives au labeur professionnel, dans les modifications du geste extérieur même et de la statique, suggèrent autant de passionnantes observations que nous tâcherons de noter.

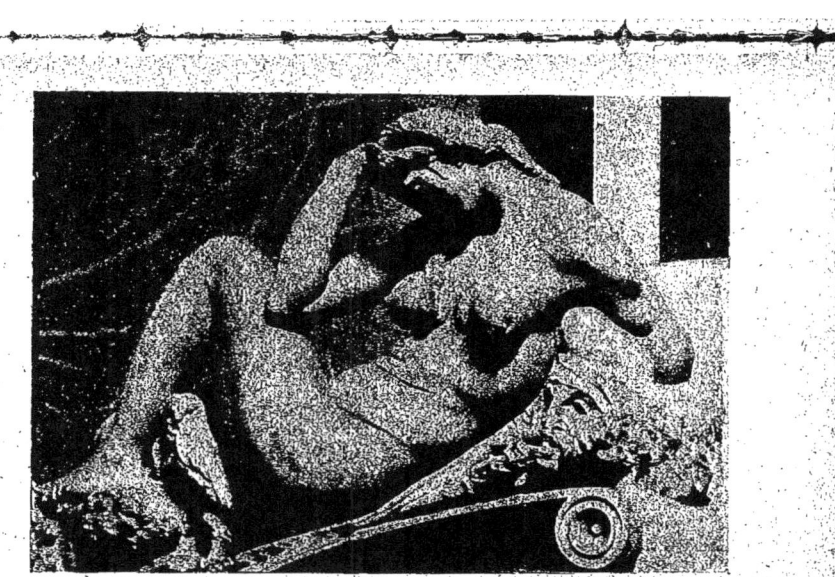

FIG. 5. — *La Femme* (l'une des figures ornant le Tombeau des Médicis), de Michel-Ange.

Aussi bien nous examinerons plus loin les prétentions de la science à la détermination de la beauté et constaterons sa faillite en art, le plus souvent, si tant est que l'idéal ne vit que de liberté et le génie que de négation.

Subséquemment, le jugement des générations successives n'offre que contradictions, en raison même de l'inconsistance des goûts, et, naturellement, de la non-pérennité des admirations. Nous en trouvons la preuve dans la critique d'art d'une génération, rarement en accord avec celle qui suit, et d'une sincérité sinon d'une compétence intéressante malgré tout, parce qu'elle reflète la passion, toujours respectable, d'une époque.

Béranger définissait simplement ainsi l'art : « L'art, c'est l'art, et puis voilà tout. » Et nous nous rallierons à cette vaste imprécision dont le mérite, pour le moins, est de déborder sans prétention dans l'enthousiasme.

CHAPITRE II

La Forme humaine. — La Science et l'Art.

La figure de l'homme, par le truchement de l'art, s'avère dans le concept de l'univers arrivé à se comprendre. Et l'art, en épurant, en élevant ce concept dans l'idéal, en le dégageant de l'accidentel et du particulier, détermine la beauté.

Nous avons indiqué, néanmoins, la fragilité d'une compréhension unanime et surtout éternelle, au bénéfice de l'art essentiellement mouvant. Mieux vaut donc pour en préciser les caractéristiques, s'appuyer sur les chefs-d'œuvre sanctionnés par la gloire, dans le passé. La querelle des hommes s'étant tue, ainsi que la mode et la vénalité qui encensent et cotent le plus souvent l'œuvre ou la dénigrent dans la passion du moment.

La religion anthropomorphique des Grecs avait divinisé la forme qui, grâce à eux, s'était approchée du type suprême dans la statuaire et, si la barbarie et les ténèbres du Moyen Age obscurcirent un moment la beauté, la Renaissance lui rendit tout son éclat et son rayonnement. Sans doute qu'Apelle égalât

Phidias, les siècles jaloux et la robustesse du marbre ayant triomphé de la peinture, on peut déjà arguer de témoignages admirables pour asseoir la splendeur statuaire dans la Grèce antique.

Car, auparavant, l'Égypte succombant à l'hiératisme comme l'art païen au symbole, avant que l'Église triomphante n'imposât son mysticisme ascétique, bizarre et obscur, la sculpture ne s'inspirait point plastiquement de la forme humaine. La mobilité étant, au surplus, interdite à l'art oriental, emblématique et par conséquent arbitraire.

Or, les méfaits de la théorie se juxtaposent à ceux de la science lorsqu'il s'agit d'enfanter de l'art. Les voies de l'art sont totalement opposées à celles de la science. Les vérités artistiques n'ont aucun rapport avec les vérités scientifiques.

Nous développerons ce thème avant de jalonner l'art des types caractéristiques de la beauté.

On a prétendu que le pôle sensibilité et le pôle science étaient en constante relation. Quelle lourde erreur ! La sensibilité agit d'instinct ; elle est sœur de l'émotivité que rien ne commande ; elle est inséparable du sentiment de penser et de traduire, qui ne s'acquiért point. L'instinct porte plus loin que l'intelligence. Le bœuf s'arrête de lui-même dans le sillon à l'heure de son repas. L'art est un divin mensonge d'après la nature, la poésie et le rêve, tandis que la science, ajoutée à l'art, subordonne la méditation pour la ravaler à l'exactitude, au raisonnement implacable. Elle refroidit l'imagination, tempère l'enthousiasme et banalise les réalisations.

LA FORME HUMAINE. — LA SCIENCE ET L'ART 23

La science, enfin, en matière d'art, c'est l'œil qui voit et l'art la pensée qui regarde. Toute une somptueuse et hautaine différence dont les deux expressions peuvent s'enorgueillir, mais seulement dos à dos.

En matière de reproduction de la nature, le triomphe de la science éclate dans la photographie et ses dérivés, mais la photographie, de par son exactitude et son rendu machinal, s'écarte nettement de l'art.

Quand on commence de raisonner on cesse de sentir, a parfaitement dit Jean-Jacques Rousseau et, alors que la science est la révélation des choses par l'évidence et la démonstration, selon Lamennais, l'art, déclare Ch. Blanc, est libre, absolu, et ne relève que de lui-même.

Molière fait dire à une

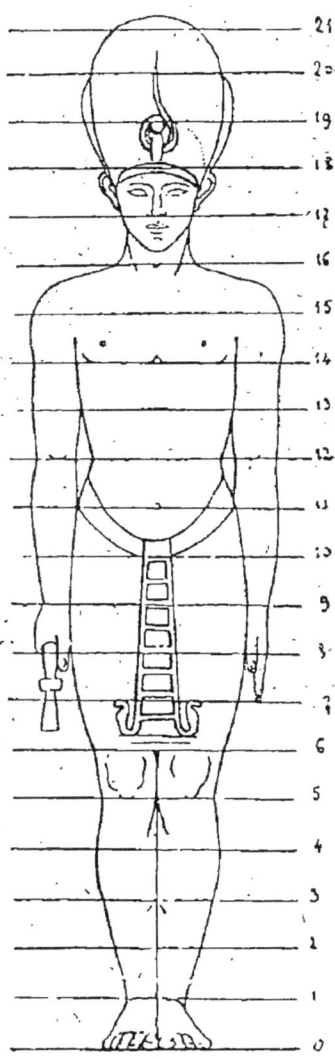
Fig. 6. — *Canon égyptien.*

femme d'esprit : ... ceux qui parlent le plus des règles et qui les savent mieux que les autres font des comédies que personne ne trouve belles » et, tandis que Corot répondait à un jeune artiste égaré dans la théorie : « C'est plus facile que ça, la peinture, mon ami, il n'y a qu'à voir, à sentir et à copier », Prud'hon interrompit de la sorte une insupportable dissertation sur les lois en art : « Je savais tout cela lorsque je ne savais rien. »

Dans l'ordre des méfaits imputables à la science se mêlant d'art, viennent les canons et autres systèmes de proportion prétendant à la formule de la beauté humaine.

Le canon égyptien (fig. 6) n'eût point existé que la statuaire égyptienne se fût élevée à la grandeur de son architecture. Paralysée par une théorie (1), placée sous la sauvegarde d'une loi religieuse, la statuaire égyptienne, emprisonnée dans le dogme, succomba à l'hiératisme après avoir atteint supérieurement à l'expression libre et à la vérité de la nature, suivant en cela la voie contraire des autres nations qui, au fur et à mesure, s'étaient perfectionnées.

Nous avons vu le symbole et le mysticisme agir

(1) Il faut admirer, d'ailleurs, la souplesse de cette théorie, puisque, constate M. Paul Richer, les auteurs sont loin d'être d'accord sur l'unité de mesure qui aurait présidé à ce canon. « Wilkinson et Lepsius la cherchent dans la longueur du pied. Prisse et Ch. Blanc dans celle du médius. » La confusion se poursuit, — à l'avantage de l'art, — dans la mesure choisie par Polyclète, la palme selon E. Guillaume, qui ne s'adapte plus aux autres statues que le *Doryphore* !...

non moins stérilement aux époques de l'art païen et du retour de l'Église. Les premiers papes, hostiles à la beauté, à la forme sensible, ordonnaient des images où le style et la pensée devaient tenir lieu de plastique. Pour ne point inspirer l'amour terrestre, les statues comme les peintures devaient vivre dans la prière et non dans l'imagination. Des grimaces et des contorsions exprimaient ainsi, en place de sourires, les sentiments de la statuaire. Aucune indication sexuelle ; le corps disparaissait sous des draperies. Les personnages n'étaient que des portraits, les portraits que des têtes placées au haut d'un manteau ; pas de membres, pas de nu.

« Il est permis de trouver, a-t-on dit, que les Grecs nous ont laissé trop de dieux de pierre, qu'ils ont représenté trop de héros efféminés et de Vénus masculines ; mais on peut regretter aussi que les artistes du Moyen Age se soient toujours enfermés dans leur cellule et qu'ils aient oublié de faire poser devant eux la nature vivante. L'idéal des anciens manquait d'âme, celui des primitifs chrétiens manque de plasticité. Lorsque ces pieux artistes ne peuvent éviter de montrer du nu, ils nous le présentent en des corps rigides et émaciés, désireux qu'ils sont d'appeler l'attention non sur les joies de la vie, mais sur la pensée de la mort... »

C'étaient là les méfaits du canon ecclésiastique.

Aux dogmes précédents s'ajoutait ici la *symétrie*. La symétrie, de même que l'immobilité chez les Hindous, traduisait une grandeur uniforme qui séduisait par la tranquillité et l'idée de recueillement, par la raideur absolue.

C'était l'expression de l'idéal placé au-dessous de la nature; idéal d'esthétique plutôt architectural dont la cathédrale gothique a perpétué l'émouvante contemplation, après l'église romane plus naïve encore.

Néanmoins, en ce qui concerne notre objectif, il importe de constater l'ensemble de ces résistances théoriques à la réalisation de la nudité vraie, de cette nudité dont l'idéal, cette fois, était placé au-dessus de la nature.

La science des canons, le veto des religions atteignent ainsi à pareil résultat vis-à-vis de la vérité et, en poursuivant ce chapitre, nous remarquons que le souci de la pondération qui anima le sculpteur grec ne fut pas aussi certaines fois sans refréner sa sensibilité.

L'art vit de liberté, répétons-le, et le canon infligé par les Grecs, au nom du *Doryphore* (fig. 7), ne semble point avoir ému l'expression affranchie d'un Phidias, d'un Praxitèle. Les ordres d'architecture, d'autre part, commandés par Vignole, marqueraient la fin de cet art si le génie ne s'en était libéré.

Albert Dürer en disant : « Jamais il n'arrive qu'un renard diffère des autres renards au point de ressembler à un loup » semble seulement avoir voulu excuser le canon qu'il commit, tant sa personnalité magistrale sut lui donner d'éclatants démentis.

En vérité, on pardonnerait plutôt à Buffon d'avoir voulu cataloguer l'art au nom de la science. Buffon

LA FORME HUMAINE. — LA SCIENCE ET L'ART 27

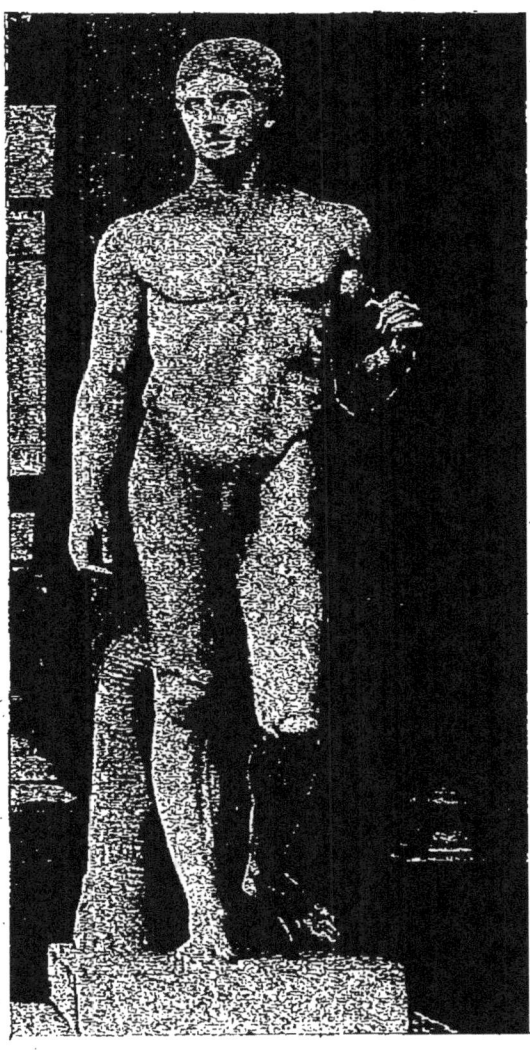

FIG. 7. — *Le Doryphore*, canon de Polyclète.

a écrit : « ... Les anciens ont fait de si belles statues que, d'un commun accord, on les a regardées comme la représentation exacte du corps humain le plus parfait. Ces statues, qui n'étaient que des copies de l'homme, sont devenues des originaux, parce que ces copies n'étaient pas faites d'après un seul individu, mais d'après l'espèce humaine entière bien observée, et si bien vue qu'on n'a pu trouver aucun homme dont le corps fût aussi bien proportionné que ces statues... » Et le célèbre naturaliste conclut : « C'est donc sur ces modèles que l'on a pris les mesures du corps humain », opinion en vérité déconcertante pour l'essor original de l'art !

Mais Buffon avait été largement précédé dans la doctrine aveugle.

Plutarque raconte comment Pythagore fut conduit, par la connaissance de la symétrie, à déterminer la taille d'Hercule, grâce à une règle de trois. Lucien, d'autre part, emprunte à M. de La Palisse cette règle de la beauté : « Que le corps ne soit pas trop élevé, ni allongé outre mesure, ni trop bas non plus, comme celui d'un nain, mais exactement proportionné ; ni très charnu, sous peine d'invraisemblance ; ni maigre à l'excès, car il semblerait un squelette de mort. »

Et puis, selon Chrysippe : « La beauté consiste dans l'harmonie non des lignes, mais des membres, dans la juste proportion des doigts entre eux, de tous les doigts pris ensemble et du métacarpe et du carpe, de ces derniers et de l'avant-bras et du bras, comme il est écrit dans le canon de Polyclète... »

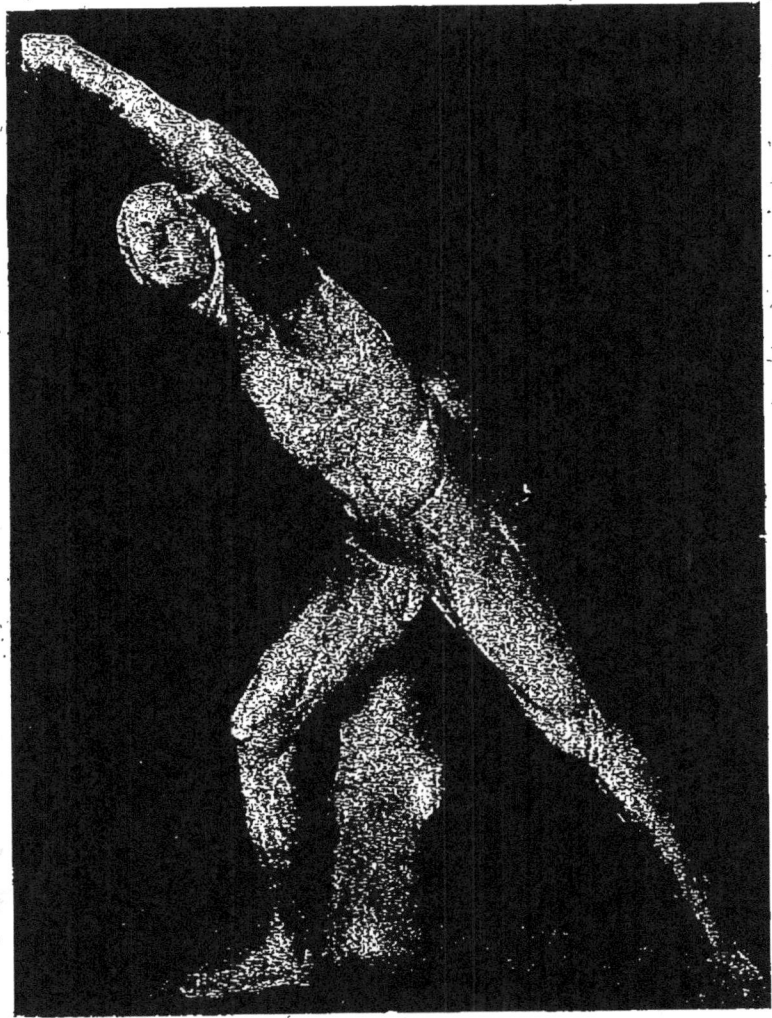

Fig. 8. — *Le Gladiateur combattant*, autre canon antique.

On conçoit le problème de la voûte mathématiquement résolu, mais la plastique humaine !

Parmi les canons les plus fameux, sans revenir sur celui des Égyptiens dont on ne peut guère retenir que l'étonnante figuration décorative, voici tout d'abord celui de Polyclète, démontré par la statue du *Doryphore*, et dont Chrysippe, auparavant, nous donna un aperçu.

L'homme-type, sculpté ensuite par Lysippe, s'éloigne déjà du premier.

Les proportions du corps humain, d'après l'antique, étaient la longueur de la tête divisée en quatre nez, et le nez divisé en douze parties (exemple le *Gladiateur*) (fig. 8). Une clé était aussi reconnue dans le médius...

Avec Albert Dürer, Léonard de Vinci (fig. 9), hanté par le *carré des Anciens*, attribué à Vitruve (fig. 10), et Jean Cousin (fig. 43) — on cite encore le cas de Philibert Delorme, souvent arrêté dans son inspiration magnifique par des jeux de savant — se poursuivit le divertissement des systèmes de beauté comme pour nous prouver, en somme, leur inanité... Newton a découvert les lois de la gravitation universelle en voyant tomber une pomme, mais on a découvert bien d'autres lois sans voir tomber des pommes !... Au sortir d'un rêve au cours duquel se outils de géométrie, règle, compas, etc., exaltaient réciproquement leur importance, Bernard Palissy, dans son *Analyse de la Beauté*, tranche ainsi :
« L'homme n'a aucune ligne directe, ni mesure certaine en toutes ses parties, quelque chose que

Vitruve et Sebastiane et autres architectes ayent seu dire et monstrer par leurs figures. » Puis, le bon « ouvrier de terre », après avoir essayé « de mesurer la teste d'un homme », conclut avec un sourire :

« ...quoy qu'il en soit, je n'y seu jamais trouver une mesure asseurée, parce que les folies qui estoyent en ladite teste luy faisoyent changer ses mesures... »

« Cela ne se mesure (1) pas, l'antique, cela se sent ! » La parole d'Ingres est non moins autorisée.

Nous bornerons donc là, pour l'instant (2), la curiosité des canons, dont il nous suffira de souligner la diversité et, par conséquent, la bienheureuse émancipation. Il importe de ne point confondre les vérifications matérielles de la mensuration, de l'œuvre au modèle, avec la convention hors nature frappée à l'avance de stérilité expressive. A un moment donné, l'artiste s'évade du guide-âne, piétine les théories et secoue tout ce qui, enfin, lui cache la vérité en offensant sa personnalité. Après la pédagogie de l'art, dont nous ne méconnaissons pas les préliminaires indispensables, il faut abandonner le plus souvent possible le néophyte à ses propres responsabilités en face de la nature.

« L'étude de la nature, dit J. Reynolds, avec toute l'autorité que lui confère sa maîtrise d'artiste,

---

(1) Au sens littéral, seul dans les arts plastiques le sculpteur se sert du compas pour vérifier des volumes, comparer des dimensions, du modèle à l'œuvre, etc.

(2) Nous ne manquerons pas, en abordant le détail de notre objet, de revenir sur les plaisants commandements de la forme.

est le commencement et la fin de la théorie de l'art. C'est dans la nature seule qu'on peut trouver cette beauté qui fait le grand objet du peintre, et ne doit être cherchée nulle part ailleurs.

« Il est aussi impossible de se former l'idée d'une beauté supérieure à celle qui offre la nature, qu'il l'est de concevoir celle d'un sixième sens ou de quelque autre perfection au-dessus de la portée de l'esprit humain… »

On confond trop volontiers les connaissances approfondies du métier, rigoureusement indispensables à l'artiste, avec la science inéluctable. La connaissance technique s'acquiert plutôt par le libre exercice de l'observation et de la pratique; c'est à force de dessiner et de peindre que l'on apprend à bien dessiner et à bien peindre, quitte à s'affranchir de la sujétion du métier (si l'on en est capable) lorsqu'on le possède, pour devenir un véritable artiste.

On compose un tableau non d'après des lois mathématiques mais selon des balancements ordonnés.

Point de théories en art; rien que de la persévérance et de l'amour; le don, certes, devant être stimulé, dirigé et éduqué par le travail, mais non à la remorque de qui ou de quoi que ce soit.

Quant au sentiment, il ne s'enseigne pas davantage. Les anciens maîtres, en dépit de l'exception, ont tué leurs disciples, ils les ont dominé; leurs meilleurs élèves sont précisément ceux qui, en général, leur désobéirent, à condition toutefois qu'ils eussent eu du génie.

D'où vient que les nombreux adeptes de David (hormis le baron Gros qui rompit glorieusement avec la férule) ne rejoignirent pas leur maître dans les éclaircies de son génie? C'est parce qu'ils vivaient d'un système au lieu de se manifester eux-mêmes;

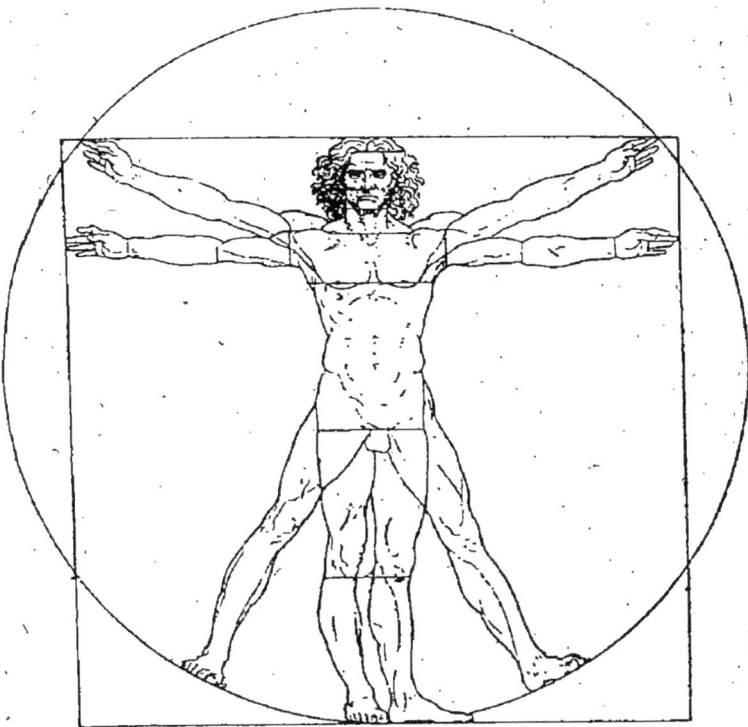

Fig. 9. — *Canon*, de Léonard de Vinci.

c'est qu'au lieu de regarder devant soi ils s'attardaient à se griser des chefs-d'œuvre d'hier, préférant sans doute tenir que courir...

Louis David s'est énoncé génialement dans le portrait de *Madame Récamier*, de même que Ingres dans celui de *Monsieur Bertin*, alors que les deux maîtres ont fait œuvre théorique, l'un dans le *Serment des Horaces*, l'autre dans l'*Apothéose d'Homère*. Que l'on compare ces deux derniers tableaux avec les premiers, au seul point de vue de l'originalité !

Louis David surtout, possédait la science de l'antique et elle le dévora.

L'archéologie n'a pas moins désillusionné l'art que les autres sciences. L'antiquité d'une pierre ne parle point à l'art en raison de sa vétusté. Si elle ne touche pas, d'elle-même, son regard ou son cœur, par sa forme, son pittoresque ou sa couleur, par sa beauté, en un mot, la pierre antique se glorifiera vainement de ses épigraphes; elle n'émouvra point l'artiste.

Pour avoir été reconnus faux, les bas-reliefs modernes qui ornaient la prétendue tiare de Saïtapharnès, n'en étaient pas moins admirables. Le seul fait d'avoir été dévoilés modernes (par leur auteur) avait seulement déconcerté l'archéologie...

Purus mathematicus, purus asinus, évidemment, mais qui déterminera la marge de cette plénitude ? Et si la musique, pour le contrepoint et la fugue, offre quelque analogie avec les mathématiques, précisément, celles-ci appuient avec une souplesse déférente le thème génial.

En architecture (1), pareillement, où le génie se

---

(1) L'ingénieur exécute les grands travaux d'utilité publique, l'architecte est le poète de la forme. Dans les seules périodes de transition ou de décadence, le génie civil tend à l'emporter sur l'architecture, l'ingénieur sur l'architecte. Les Grecs furent des architectes, les Romains des ingénieurs.

rencontra parfois singulièrement avec le calcul essentiel. Lorsque Michel-Ange cherchait la forme qu'il donnerait au dôme de l'église Saint-Pierre de Rome, son instinct naturel décida seul de la hauteur et de la largeur esthétiques du dôme ainsi que de l'ovale réclamé par les deux dimensions. On en prit la courbe et l'on en chercha les propriétés par la géométrie. C'était celle de la plus grande résistance !

Viollet-le-Duc avait recommandé, dans le commencement des travaux de restauration du château de Pierrefonds, de chercher un puits qui devait se retrouver, parce que la forteresse, n'ayant pas de fontaine, devait en posséder un, et, comme la nappe des eaux souterraines ne pouvait exister qu'à un certain niveau, le célèbre architecte indiqua la profondeur du puits ! On restaurait à ce moment la chapelle. Un des disciples du maître lui demanda un profil pour les colonnettes des fenêtres et pour les chapiteaux. A l'instant, sans recourir à aucun plan, Viollet-le-Duc dessine à main levée une colonnette avec ses proportions et ses détails. Il plie alors la feuille en deux, et l'on voit avec admiration que les lignes du côté droit s'appliquaient sur celles du côté gauche comme si elles avaient été calquées l'une sur l'autre.

Peu de jours après, à la profondeur indiquée on découvrit le puits dont l'artiste avait annoncé l'existence. Le puits était rempli de débris de toutes sortes, parmi lesquels on trouva une partie des anciennes colonnettes de la chapelle. On en mesura le module : c'était exactement celui que Viollet-le-Duc avait prescrit de donner aux colonnettes nouvelles.

Les exemples de cette intuition de la science et de l'art pourraient être multipliés ; ils n'infirment pas, néanmoins, la valeur de la science en matière d'architecture, malgré qu'il faille encore que cette dernière se tienne en garde contre certaines théories. Une de celles-ci prétend, par exemple, que l'on ne doit pas superposer des pleins et des vides, et le splendide palais ducal, à Venise, avec sa base ajourée qu'un massif de maçonnerie surplombe, lui inflige un éclatant démenti !

Il y a une quarantaine d'années, E. Guillaume inventa une méthode géométrique de dessin dont l'Université goûta longtemps les fruits amers. (Quand donc la pédagogie s'affranchira-t-elle de l'ennui, sans quoi, à l'entendre, il n'est pas d'enseignement, tout comme il semble qu'il ne puisse y avoir de remède efficace sans ingurgitation désagréable !)

L'érudit statuaire avait dogmatisé chez l'enfant, l'art, l'amour et la joie de voir ! Cette erreur, fort étrange à étudier, étant donné les fins de paralysie émotive auxquelles elle atteignait avec tant de science et de sûreté, nous reporte malgré nous à l'art propre de E. Guillaume : frigide, conventionnel et noble.

D'ailleurs, on nous révéla ce détail savoureux sur le séjour du jeune pensionnaire à Rome. E. Guillaume, dès son arrivée dans la Ville sacrée, y aurait préparé... son Droit ! Mais, au fait, ne fut-ce pas E. Guillaume, le sculpteur glacial des *Gracques*, qui, chargé de faire l'éloge de Carpeaux, à l'Académie des

Beaux-Arts, ne craignit pas de blâmer chez l'illustre

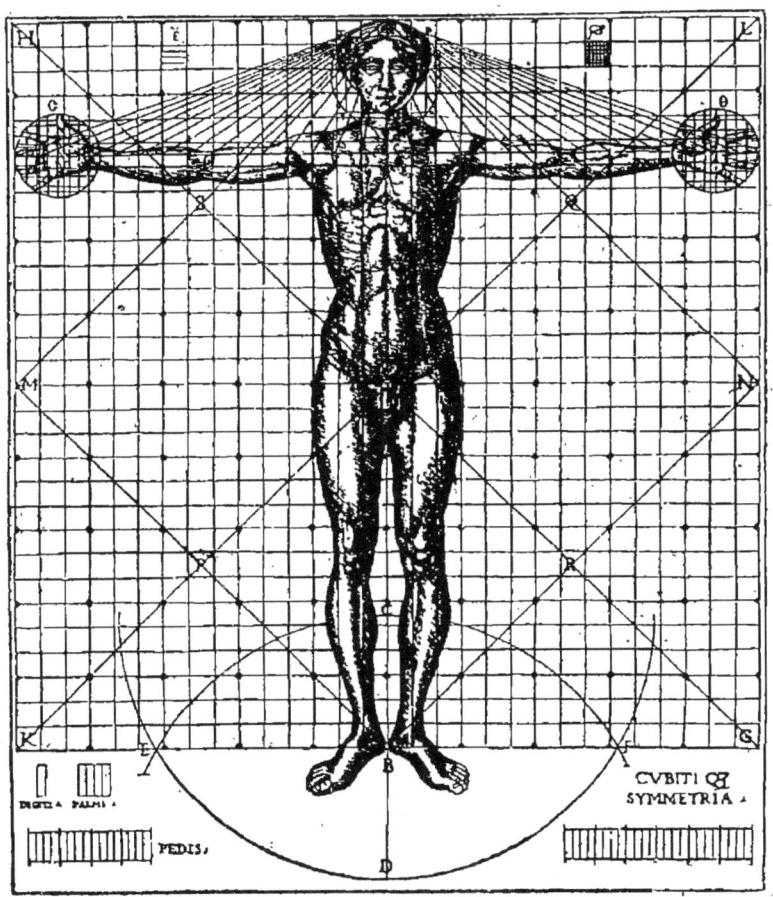

Fig. 10. — *Le Carré des anciens* (attribué à Vitruve).

maître de Valenciennes « le mouvement qui déplace les lignes? »

D'autres exemples, dont il ne faut point rire, parce qu'ils émanent de personnages distingués, se présentent encore à notre mémoire, de ce goût démesuré pour la méthode et les procédés parasitaires de l'art.

Si l'on songe que Delacroix et Géricault n'y auraient pas échappé, voici donc que notre argumentation n'en acquiert que plus de valeur !

C'est Delacroix estimant que les antiques « prenaient par les milieux, au lieu que la Renaissance prenait par la ligne ». « Là-dessus, conte J. Gigoux, Delacroix saisit une plume et trace sur une feuille de papier une série d'ovales, grands, moyens et petits ; puis, d'un trait léger, mais bien intelligent, c'est clair, il rejoignait le dessus de ces ovales, de ces œufs, si vous voulez ; puis, enfin, ajoutant encore un petit trait par-ci, par-là, il nous montrait, comme par enchantement, un cheval superbe se cabrant, piaffant, ne laissant rien à désirer pour le mouvement et la vie. Il fit ensuite un homme de face, de dos, assis, debout, etc. Bref, il couvrit une quinzaine de grandes feuilles toujours par le même procédé !

« — Mais dites-moi, demande Gigoux, comment avez-vous trouvé cela ?

« — Oh ! voici : M. Gros l'avait pris des Grecs, Géricault le tenait de M. Gros, puis, ne s'en contentant pas, il l'a repris aussi des Grecs et des Étrusques.

« Je possède, ajoute notre auteur, quantité de dessins de Géricault exécutés par les mêmes principes. Ainsi, sur telle feuille qui porte la copie d'un vase, Géricault trace à côté ses ovales, et il arrive immédiatement, par ses séries d'ovales, à des dessins aussi étrusques que sa copie directe... »

D'ailleurs, si nous empruntons encore aux mémoires de Jean Gigoux, nous y lisons qu'un ancien élève de cet artiste, singulièrement nommé Conscience, « ne savait que rabâcher qu'il fallait dessiner par plans, c'est-à-dire par *petits carrés*. Malheureusement, dans ce temps-là, les victimes de Géricault (pour les ovales), je veux dire (c'est Gigoux qui parle) les imitateurs maladroits, étaient nombreux. C'était à qui empâterait le plus avec ses *petits carrés !* Aux expositions, le jury refusait des centaines de tableaux peints dans ces principes, et pourtant il en restait encore trop. Combien de médiocrités ont profité de cette recette pour faire de la peinture et se croire des peintres ! »

Rien de nouveau sous le soleil, nos « cubistes » l'ont amplement prouvé, et l'on évoque volontiers Géricault et Delacroix, ces démolisseurs des traditions académiques, en train de jouer à la méthode après un autre novateur comme Gros !

Nous enquêtions un jour sur la technique de la statuaire, sur les canons, etc., auprès de E. Frémiet, voici comment il se récusa : « Consultez plutôt un des élèves de Dumont ou de G. Thomas, ceux-là possèdent à fond la vérité qui vous intéresse, je veux dire les proportions du corps devant avoir sept têtes et demie, la rotule étant un rond entouré d'autres ronds concentriques, etc...

« Quelle grave pondération des groupes ils avaient aussi, ces maîtres qui, ainsi que vous le savez, se flattaient d'avoir retrouvé la tradition antique, et ils nous l'ont bien prouvé par leurs œuvres qui sont toujours pour moi un sujet de joie !... »

Que de « Chinois égarés dans Athènes » comme Ingres, que de Pradiers « partis pour la Grèce qui, tout à coup, s'arrêtèrent rue Bréda ! »...

Mais aussi, sans insister sur la personnalité de Pradier, avec quelle originalité émue et bien française le peintre de l'*Apothéose d'Homère* sut traiter l'*Odalisque!*

CHAPITRE III

La Forme humaine, la Science et l'Art *(Suite).*

Alors que l'école florentine préparait tumultueusement la technique de la Renaissance, on assista logiquement à cette fièvre de recherches, d'inventions, de découvertes, à ces échanges hermétiques, enfin, dont la science devait faire les premiers frais. Il fallut que le géomètre dirigeât, avec son compas, le crayon de l'artiste et lui révélât les lois de la profondeur et de la distance comme les canons de la forme lui déterminaient la beauté.

C'est ainsi qu'un Paolo Ucello, en soulevant le ciel d'or byzantin, découvrit les horizons enchantés de la perspective, mais depuis, pour toucher à cette autre science, que de progrès ont été accomplis pour la résoudre grâce à la vision seulement exercée ! Quand on pense que l'on a pu s'imaginer un seul instant que la géométrie et la perspective permettaient d'exécuter « mathématiquement » les raccourcis de la forme !

On a bien estimé que l'étude de la géologie était nécessaire à l'expression du paysage ! « ... L'ignorancé des éléments de cette science conduit souvent les peintres à composer des détails de paysages impossibles : par exemple lorsqu'ils représentent des collines dont ils n'ont pas compris les stratifications... »

« Le moindre déchiffrement des hiéroglyphes, aussi bien, ne devrait-il pas être à la base de la reproduction des monuments égyptiens? » demande encore un critique, sans rire... « Des touristes croient copier exactement des inscriptions, et ils n'arrivent malgré toute leur attention, qu'à donner des non-sens, faute d'un peu de connaissance des éléments de la langue... »

Pourquoi point l'étude de la médecine pour rendre plus fidèlement l'expression du modèle !

Nous avons, à ce propos, évoqué Hippocrate devant Titien.

Pour retourner à la perspective, méditons sur les remontrances adressées par Donatello à son ami Ucello : « Eh ! Paolo, ta maudite perspective te fait abandonner le certain pour l'incertain ; toutes ces lignes sont choses qui ne peuvent servir qu'à ceux qui exécutent de la marqueterie et qui ont à remplir les bordures de feuillages, d'insectes et de figures rondes ou carrées de toutes espèces ! »

Sans doute les deux maîtres exagéraient, mais Paolo était condamné aux lignes architecturales comme l'Oreste des anciens, au meurtre, et il s'agit de ramener la perspective artistique à sa stricte utilité.

Tout d'abord, après les leçons comparatives sur

nature, du début, l'artiste, à force d'instruire sa vision par la pratique du dessin, apprend fatalement la perspective. La perspective d'observation seule compte réellement pour l'artiste, et il n'y a pas d'exemple que la science du perspecteur n'ait été, au bénéfice de l'effet artistique, amendée, corrigée par le peintre. En un mot, le peintre doit « tricher » la perspective, non seulement pour que sa composition soit plus souple, mais afin que celle-ci ne soit contrariée en rien dans son développement ni dans la vérité telle qu'elle se présente à l'œil, naturellement.

Ce n'est guère qu'en cas de plafonnage architectural, par exemple, que la perspective rend réellement des services au tableau, précisément parce que la représentation anormale, impossible à copier d'après nature, impose la réalisation théorique. En un mot, quand on ne peut apercevoir des lignes, il faut les imaginer, et alors la perspective s'en charge. Mais encore l'homme de l'art intervient-il là, souvent, pour assouplir esthétiquement la discipline scientifique. La perspective peut « recaler » l'œuvre de l'artiste, mais jamais elle ne doit la dominer. On ne résoud pas la nature comme un problème, et Poussin, de même que David, ne connaissaient que la perspective pittoresque.

Quant aux « raccourcis », il importe de ne point les confondre avec la figuration en plan géométral. C'est encore par le seul miracle du dessin, du modelé et des valeurs exactes que l'on obtient leur trompe-l'œil, plus ou moins harmonieusement réussi. Il apparaît pourtant évident que les premiers artistes de la Renaissance, furent amenés aux hardiesses du raccourci par le truchement de la perspective; puis, instinctivement nous avons profité de ces acquisitions jusqu'à l'avènement de la photographie, document merveilleusement mécanique (1).

Cela ne serait pas moins errer que d'invoquer la science anatomique à propos du raccourci. Le profane imagine que le trompe-l'œil du raccourci est particulièrement difficile à réaliser, alors que, certainement, l'expression d'un membre déployé est plus difficultueuse — puisqu'elle peut être contrôlée — que celle d'un membre en perspective, qui échappe, ainsi que toute figure plafonnante, à la vérification. La science avait certainement beau jeu là, puisque, en principe, il semble qu'il s'agisse d'un dessin théorique pour faire illusion; elle prétendit même résoudre le problème du raccourci par la construction des polygones circonscrits!... Cependant, ici encore, il suffit de copier le modèle, en tenant seulement compte du meilleur effet, et, comme nous le disions précédemment, l'effet ne vaut que par la satisfaction visuelle atteinte, et par conséquent en dehors de la vérité anatomique, d'autant qu'il s'agit d'une déformation.

(1) La photographie, qui déforme les plans, réalise mathématiquement le raccourci ! Les artistes, habitués à cette présentation erronée des plans, — le premier démesurément grand, par rapport au second et aux autres, — ou séduits par elle, semblent y avoir volontiers converti leur optique et la nôtre.

LA FORME HUMAINE. — LA SCIENCE ET L'ART 45

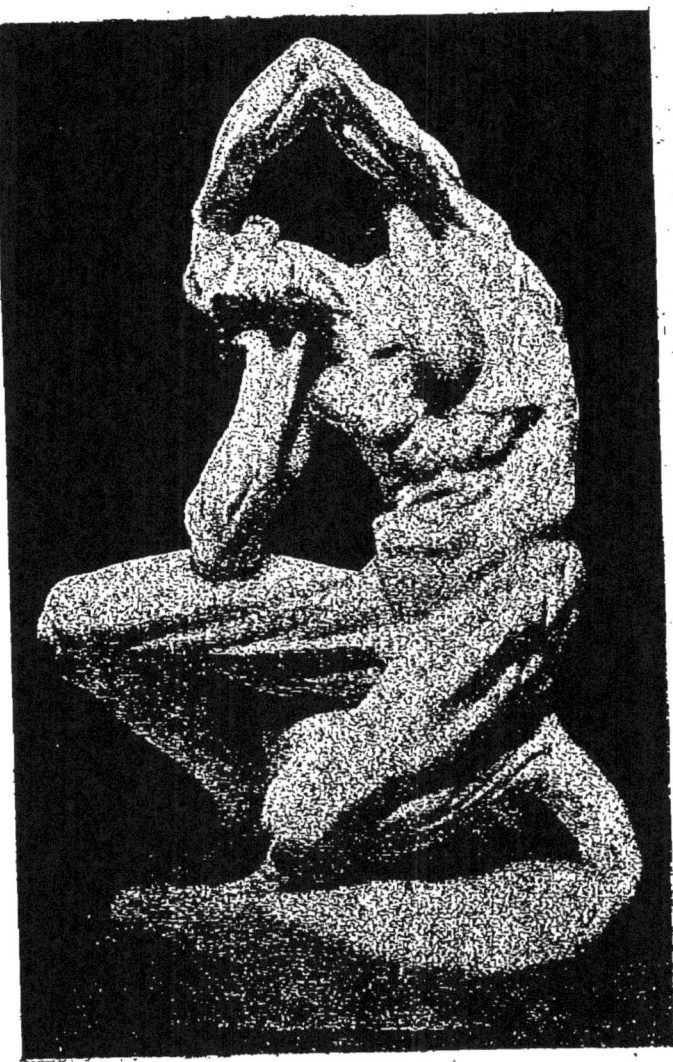

Fig. 11. — *L'Écorché*, dit de Michel-Ange.

Au surplus, le peintre n'a nul besoin de résoudre des questions d'optique ou de perspective curieuse, « de savoir, par exemple, comme le dit fort justement J.-F.-C. Clère dans ses *Causeries, Réflexions et Souvenirs sur la peinture*, comment, étant donné la hauteur du point de vue, il pourra indiquer que la route fuyant devant le spectateur, descend en réalité, bien que sur le tableau elle semble monter vers l'horizon, ni comment il convient de représenter les roues d'une voiture en marche, et, s'il vaut mieux dessiner séparément chacune des jantes, ou bien faire un brouillis qui exprime à sa manière la rapidité du mouvement... »

La série inépuisable des accommodements pris avec la science de la perspective dispense d'insister sur la rigueur de ses lois subordonnées et assouplies à la convention. « Sans parler de certains tours de force tels que les effets d'architecture fuyante sur des surfaces plates ou courbes comme on en voit dans les églises de la Renaissance italienne, on peut, écrit encore Clère, citer le cas de l'*Ecole d'Athènes* où Raphaël n'a pas craint d'adopter deux horizons dans le même tableau, en plaçant celui de ses personnages plus haut que celui de son architecture. Horace Vernet, dans sa longue toile de la *Smalah*, coordonne ses figures d'après deux ou trois points de vue différents placés sur la même ligne (1) d'hori-

---

(1) Georges Lorin posa cette question à un savant : « Une surface, cela existe-t-il ? » — « Nullement, pas plus qu'une ligne ou qu'un point. » — « Vous affirmez qu'une surface n'existe pas ? » — « J'affirme ! » — « Nous sommes bien

zon. Il prenait, disait-il, un moyen terme entre l'*inexact* et le *désagréable*. Le paysagiste use de libertés plus grandes encore avec la perspective aérienne. Constable, pour rendre l'effet puissant de l'orage, fait, dans son paysage, le ciel plus noir que l'ombre des rochers. Ce sont des licences permises au peintre comme au poète. »

Sachons que la reproduction d'un joli visage est toujours plus délicate que celle d'une grimace, et que l'étude des muscles de la face ne conduit point fatalement à la traduction de la grâce fugitive et mystérieuse qui passe comme un rayon de soleil dans un ciel. Il n'est point de virtuose du violon qui ne puisse renouveler, — mais au moyen d'un truc, — l'accident survenu à Paganini, poursuivant sur une seule corde, alors que les autres avaient sauté, le morceau qu'il exécutait.

L'expérience, le procédé, ne sauraient utilement devancer l'imprévu de l'art, pour son génie, sa fraîcheur, sa spontanéité et son renouvellement.

Lorsque J.-F. Millet vit un arc-en-ciel irradier un de ses paysages, il ne pensa point aux couleurs du spectre, pas davantage qu'un Van Huysum ne rêva de botanique lorsqu'il peignait une fleur, et qu'un Th. Rousseau ne songea à interposer entre son œil et sa vision intérieure la fameuse vitre de Léonard ! Et ce n'est point parce que Bernard Palissy approfondit la science de l'émail qu'il résolut la beauté de

d'accord ? » — « Oui ! » — « Eh bien ! que voyons-nous des choses que nous voyons ? La surface ? Donc, conclut le spirituel peintre-sculpteur et poète, donc nous ne voyons rien ! »

cet art. Nous n'en prenons pour preuve que ses plats, aussi déplaisants que pratiquement inutilisables.

Phèdre raconte, dans une de ses fables, qu'un célèbre histrion était chargé d'amuser le peuple romain en imitant le cri d'une oie. Un paysan ayant voulu surpasser l'histrion, fit crier une oie véritable qu'il avait cachée sous son manteau : il fut sifflé.

Ce qui intéressait le peuple romain, ce n'était pas le cri de l'oie, mais l'heureux effort de l'histrion pour imiter ce cri.

De même Zeuxis n'atteignit-il point le but de l'art lorsqu'il peignit des raisins avec une telle exactitude que les oiseaux venaient becqueter son tableau, et Parrhasius ne surpassa pas davantage le génie de son collègue lorsqu'il peignit tellement véridiquement une tenture que Zeuxis alla pour la soulever.

Mais nous retournerons à la science de la perspective. La perspective s'égare donc dans des abstractions et des points de vue faux ou inimaginables, tandis que l'œil, au contraire, harmonise la vérité perspective dans le sentiment.

Au théâtre, plus la perspective d'un décor apparaît réussie, plus elle est fausse, étant donné la multitude des points de vue envisagés afin que le spectateur voie de toutes les places. Il ne faut point confondre une épure avec un dessin, ni une ombre théorique avec les ombres de la nature. L'art est un divin mensonge, répétons-le, et tout ce qui ne fait pas bien doit en être banni. Au surplus, la vérité n'est point toujours belle à dire.

Malgré le dégoût du public pour sa tragédie de

Zénobie, l'abbé Daurignac s'applaudissait d'avoir écrit une pièce selon les règles d'Aristote. Ce qui fit dire au prince de Condé : « Je sais gré à M. l'abbé Daurignac d'avoir si bien suivi les règles d'Aristote, mais je ne pardonne pas aux règles d'Aristote d'avoir inspiré une si méchante tragédie à M. l'abbé Daurignac. »

Abordons maintenant l'anatomie, dans ses rapports toujours, avec l'étude de la forme humaine. Laissons préliminairement la parole au docteur Paul Richer : « L'*Ecorché* (fig. 11) de Michel-Ange nous apparaît comme un simple jeu, une pure œuvre d'imagination (1). Ce n'est point une œuvre de science et je défie l'anatomiste le plus habile de mettre un nom sur chacune des saillies musculaires qui y sont figurées. Ce n'est donc point à cause de leur science anatomique, mais malgré elle, que ces grands artistes (il s'agit aussi de Léonard de Vinci dont les dessins anatomiques renferment nombre d'erreurs [fig. 12]) ont exécuté tant d'œuvres si justement admirées... »

On ne saurait mieux dire, et, en regard de cette opinion autorisée, voici celle de Mathias Duval, non moins compétente. Le savant docteur constate que « les artistes de la Grèce, qui ont rendu la forme humaine avec une si merveilleuse exactitude anatomique », « avec un degré de précision le plus parfait qu'un artiste moderne puisse espérer de réaliser, fort de longues et patientes études en

---

(1) L'exactitude des « écorchés » attribués à Bandinelli, à Bouchardon, à Houdon, n'est guère vantée davantage par les anatomistes.

anatomie » « *n'ont pu recourir à des études anatomiques* ». L'auteur se rencontre ainsi avec nous lorsqu'il constate qu'ils ont trouvé la source des connaissances précises dont ils ont fait preuve, *dans la contemplation incessante du nu en mouvement, dans la plastique vivante du gymnase* ». (Histoire de l'Anatomie plastique.)

A.-H. de Kératry jugea un jour, devant Amaury Duval, en parlant de la longueur du tronc de l'*Odalisque* (fig. 13) de Ingres « qu'il avait trois vertèbres de trop ». Et après? Qui sait si ce n'est pas la longueur du torse qui lui donne cette forme serpentine au premier abord? Dans des dispositions exactes, concluait l'artiste, en sa réponse au journaliste, aurait-elle un attrait aussi puissant?

Ecoutez maintenant Ingres corrigeant un de ses élèves : « Prenez garde, mon ami, vous tournez au *chic*. Vous indiquez là une chose que je ne vois pas. Pourquoi la faire sentir? Parce que vous savez qu'elle y est. Vous avez appris l'anatomie? Ah! oui! Eh bien! voilà où mène cette affreuse science, cette horrible chose à laquelle je ne peux pas penser sans dégoût. Si j'avais dû apprendre l'anatomie, moi, je ne me serais pas fait peintre. Copiez donc tout bonnement la nature, tout bêtement, et vous saurez déjà quelque chose... »

C'est encore le peintre de *la Source* déclarant au massier de son atelier « qu'il n'y mettrait plus les pieds tant que cette *horreur* y serait accrochée ». Le maître faisait allusion à un squelette que quelques-uns de ses disciples avaient cru bon d'acquérir.

LA FORME HUMAINE. — LA SCIENCE ET L'ART

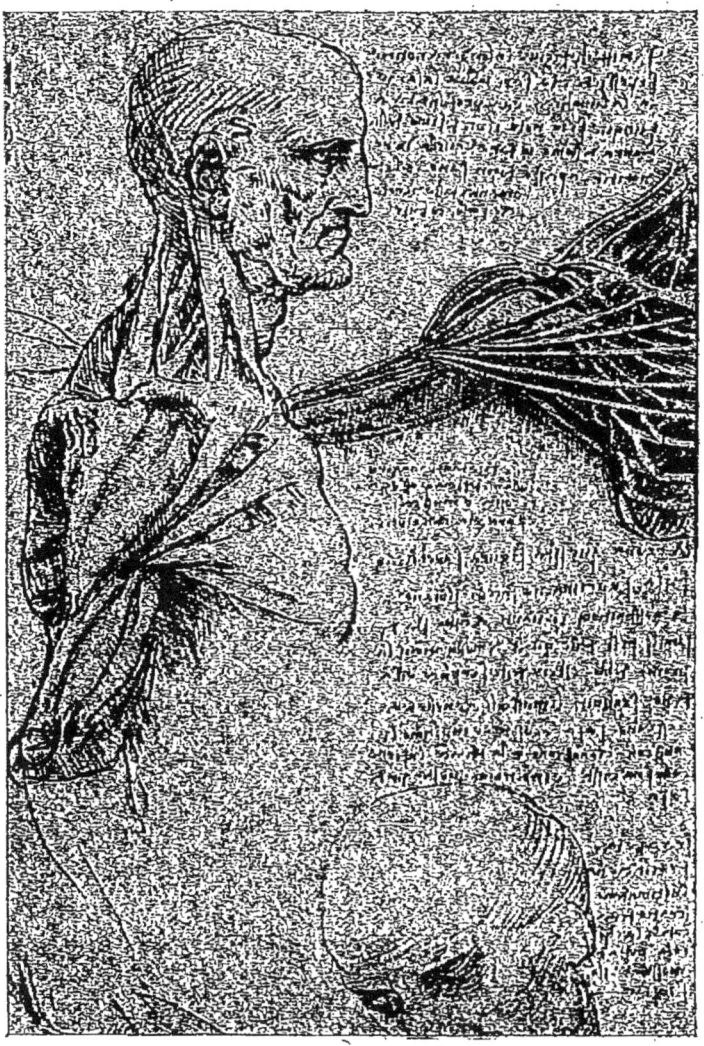

Fig. 12. — *Une planche anatomique*, de Léonard de Vinci.

L'art chante la vie, le mouvement; le squelette représente la mort; et l'on ne peut discuter cette évidence que, lorsque l'on sait bien dessiner, on ne commet pas de faute d'anatomie. Point de réciprocité.

L'étude de la myologie sur le modèle vivant peut parfois éclairer, en revanche, sur le mécanisme d'un mouvement difficile, mais nous nous refusons à admettre que le schéma d'une omoplate (fût-il agrémenté de tous ses noms!) prépare en quoi que ce soit et facilite l'étude esthétique de l'épaule !

Songez combien un film d'après nature, passé au ralenti, atteindrait autrement au but, et combien le modèle vivant, étudié en son geste, l'emporte logiquement sur le cadavre !

L'anatomie zoologique, d'autre part, serait-elle plus favorable à l'artiste ?

En admettant que l'anatomie de l'animal fût particulièrement nécessaire à l'artiste-animalier, en raison des mouvements plus fugitifs, moins familiers que ceux de l'homme et parfois plus dangereux à noter, il apparaît néanmoins que les croquis enregistreurs de gestes et d'allures, en disent davantage pour l'expression de la vie que le squelette. Ici encore, l'observation de la forme domine la science. Aristote, qui s'illustra par une anatomie des animaux comparés entre eux et avec l'*extérieur* du corps de l'homme, suivant Laboulbène, fut davantage un grand philosophe qu'un grand naturaliste. Galien, au surplus, avait recours à des cadavres de singes,

LA FORME HUMAINE. — LA SCIENCE ET L'ART 53

et André Vésale, « martyr de la science anatomique », ... au porc, pour remonter à l'étude de la structure humaine !

Nous avons vu, d'autre part, les Grecs reproduire merveilleusement la forme humaine en dehors de toute connaissance anatomique, et la frise du Parthénon (fig. 14) nous montre des chevaux d'une allure parfaite, d'une vérité que nous n'avons pas dépassée, malgré encore qu'elle ne relève que de l'étude et de l'observation visuelles.

Barye, à qui l'on doit les animaux les plus admirables de notre temps, fut un statuaire de figure non spécialisé, de même que E. Frémiet. Ces maîtres n'étudièrent pas dans des atlas zoologiques, ils lurent simplement dans la nature. Ce n'est qu'au XVIIe siècle que les Snyders et les Oudry se renfermèrent dans un genre, et ils n'atteignirent pas à l'expression des animaux par des voies spéciales, non plus que Huet, au XVIIIe siècle. Chardin, à côté de ses nombreuses natures mortes, a peint le *Bénédicité*. Par goût et fantaisie seulement, il sacrifia, — et avec quel génie ! — à la nature morte, sans s'enfermer dans un genre. On doit à Corot, paysagiste visionnaire, le *Petit Berger*, du musée de Metz, un *Saint Jérôme*, etc. Qui peut le plus peut le moins, et il n'est ni plus ni moins pour un artiste connaissant à fond le dessin, qu'aucune difficulté de représentation ne rebute.

Au surplus, la photographie instantanée vint apporter un document de vérité précieux, mettant en goût l'artiste d'approfondir toujours davantage le mouvement, dans ses moindres phases et dans les conditions les plus insaisissables.

Que Raphaël, que Van Dyck, que Le Brun (1) et tant d'autres, n'aient traduit qu'avec une exactitude relative les chevaux, il n'en faut pas chercher ailleurs la raison que dans l'intérêt secondaire qu'ils attachaient à cette représentation qu'ils n'ont point approfondie à l'égal de celle de l'homme.

Cependant Verrocchio, Vinci, Bandinelli, notamment, sous la Renaissance, sacrifièrent à la dissection animale, et, néanmoins, les animaux si consciencieusement observés de Bandinelli n'apparaissent-ils pas ressortir plutôt à la copie naturelle ?

Les anciens dessinateurs japonais ne dessinèrent-ils pas des poissons avec une telle exactitude que les naturalistes y découvrirent souvent des détails qu'ils ignoraient ?

Aussi bien, la *lionne blessée* et le *lion blessé*, du musée de Londres, relèvent de l'art assyrien avec un accent saisissant, et non moins les lions de Rubens et de Delacroix, d'une puissance véridique, à défaut d'une précision anatomique parfaite qui en eût sans doute altéré le style.

En dépit du cheval écorché de Géricault, qui passe anatomiquement pour un chef-d'œuvre, les pur sang du maître ne frappent-ils pas davantage par la couleur et le mouvement que par l'exactitude ?

---

(1) Sous Louis XIV, on célébra un cheval excessivement râblé et puissant, à l'instar du grand siècle. A la fin du XVIIIe siècle et au début du XIXe, la vogue, au contraire, alla au « fier coursier », d'une élégance outrancière.

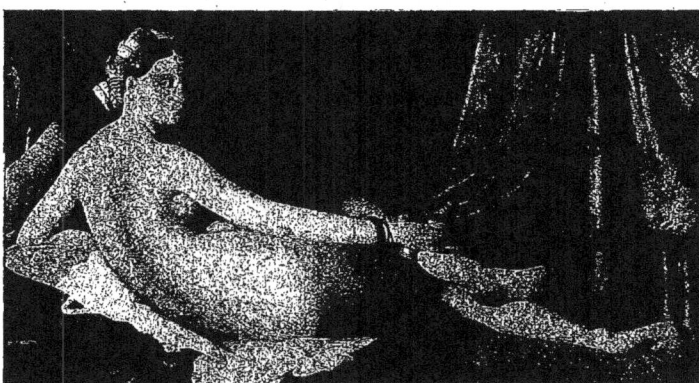

Fig. 13. — *La Femme (Odalisque couchée)*, de J. A. D. Ingres.

Pareillement, les chevaux critiqués précédemment pour leur curiosité extra-naturelle, ne sauraient nous déplaire, associés qu'ils demeurent au sentiment de l'œuvre.

Au résumé, l'école qui s'est formée à la suite du xviie siècle est devenue d'autant plus forte, jusqu'à nos jours, qu'elle s'est formée directement à l'étude de la nature.

Si nous nous tournons maintenant du côté de la flore : la botanique, a dit spirituellement A. Karr, est l'art d'injurier les plantes en grec, et c'est Anatole France qui constata que les naturalistes savent tout de la fleur, mais qu'ils n'ignorent qu'une chose : l'art d'en jouir. Au reste, la différence entre la douleur morale et la douleur physique confond l'anatomiste.

Si Léonard de Vinci étudia l'anatomie, non comme Michel-Ange, pour en faire parade, mais pour la savoir, il dessina d'admirables myologies dont il ne se servit pas, car nulles figures ne furent plus enveloppées que les siennes.

Avec quel génie l'enthousiasme d'un Rubens, d'un Delacroix s'affranchit de la tyrannie anatomique ! Que d'excellents dessinateurs donnèrent l'illusion de posséder à fond cette science qu'ils ignoraient totalement !

Et combien l'on errerait si l'on imputait à une ignorance de l'anatomie une faute de dessin

Au cours d'un « Salon des Médecins », un journaliste note : « ... Un portrait d'homme révèle chez le sujet une fâcheuse tendance à l'artériosclérose; telle dame nue est atteinte de cyphose et se trouve un

peu gênée par une luxation congénitale, à la hanche... »
Apelle défiant Hippocrate, à n'en point douter !

Malgré qu'il n'entendait rien au grec, Ingres aurait voulu qu'un peintre sût lire Homère dans l'original. Rabelais a dit qu'il fallait se méfier des abstracteurs de quintessences... et Michel-Ange exigeait seulement, mais par dessus tout, de ses élèves, qu'ils *eussent le compas dans l'œil.*

Buonarroti, grâce à son incomparable sentiment de la plasticité, sut l'anatomie en venant au monde, tandis qu'un anatomiste forcené comme Bandinelli s'exerça aux fortes musculatures en dépit du sentiment, allant jusqu'à faire porter des fardeaux à ses personnages pour gonfler leurs torses et leurs bras.

L'art est un geste; rien de positif ne l'anime en dehors de la sensation qu'il donne. La technique de l'art, telle que ses élus la comprennent, ne repose que sur la science de voir, d'analyser, de sentir. J.-C. Cazin a contemplé la nue sans y compter les étoiles, tandis que Léon Gérome s'adressa un jour à l'astronomie pour meubler exactement le ciel d'un de ses tableaux !...

Le docteur Richer *(Introduction à l'étude de la figure humaine)* reçut effectivement une lettre au cours de laquelle le peintre du *Combat de coqs* lui contait s'être trouvé fort bien du concours de l'astronome Janssen, à propos de l'emplacement des étoiles dans une de ses œuvres. L'artiste avait « imprudemment placé les étoiles à tort et à travers, n'importe comment et n'importe où » et, très mécontent de son travail, il porta à Janssen « un croquis de son tableau, le priant de dessiner exactement, avec leurs grandeurs diverses, les étoiles d'une portion de la carte du ciel... » « Et le problème fut résolu à ma satisfaction, termine Gérome, car la science aidant, j'avais parlé le langage de la vérité. »

Sans commentaires...

Du scrupule exagéré et d'ordre non artistique, nous glissons vers la photographie, dont la science représente essentiellement la vision sans choix et sans émotion, la vérité vraie, tout le contraire de l'art.

La photographie (et ses dérivés) est à l'art plastique ce que la radiophonie est à la musique; deux prodigieux réflexes d'ordre scientifique.

Le moulage sur nature se rattache, pour la vulgarité d'expression, à la machine merveilleuse de Daguerre. La glissade s'accentue jusqu'au pantographe et à la mise au point mathématique du sculpteur-praticien...

Ce sont ces moyens de strict renseignement, ces plates facilités qui, fâcheusement employés dans un but d'exactitude, asservirent l'art à une monotonie, à une sécheresse dépourvues de sentiment et d'expression intime. C'est la photographie et ses dérivés mécaniques; c'est l'abus d'une science indiscrète qui a précipité l'art d'aujourd'hui dans une réaction où la nature ne se ressemble plus... Autre ornière.

Ce retour à la peinture des paysages de l'âme, en dégoût du paysage, du sujet et du portrait photographiques; la démence de ces tableaux, de ces statues,

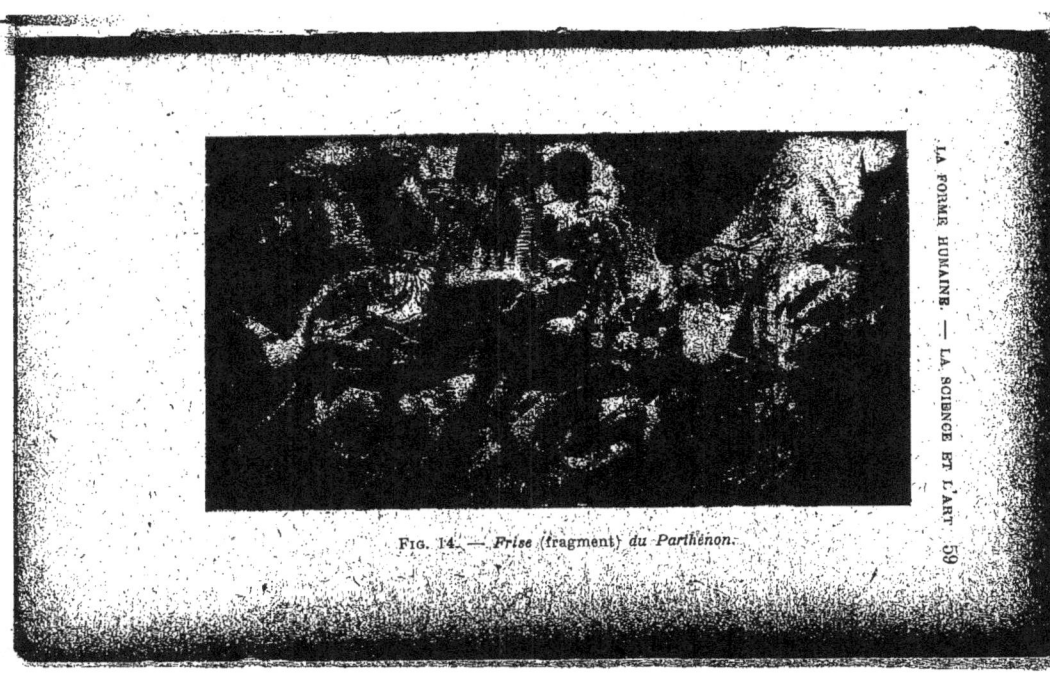

FIG. 14. — *Frise* (fragment) *du Parthénon.*

qui, souvent, ne représentent rien, s'explique en quelque sorte par la faillite du métier trop exclusif de l'artiste d'hier. On reviendra au juste milieu de l'art s'appuyant sur la technique, mais non plus dominé par elle; et la raison, comme la conscience, retourneront au respect des gens.

Hier, trop de science, aujourd'hui point assez. En revanche, combien la science trouverait à bien s'employer si elle s'intéressait davantage à la chimie des couleurs, si elle s'attachait au moins à retrouver la palette éclatante et solide des peintres primitifs !

Dans l'enchaînement des idées, nous touchons aux couleurs complémentaires. Que l'on ne croie pas encore à l'influence scientifique en matière d'énergie et d'harmonie des couleurs !

Eugène Delacroix précéda Chevreul dans la découverte de la vertu du contraste des couleurs et de leur juxtaposition avantageuse. Rubens bien avant Delacroix même ! Voici qui le démontre.

On prétend que le peintre de *la Barque du Dante*, après s'être acharné, durant plusieurs jours, sur une draperie jaune dont il ne parvenait à rendre ni l'éclat ni l'harmonie désirés, se rendit au Louvre pour y étudier les tons jaunes employés par Rubens dans certaines de ses draperies. Or, le fiacre que Delacroix avait arrêté, d'un pur jaune serin, selon la mode d'alors, le surprit fortement avant qu'il y prît place, parce qu'après l'avoir fixé un instant, tous les objets d'alentour semblaient colorés en violet.

Ce fut une révélation pour l'artiste, qui congédia sa voiture et rentra dans son atelier pour expérimenter son observation. En glissant des tons violets dans les ombres et les demi-teintes de sa draperie jaune, il obtint, effectivement, une richesse de couleur et de lumière incomparable.

Autre anecdote, empruntée au *Corps humain* du Dr Witkowski, relevant encore de la vision illusionnée : « Une femme travaillant, auprès d'une fenêtre, au sarrau bleu de son mari, entend tout à coup crier : Au voleur ! Elle voit un homme qui se sauve, et elle affirme qu'il était en chemise jaune-orange. On arrête un inconnu vêtu de jaune, mais plus tard on reconnaît que le véritable voleur était en blanc; or, l'ouvrière avait donné aux vêtements du malfaiteur la couleur complémentaire du bleu qu'elle avait depuis longtemps sous les yeux. »

En admettant que cette dernière méprise n'ait point profité directement à l'art (encore qu'elle ait failli coûter cher à un innocent !), nous la citons parce qu'elle ne relève que d'un phénomène visuel, et, en revanche, nous voyons les Seurat, les Signac, et E. Laurent, H. Martin à la suite de ces peintres, décomposer les couleurs de leur palette, au lieu de les fondre, pour réaliser une vibration supérieure.

L'artiste, ici, n'a-t-il point encore plutôt bénéficié de sa propre observation?

L'œil de l'artiste doit-il donc s'impressionner autrement qu'individuellement?

D'ailleurs, l'harmonie des couleurs (1) est une

---

(1) Pour la raison que, dans l'obscurité, les couleurs sont invisibles, la science explique que la lumière donne la couleur,

question de goût, d'art, par conséquent. La théorie scientifique des couleurs ne saurait être exacte étant donné la variété infinie de leur gamme. C'est un piètre artiste que celui qui s'arme d'une théorie pour se manifester, et, le peintre, vivant de la couleur (1), doit savoir d'intuition comment on exalte un ton ou comment on l'accorde.

Voici maintenant que le génie des peintres, — cette sublime folie, — va prêter aux divagations de la science pathologique...

Écoutons plutôt Raoul Gineste (*alias* le docteur Augier) s'en prendre à Monticelli : « ... Il avait une hyperesthésie curieuse du sens visuel. Les couleurs que nous voyons d'une manière normale il les apercevait avec une intensité, un chatoiement, un éblouissement prodigieux. La myopie peut conduire à l'impressionnisme, l'hyperesthésie seule explique le cas de Monticelli... »

E. Manet, Claude Monet, Pissaro, Sisley, et tant

---

pourquoi ne pas ajouter, à cet axiome, que la lumière donne également la forme, puisque cette dernière n'est point non plus visible dans l'obscurité ?...

(1) Sir Georges, montrant à Constable un vieux violon de Crémone, lui dit : « Voilà le véritable ton qui domine surtout dans la nature ! » Pour toute réponse, Constable prit le violon et le coucha sur la pelouse verte située devant le château de sir Georges. « N'est-ce pas qu'il est souvent difficile de placer dans un tableau les arbres *bruns?* » prétendait encore le même personnage qui considérait comme indispensable de mêler à tout paysage quelques teintes d'automne. « Je ne sais, dit le grand peintre anglais, jamais je ne mets de ces choses-là dans mes tableaux. » Constable est le premier artiste qui se soit insurgé contre ces singulières idées devenues des axiomes en Angleterre, à ce moment.

d'autres ! que pensez-vous de cette docte offense ? Et vous, les Corot, les Puvis de Chavannes, les Carrière, combien vous étiez loin de vous douter que votre expression d'art relevait de l'oculiste !

Mais ce n'est point tout, Max Nordau, le savant allemand, n'hésite point à déclarer que les peintres « impressionnistes, pointillistes ou mosaïstes, trembleurs ou papilloteurs », etc., se rencontrent avec « les recherches de l'école de Charcot sur les troubles visuels des dégénérés et des hystériques ». Suit une étonnante théorie d'où il découle que les Manet, les Puvis, les Besnard, entre autres, doivent uniquement leurs admirateurs à une cause que la clinique dévoile.

Passe encore pour les altérations visuelles dues, par exemple, à un Turner, que son cristallin jaunâtre, — à la fin de sa vie, — trompait sur la qualité des verts jusqu'à les pousser au bleu. Passe encore pour le phénomène d'optique dit astigmatisme qui conduisit le même Turner, à son déclin, à nous montrer, en ses premiers plans, des personnages démesurément allongés. Passe encore pour le peintre affligé de daltonisme, mais, quand il s'agit de diminuer le génie par ignorance et manie scientifique, la mesure déborde !

Combien on regrette que Max Nordau n'ait point vécu au temps de nos « cubistes » ! Mais encore le pédant germain eût bien été capable de confondre la joyeuse « fumisterie » avec l'aberration mentale !

Nous bornerons là les rapports, plutôt hostiles,

entre l'art et la science, vis-à-vis de l'expression de la nature, de sa contemplation et de sa considération. Toutefois, nous ne voudrions point conclure sans rendre au beau métier, — directement acquis et déduit d'après nature, à force de dessiner, de réfléchir, de mesurer, pour s'égaler au modèle, sans servilité, — l'hommage qui lui est dû. Indispensable à l'art éternel autant qu'il est superflu à la mode, le métier difficultueux de l'art ne s'acquiert pas dans la négation des chefs-d'œuvre, mais dans leur profit. De redouter ou de flétrir l'inepte dévergondage, l'ignorance prétentieuse, il ne s'ensuit pas néanmoins que nous devons approuver la science dans ses intrusions, sinon tout à fait inutiles, du moins non essentielles et souvent nuisibles.

Le savoir de l'artiste, aride et laborieux, n'a rien de commun avec la science intransigeante.

Guyau, l'auteur des *Problèmes de l'Esthétique contemporaine*, rapporte qu'à la fin d'un repas chez le peintre anglais Haydon, le poète John Keats porta le toast suivant : « Honnie soit la mémoire de Newton. » Et, comme les assistants s'étonnaient, Keats répondit : « Parce qu'il a détruit la poésie de l'arc-en-ciel en le réduisant à un prisme. » Et l'on but à la confusion de Newton (1)...

Pour pallier toute exagération de notre part en matière d'empiétements de la science, nous pourrions dire que le plus grand nombre des meilleurs artistes n'exerçant pas leur art *uniquement avec leur*

(1) Cité par le docteur Paul Richer.

cœur, — ce qui serait une sottise pour un aboutissement nul, — se rencontrent avec la multitude de personnes qui oublièrent la syntaxe et s'expriment néanmoins convenablement, à moins encore que n'ayant point étudié la grammaire, ils aient tout simplement pratiqué beaucoup leur langue pour aboutir au même résultat, comme M. Jourdain, sans le savoir.

CHAPITRE IV

Autour et alentour de la Forme humaine inspiratrice. — La Forme humaine et la Mode.

Il ressort, des idées précédemment exprimées, que la nature, si belle soit-elle, ne doit pas être rendue telle quelle, mais filtrée à travers un tempérament, transposée d'après un idéal. Toutefois, l'art plastique ne peut s'énoncer en dehors de la forme humaine; du moins sans sa vraisemblance, car l'action plastique ne saurait vivre d'immatériel. Il faut donc laisser à la littérature le miracle des mots représentatifs.

Entre le réalisme excessif d'un Courbet s'étonnant devant Gustave Doré qu'il ait peint des anges « alors qu'il n'en avait pas vu » et l'exactitude outrée des poissons sculptés par Phidias, desquels Martial disait qu'il n'y avait qu'à leur donner de l'eau pour qu'ils nagent, il y a place pour une sincérité où la nature serait imaginativement traduite.

Mais encore, malgré qu'elle ne soit point de l'art, la photographie d'après un modèle bien choisi, présenté avec goût dans un effet de lumière agréable, n'est point à dédaigner, en vertu toujours de ce

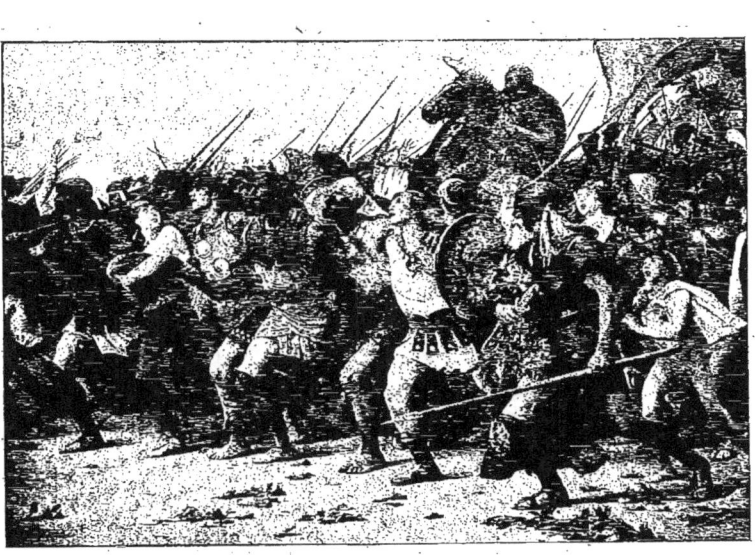

FIG. 15. — *Les Vainqueurs de Salamine* (fragment), par F. Cormon.

principe que la nature, pourvu que l'on ne trahisse point sa splendeur essentielle, soit en la voyant, soit en l'interprétant, soit même en la photographiant, demeure l'inspiration-type.

D'ailleurs, il faut rendre cette justice à la photographie qu'elle a permis à l'homme de l'art des études de mouvement qui lui étaient autrefois interdites. Qu'il s'agisse de la marche humaine, du trot ou du galop du cheval et autres animaux.

Ce n'est pas parce que F. Cormon peignit, dans ses *Vainqueurs de Salamine* (fig. 15) (au musée de Rouen), des personnages dont l'allure du pas accéléré s'avère inexacte, — le buste droit de ceux-ci ne participant pas à l'action des jambes, — que l'art y gagne quelque chose. Et, si les chevaux *vrais* de Meissonier, succédant aux coursiers en bois et faux d'allure d'Horace Vernet, apparurent à la foule comme de vulgaires chevaux de fiacre, on se demande, en revanche, si la fougue irréelle des animaux dus à Rubens ou à Wouwerman (fig. 16) relève d'un mérite supérieur.

Même observation pour les chevaux de Van der Meulen, non moins évocateurs de ceux qui tournent au casino de nos stations balnéaires, dans une allure impossible du petit galop rassemblé.

Pareillement enfin, pour les bœufs de Rosa Bonheur, dans le *Labourage nivernais* (fig. 17) (au musée du Luxembourg), que le colonel Duhousset révéla « labourant au trot », et pour le cheval du *Trompette* (fig. 18), d'Horace Vernet, dont la finesse démesurée (partagée par celui du *Mameluck au combat*) frappe

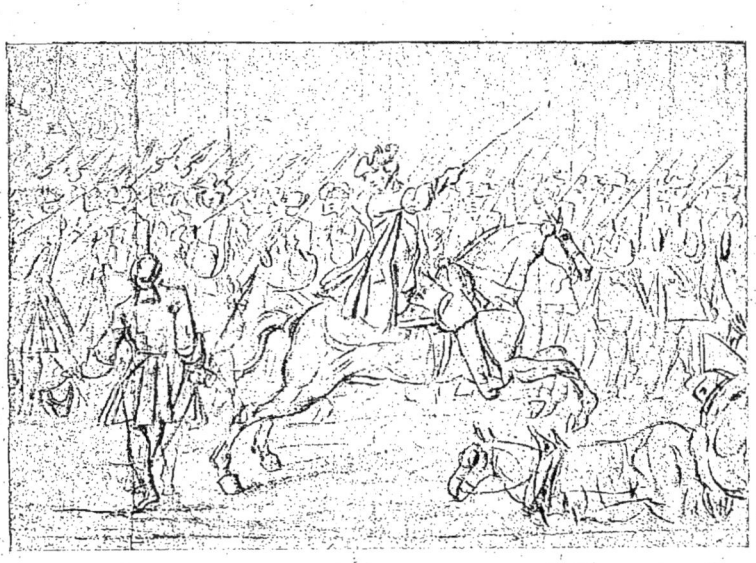

FIG. 16. — *Un cheval* (fragment d'un grand carton), par Wouwerman.

moins cependant que l'équilibre de son appui sur un bipède latéral, mathématiquement instable.

Alors qu'en matière décorative la nature peut et doit être figurée avec fantaisie, il n'apparaît pas que la vérité scientifique ici, démérite en art. Nous en prendrons plutôt à témoin le *Rezonville* (fig. 19), d'Aimé Morot (au musée du Luxembourg), qui marque une des premières applications de la photographie instantanée. Et pourtant, cette *furia* du galop, exprimée par le cheval du premier plan, si saisissante soit-elle dans le tableau, pourrait être discutée au point de vue de l'exactitude même, puisqu'elle échappe à nos yeux réellement.

Il est bien évident que la photographie instantanée n'enregistre qu'une des phases d'un mouvement et que ce fut plutôt la nouveauté et l'audace de la phase choisie la plus vraisemblable, qui nous séduisirent dans l'œuvre du peintre, qu'une vérité dont nous ne pouvions être juge.

Le cinématographe exprime le mouvement en action, luxe que l'image fixe ne peut s'offrir, et, au ralenti, le cinématographe en décomposant, par phases, le mouvement, l'anime ainsi, conformément à la vie.

Mais nous aurons l'occasion de revenir sur le mouvement et verrons maintenant la forme humaine inspirer notre décor, l'architecture et, en général, toute la décoration, sans compter qu'elle imagea la littérature, détermina la mesure, etc.

Ce fut, effectivement, le mollet humain, son renflement harmonieux, qui donna l'idée du balustre. La forme « à mollet » se substitua à la colonne rigide;

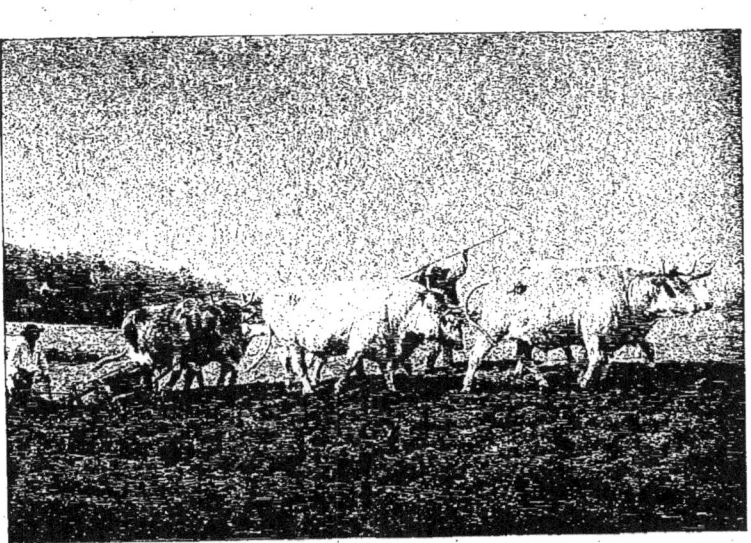

FIG. 17. — *Labourage nivernais* (fragment), par Rosa Bonheur.

elle s'adapta d'abord au meuble, puis à l'architecture, on sait avec quelle faveur, au xviie siècle. Parmi les termes techniques de l'architecture, les noms de joue, de pied, de main courante, de fronton, d'œil-de-bœuf, etc., évoquent encore les êtres humain et animal.

E. de Goncourt pense que la pagode, aux étages successifs, naquit de la vision d'un cèdre *déodora*, et l'ogive de notre imposante cathédrale du xiiie siècle ne prit-elle point exemple sur la réunion, en haut, des branches d'une allée d'arbres ? Admirez encore la genèse du chapiteau égyptien dans la fleur épanouie du lotus, dans le palmier ; du chapiteau corinthien dans la feuille de l'acanthe ; tandis que les Persans et les Indiens doivent le leur à l'animal.

L'origine de la cariatide n'est pas moins subordonnée à la forme humaine, puisqu'elle symbolise le châtiment imposé aux citoyens de Carya défaits par les Grecs ; châtiment dont les architectes éternisèrent la mémoire en représentant les femmes des vaincus faisant l'office de colonnes et condamnées à gémir sous le poids des architraves.

Sans oublier que les atlantes, emblèmes encore des Carthaginois vaincus, portaient la corniche en s'aidant de leurs bras pour ne pas plier sous leur fardeau, « avec un sourire bestial », écrit Vitruve.

La forme, aussi bien, de nos pièces céramiques, de notre orfèvrerie, de tout ce qui, relevant de l'art, nous entoure, est puisée dans la nature, aux ressources de suggestion inépuisables. N'est-ce point sur le sein de Vénus qu'Apollon moula la première coupe ?

Si nous nous tournons vers la littérature, pareille source pittoresque : s'aboucher, aborder de front,

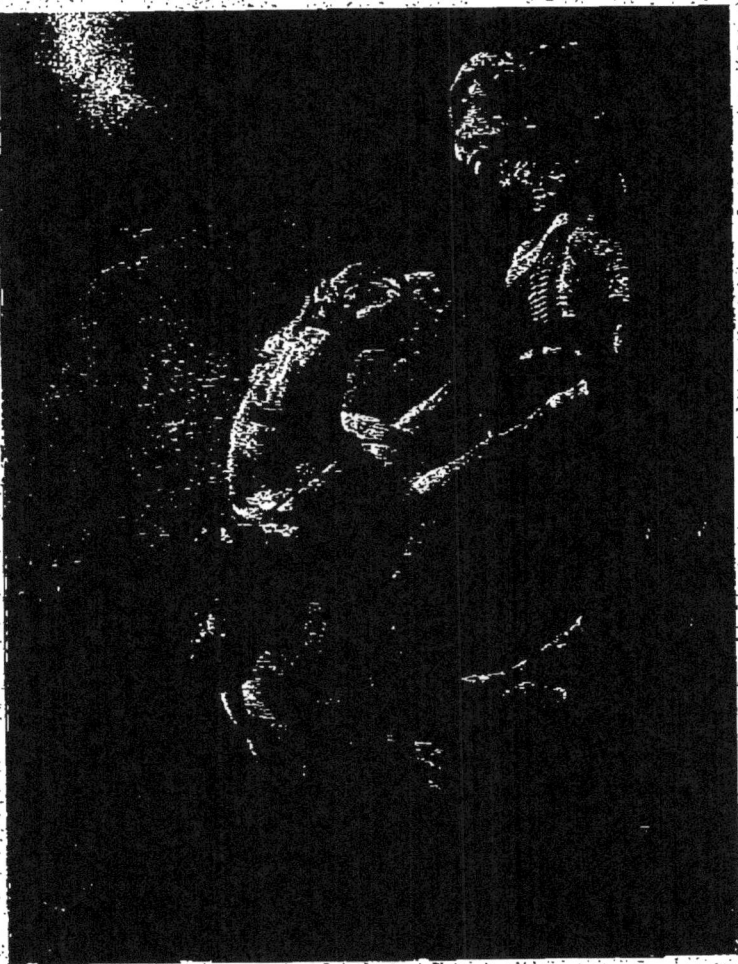

Fig. 18. — *Le Trompette*, par Horace Vernet.

faire front, avoir le front de..., faire la tête, ne pas sourciller, être à un cheveu de..., avoir du nez, avoir la dent dure, tenir la main, être à deux doigts de..., avoir l'œil, etc. Et, de même, l'eau se ride, le ciel moutonne, les vents mugissent...

La curiosité de l'analogie humaine se poursuit dans les mesures : la brasse, le pied, l'enjambée...

Au gré de ces observations successives, croît l'importance de la forme humaine, et toujours plus serrons-nous notre sujet qui doit encore dépouiller la mode du costume pour dévoiler la nudité sublime. Car la mode et les mœurs n'ont pas été sans influer sur la forme humaine, non plus que l'exercice de certains métiers, la pratique non harmonieuse des sports, la mauvaise hygiène et la maladie.

D'une manière générale, on peut dire que toute contrainte apportée au corps se répercute sur la forme; qu'il s'agisse du cou par le col, de la taille par le corset, du jarret par la jarretière, du pied par le soulier. Mais c'est surtout l'action du corset, subi depuis des siècles, qui eut le maximum d'effet sur l'esthétique féminine. La taille guêpée, même, a commis des ravages meurtriers, et non moins le corset droit, aux déplorables exigences.

En déplaçant l'axe naturel du corps, en le torturant, la forme en arriva à garder une empreinte significative. Un resserrement jusqu'à l'étranglement, un déplacement des organes en résultèrent qui s'imprimèrent sur le corps à travers les temps.

La *Vénus de Milo* (fig. 20) ignora le corset (du moins ne dut-elle connaître que quelque « zona », l'un des premiers noms de l'embryon de la cangue que notre quart de XXe siècle a enfin abandonné) et la *Danseuse* (fig. 21), sculptée par A. Falguière, le porta héroïquement, comme sa mère et son ascendance, sans doute, depuis l'intransigeant corset de fer de la Renaissance... La comparaison entre les deux formes s'établit nettement : l'une dont le corps apparaît libre et dans sa forme naturelle ; l'autre dont le corps fut façonné. De telle sorte que, partant des théories du transformisme, on pourrait soutenir que jusqu'à nos jours en rupture de corset, la forme féminine subit une altération due à la contrainte d'une parure à la mode depuis des siècles.

Cette constatation est absolue sur le modèle d'hier, et la génération immédiate, celle de nos fils, contrôlerait la métamorphose, c'est-à-dire le retour à la silhouette naturelle si, en réalité, le corset avait été réellement supprimé et non hypocritement remplacé, souvent, par des pro-derma ! Pro-derma en caoutchouc, toute la révélation de la maigreur à la mode de nos jours, due à la vulgaire transpiration ! Il paraît qu'une femme un peu grasse, soumise au régime de la gaine oppressive, peut « suer » quinze kilos en deux mois !

Et, suivez le ravage de la coquetterie de l'heure, renouvelée de la mortification du silice des saintes du Moyen Age. Après avoir écrasé les seins, le pro-derma comprime les hanches en respectant cette fois la taille qu'il ne s'agit plus, comme autrefois, d'avoir « bien prise ». De telle sorte que les hanches si bellement épanouies de la femme rejoignent anormalement la vision du bassin masculin !

Quelles sont maintenant les raisons de cette maigreur exaltée ? Maurice de Waleffe nous les donnera : la consigne vint de Londres où, de toute antiquité, les *professional beauties* se firent gloire d'être longues et maigres comme des harengs saurs...

« ... Il fut un temps où nous nous moquions de la maigreur anglo-saxonne... subitement nos couturiers ont capitulé. Cette capitulation a coïncidé avec celle du franc devant la livre sterling. Elle date du jour où la clientèle étrangère, grâce au change, a pu commander quatre robes, alors que la Parisienne n'en commandait plus qu'une. Le goût inné de ces étrangères allant aux modèles plats, leur goût a fait loi... »

De fil en aiguille, si l'on peut dire, pour atteindre à la maigreur naturelle, on eut recours aux ceintures de caoutchouc compressives, précédemment indiquées, parallèlement à des massages, à des bains de lumière et à des restrictions alimentaires qui devaient fatalement triompher des rondeurs et des capitons...

Pour réaliser l'étirement à la mode chez les femmes de petite taille, il fallut bien que les souliers s'en mêlassent, et la grâce ne rechigna point à se jucher sur sept centimètres de talon !

Quant aux seins réfractaires, — car la nature se révolte parfois contre la mode, — ils ont recours à la chirurgie pour rentrer dans le moule extra-plat de l'heure. On taille dans la peau l'excédent, et l'on recoud. Même opération sur certains abdomens récalcitrants et, les rides de la face, sous la chair tendue grâce à des incisions que dissimule la chevelure, empruntent aux mêmes moyens barbares.

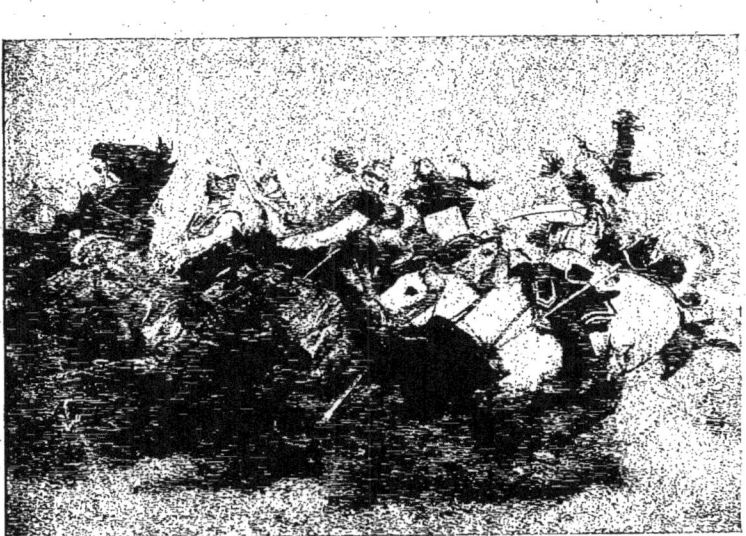

FIG. 19. — *La Bataille de Rezonville* (fragment), par Aimé Morot.

De telle sorte que si de tels attentats se perpétuent, au nom de la sottise humaine, il faut redouter que les générations suivantes n'en subissent la conséquence. L'écrasement de la poitrine induira, peu à peu, à sa transformation, de même que sa fermeté initiale, non plus soutenue comme par l'ancien corset, résistera moins victorieusement à la liberté.

Or, les pénitentes de la mode d'aujourd'hui (hier encore éprouvées par certain corset *droit* qui se faisait un malin plaisir d'obliger l'abdomen à rejoindre les seins pour réaliser, chez les grasses, une gibbosité anonyme, du meilleur ton !) ne constituent heureusement qu'une grande minorité, et les seins libres (et l'abdomen), surtout, s'ils sont naturellement menus, triomphent actuellement de la torture.

Il n'empêche que l'allaitement artificiel, si l'on reprend la théorie de Darwin, aboutira peu à peu à la suppression des seins, de même que la faillite des hanches pourrait bien, quelque jour, contredire à la maternité, mais d'ici là il faut espérer que les martyres de la maigreur se seront immolées sur des autels plus favorables à la nature.

D'autre part, nous avons vu que rien n'abîme le jet radieux d'un cou comme le moindre col ou collet, et qu'avant la jarretelle, la jarretière commit bien des méfaits. Quant aux souliers, ils ont fatalement abîmé le pied. Les doigts du pied chevauchent maintenant ; la chaussure les comprima jusqu'à les dénaturer, et la bottine montante étrangla la cheville.

Il est vrai qu'aujourd'hui, répétons-le, le petit soulier, tellement échancré qu'il laisse déborder la chair, est bien capable de la malaxer différemment encore. Le talon haut, enfin, agissant sur la statique du corps et tronquant la marche, complète une anomalie physique dont nous reparlerons avec d'autres, plus loin.

Relativement à un prétendu amoindrissement de la race humaine, le statuaire E. Frémiet nous dit un jour : « Les savants exposent des théories incessantes sur les variations de l'espèce. Je ne partage aucunement leur avis. Lorsque je préparais mon groupe de l'*Homme de l'âge de pierre*, désirant me documenter exactement, je me procurai au Jardin des Plantes le crâne d'un homme remontant aux siècles les plus reculés, que j'agrémentai, en me guidant strictement sur la structure osseuse, de tous les organes disparus. Or, jugez de ma surprise et de mon édification : ce fut le très beau visage d'Alphonse Daudet que je vis surgir du crâne préhistorique en question ! »

Voici donc l'anthropologie mise en échec par l'artiste et notre origine simiesque, — si séduisante pour la ratiocination, — mal en posture. Pourquoi faire remonter au déluge les seules causes d'atrophie de la race ?

A propos des vastes armures exposées au musée d'Artillerie, si peu en rapport, semble-t-il, avec notre plus haute stature actuelle, l'auteur du *Saint-Michel* nous renseigna encore : « Ce sont des enseignes d'armuriers allemands, et, sauf quelques-unes, nous pourrions les endosser. Voyez les armures des Grecs, elles nous conviendraient parfaitement. »

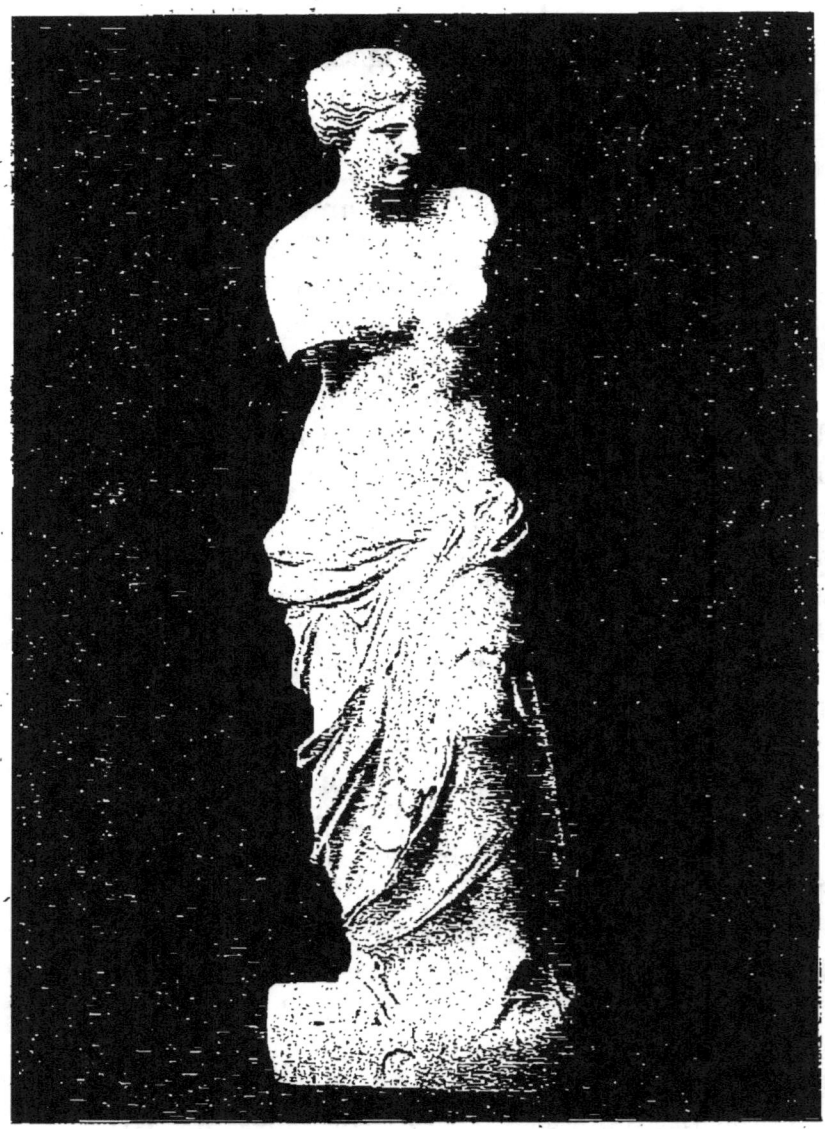

Fig. 20. — *La Vénus de Milo.*

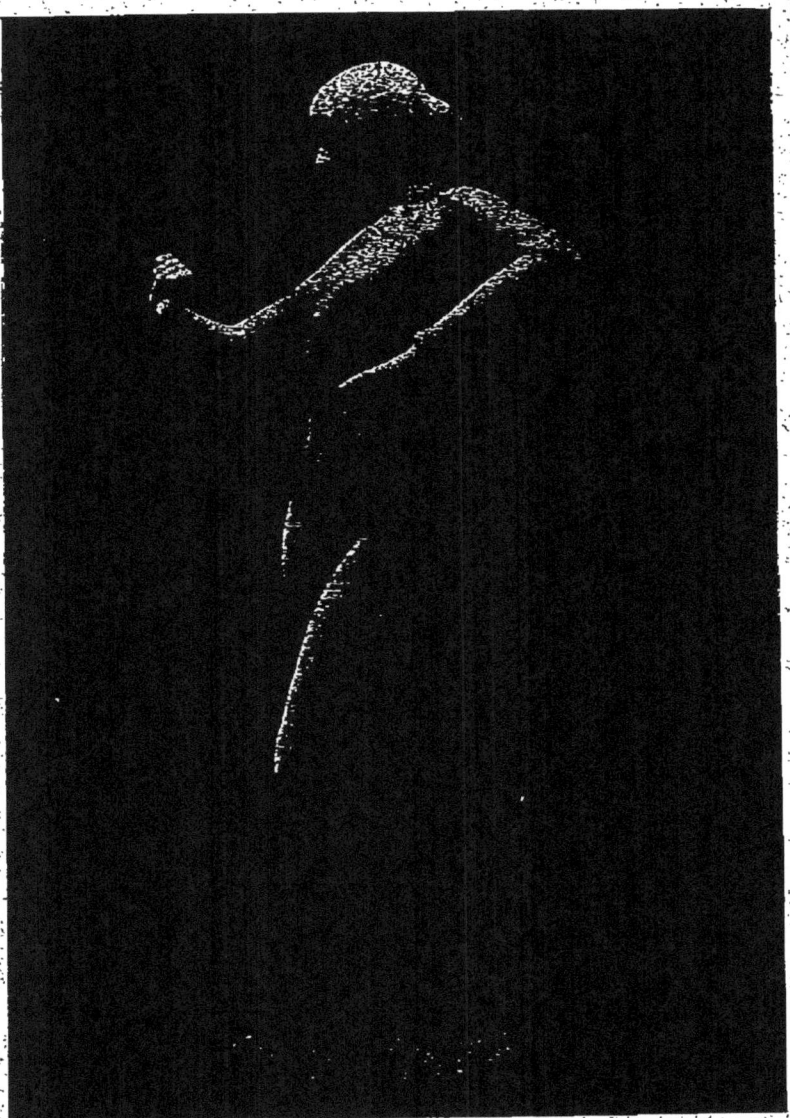

Fig. 21. — *La Femme (Danseuse)*, de A. Falguière.

Pour l'hypothèse ingénieuse, nous emprunterons ensuite à Henry Havard, qui nous ramène au darwinisme. Cet auteur prétend que la longueur des jambes accompagnant le torse court caractéristique de la femme de Jean Goujon, par exemple, résulte de l'habitude que l'on avait, à ce temps, de monter à cheval, en croupe. Il en déduit que le torse dut ainsi se tasser, à travers les générations, tandis que les jambes, pendantes, s'allongeaient.

En revanche, la Vénus flamande de Rubens, aux chairs débordantes, inspiratrice de l'opulente lourdeur du XVIIe siècle, dériva du manque d'exercice. A force d'user de la chaise à porteurs (jusque dans ses appartements) et des carrosses, Célimène engraissa.

La nudité des « Madeleines au désert » se chargea d'un singulier embonpoint...

Cependant, outre que le style des maîtres de la Renaissance ne manqua pas certainement de transposer la forme humaine selon son idéal généralement élégant et fin (la Vénus des Florentins, pourtant, est robuste), pourquoi imaginer que le modèle adipeux de Rubens représenta toutes les femmes de son temps ? Il est un fait, cependant, que les femmes du Moyen Age, de la Renaissance et jusqu'au XVIIIe siècle même, avaient la taille haute, et la raison de cette proportion échappe au jugement, comparativement à la femme moderne, différemment balancée.

Le corps humain, constate avec nous E. de Goncourt, n'a pas l'immutabilité qu'il semble avoir. Les sociétés, les civilisations travaillent la statue de la nudité. La femme qu'a peinte l'anthropographe

Cranach (fig. 22), la femme du Parmesan (fig. 23) et de Goujon (fig. 24), la femme de Boucher (fig. 25) et de Coustou sont trois âges et trois natures de femme. « La première, ébauchée, lignée dans le carré d'un contour embryonnaire, mal équarrie dans la maigreur gothique, est la femme du Moyen Age. La seconde, dégagée, allongée, fluette dans sa grandeur élancée, avec des tournants et des rondissements d'arabesques, des extrémités arborescentes à la Daphné, est la femme de la Renaissance. La dernière, petite, grassouillette, toute cardée de fossettes, est la femme du XVIIIe siècle. »

A ces trois silhouettes, l'écrivain en joint une autre dont il critique amèrement, aux alentours de 1890, « le costume qui n'a plus rien de féminin, où la robe est un carrick de cocher de *coucou*, où la femme n'a plus l'air d'être habillée du flottement d'une étoffe autour d'elle, mais de la tombée droite d'un gros drap anglais : un costume qui fait ressembler une femme à un jeune mâle d'écurie ».

Il n'était pas réservé à Goncourt d'admirer la « garçonne » du début de notre XXe siècle !

Après la « caillette » de François Boucher, la « finette » d'Honoré Fragonard, la « garçonne » marquera dans l'esthétique de notre temps, aussi plate que la « petite femme » de A. Willette était potelée, et, dans l'ordre de la plastique différemment suggestive d'aujourd'hui, la fantaisie le dispute au goût pour applaudir tantôt à la grâce étirée d'un Jean-Gabriel Domergue, tantôt à l'agressivité piquante d'un Van Dongen (fig. 35).

84 LA BEAUTÉ DU CORPS HUMAIN

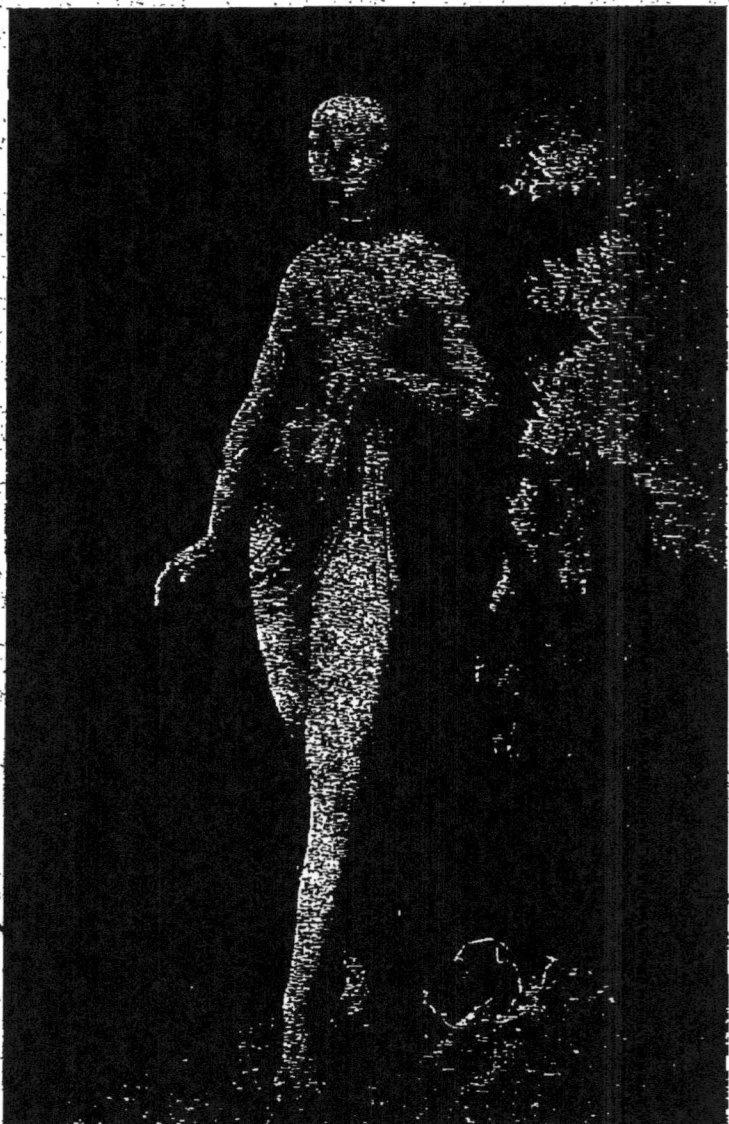

Fig. 22. — *La Femme (Vénus)*, de Cranach.

Pareillement, la néo-florentine de Jean Dupas (fig. 26) et l'Eve de Ch. Despiau (fig. 27) caressent le regard différemment que la «première femme» de Gauguin (fig. 28). Il s'agit moins d'en référer à la nature que de satisfaire et de varier les sensations.

On doit envisager, par ailleurs, que nombre de conformations et déformations physiques, source d'idéal divers, résultent de certaines servitudes et la moindre fatigue ou habitude du mouvement forcé apporte son altération.

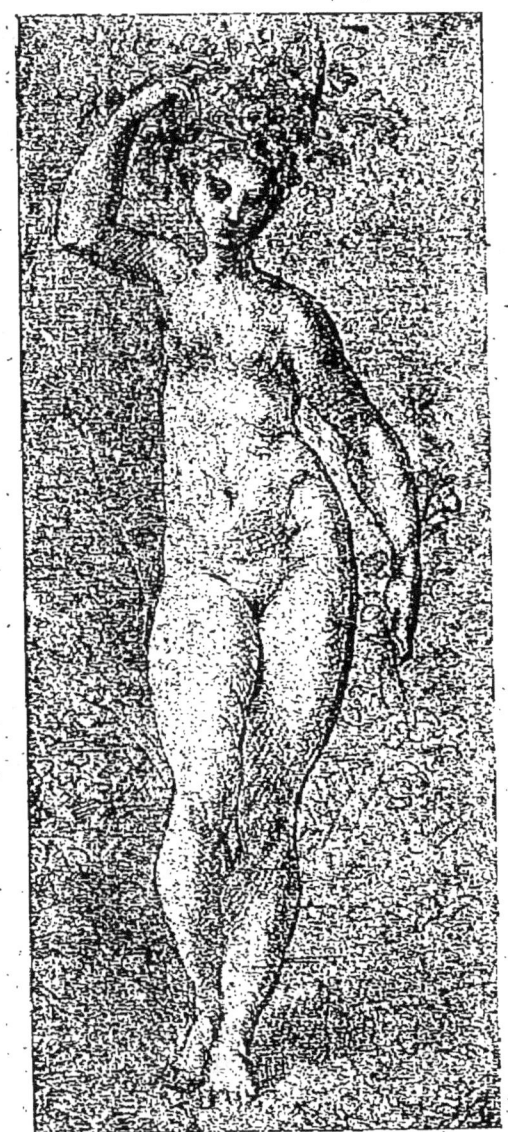

FIG. 23. — *La Femme (Le Printemps)*, du Parmesan.

En exerçant d'accord, parallèlement, par la course et le lancement du disque, les jambes et les bras, les Grecs réalisèrent l'harmonie du corps, et l'on peut exactement apprécier le contraire de cette harmonie en considérant la laideur de nos athlètes modernes, en général, au tronc démesurément vigoureux et développé sur des jambes courtes et grêles (ou bien le contraire).

« Chez les athlètes, dit Taine, les muscles avaient tous été fortifiés et assouplis; on n'en avait point négligé; les diverses parties du corps se faisaient équilibre; l'arrière-bras, si maigre aujourd'hui, les omoplates mal garnies et raides, s'étaient remplis et faisaient un pendant proportionné aux hanches et aux cuisses; les maîtres, en véritables artistes exerçaient le corps pour lui donner non seulement la vigueur, la résistance et la vitesse, mais encore la symétrie et l'élégance. »

Nos lutteurs forains adipeux offrent encore la preuve d'une gymnastique inégalement distribuée, autant d'ailleurs que l'évidence d'une hygiène défectueuse.

Aussi bien, le bras droit du forgeron est plus développé que le gauche par suite de la pratique du marteau; la main gauche du violoniste est plus longue que la dextre à cause de l'exercice supérieur des doigts; les chevilles d'une personne obligée de se tenir continuellement debout sont plus ou moins empâtées; l'extrémité du pied de la danseuse est déformée par les pointes, et ses pieds, tournés en dehors ainsi que ses genoux, ses hanches étant

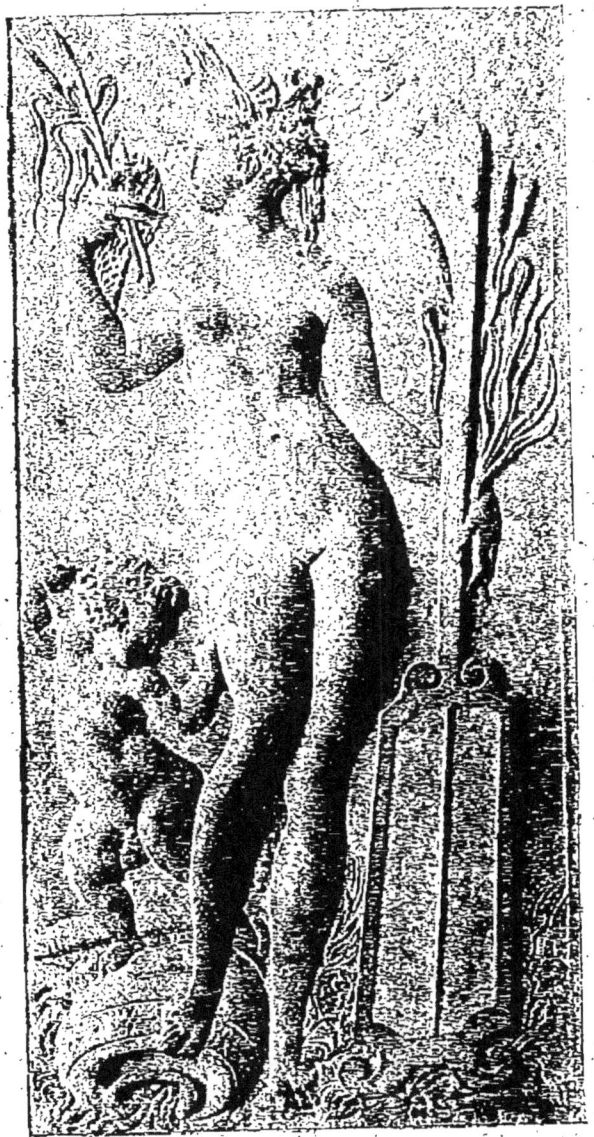

Fig. 24. — *La Femme (Nymphe)*, de Jean Goujon

ouvertes, apportent à ses membres assouplis et susceptibles de forcer le mouvement, des modifications particulières.

Ce sont les jambes arquées du cavalier, qu'un « petit ventre » dit « de cavalerie » distingue non moins typiquement; c'est l'exagération musculaire de l'épaule chez les hommes de peine qui tirent la charrette, — on observe aussi chez les coiffeurs depuis longtemps en exercice, une certaine élévation permanente du thorax, du côté qui travaille ; ce sont les facultés, visuelle et auditive, particulièrement aiguës chez le peintre et le musicien (facultés d'ailleurs sans aucune répercussion sur la forme humaine); ce sont les callus, bourses séreuses, tumeurs molles, épaississements ou usures de la peau ainsi que ses modifications de couleur, engendrés par les divers métiers.

De même que le cou du chanteur se développe musculairement par suite de l'exercice vocal, pareillement pour le torse du charron, dont la tâche actionne spécialement cette partie de son corps sous l'empire des bras. Singulièrement, néanmoins s'oppose l'exception à la logique de l'effort technique répercuté physiquement. Ainsi le ténor est généralement corpulent sinon ventripotent, et la basse plutôt maigre. Que devient, dans cette anomalie, la loi rationnelle du développement thoracique sous l'effort vocal? Pourrait-on sérieusement inférer de cette contradiction que la voix la plus profonde agirait différemment sur le physique que la voix la plus élevée?

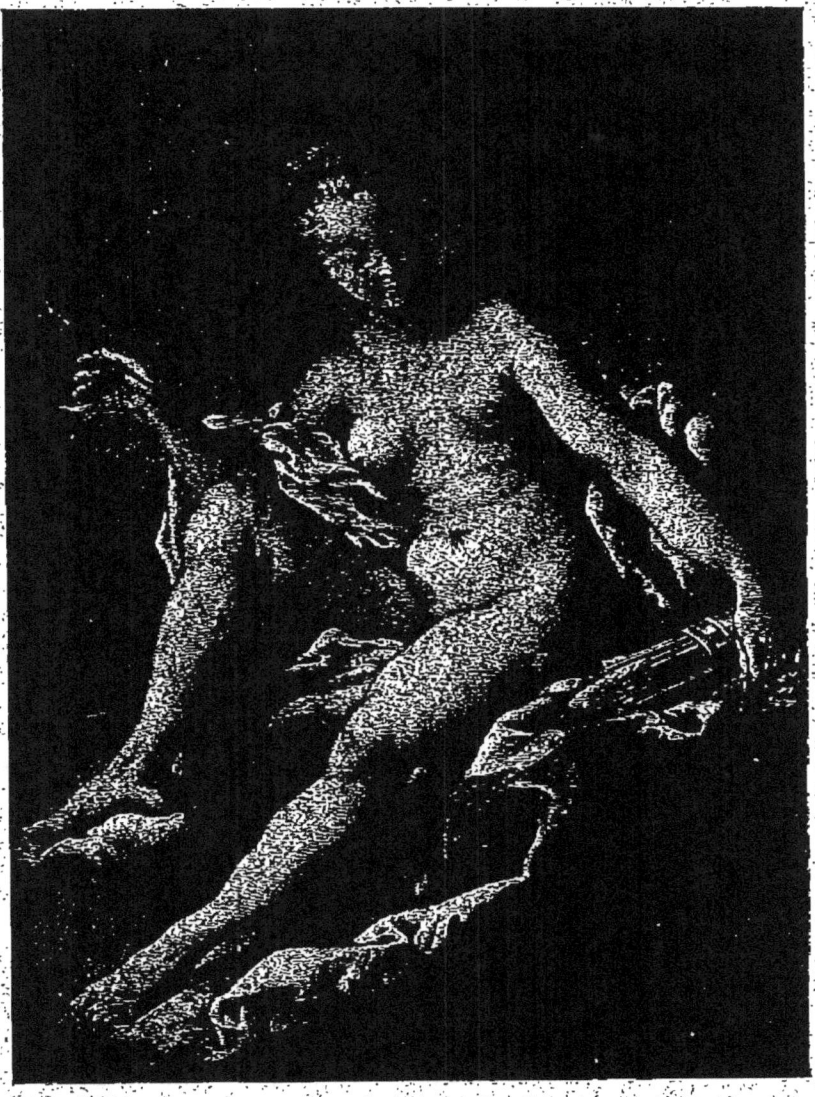

FIG. 25. — *La Femme (Le Trait dangereux)*, de François Boucher.

Toujours est-il que, dans l'ensemble, l'effort gymnastique professionnel se trahit musculairement, en beautés, tares ou stigmates.

Quant à la théorie évolutionniste de Darwin, les modifications consécutives de l'espèce, qu'elle suppose et explique, sont d'une ingéniosité et d'une vraisemblance intarissables.

Le chapitre des tares professionnelles augmente au fur et à mesure du progrès des métiers, mais il ne saurait nous intéresser ici, au delà de la curiosité, non plus que les défectuosités physiques d'ordre pathologique.

Pourtant, dans ce dernier cas, — et sans sortir du domaine artistique, — l'observation de la marche et du geste, en général, renseigne anatomiquement, suivant que ceux-ci s'énoncent plus ou moins réguliers. Une imperfection physique retentit fatalement sur l'équilibre normal du squelette et par conséquent sur l'expression du mouvement. La forme, aussi bien, pour être harmonieuse, ne doit être ni trop grasse ni trop maigre, et la dilatation des organes, comme le relâchement des tissus, désordonne la ligne.

L'étude comparative de la nature humaine (nous abandonnerons le cas pathologique) déroute, en vérité, la conception de la nudité typique, en raison de la diversité de ses genres délectables dictés par la mode vestimentaire dont, nous le répétons, les décisions agissent sur la forme à travers les âges.

C'est ainsi qu'après les méfaits de l'étranglement du corps, on envisage ceux de la non-contrainte qui aboutissent, contrairement, à l'épanouissement des chairs. La liberté excessive des organes entraîne leur nonchalance, et rejoint, vis-à-vis de l'engraissement, la vie sédentaire et la paresse physique.

Nous parlons, bien entendu, de la femme, dont la parure capricieuse et contradictoire endure parfois, au nom de la coquetterie, les pires sujétions.

Lorsque son corps n'est point maintenu, il tend, naturellement, à déroger à la forme nue, celle qui nous intéresse seulement ici, et, si nous avons vu la poitrine fléchir de n'être plus soutenue, nous savons aussi que nos jours nous préparent la déception de la voir écrasée sous un fourreau tyrannique.

La maigreur, prônée

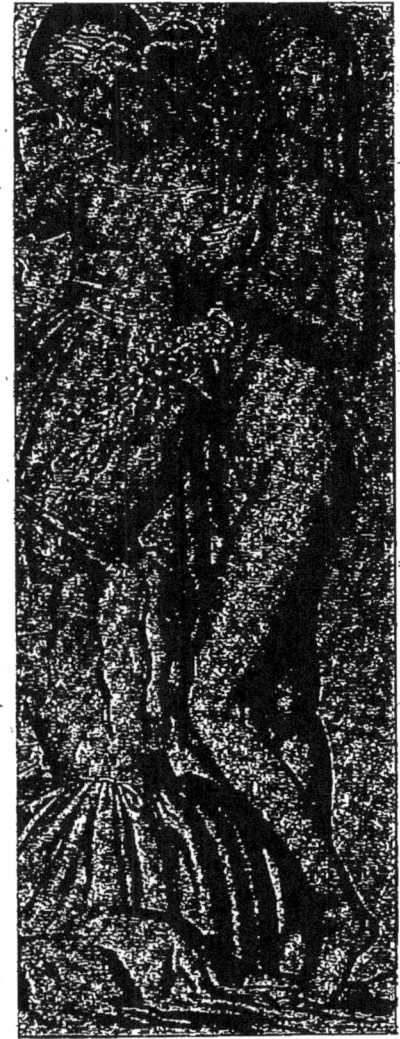

FIG. 26. — *La Femme* (fragment des *Perruches*), de Jean Dupas.

actuellement par le couturier, ne violente pas moins la beauté physique naturelle; elle nous élabore sans doute une altération générative que les artistes en vogue fixent avec autant d'enthousiasme, cependant, que Botticelli avait célébré sa Vénus émaciée. Il n'empêche que si la fantaisie de l'artiste s'excuse dans le chef-d'œuvre, ou pour obéir au goût de l'instant, la référence esthétique de l'être humain demeure.

En admettant que l'idéal ne s'accorde point toujours sur un type, — les diverses révélations par l'art, aux séductions variables, l'y autorisent dans une certaine mesure, — les fonctions du corps régissent, en principe et d'accord avec sa jeunesse et sa santé, une forme logiquement admirable.

Or, ni le décharnement, ni la graisse, ne représentent la santé dans leurs exagérations réciproques, et point davantage les empreintes du vêtement oppresseur ou les relâchements musculaires occasionnés par le vêtement trop ample, qui dénaturent la ligne. Entre soutenir les chairs, à la manière grecque, les opprimer ou les laisser divaguer, il y a un juste milieu.

On a dit un moment que le corset « faisait » la femme, aujourd'hui quelque pro-derma la façonne différemment et, auparavant, d'autres carapaces imprimèrent sa structure à leur manière, non moins extra-naturelle. La liberté donnée au corps lui restituant son jet divin, pour un aspect auquel nos yeux humains, sans cesse trompés, se doivent encore familiariser.

En attendant, la forme nue se lamente d'être ainsi disputée.

La chevelure taillée rase, ou presque, « à la garçonne », ne nous prépare-t-elle pas, d'autre part, une désillusion, s'il est vrai qu'à force de faire tondre ses atours naturellement longs, la femme s'expose quelque jour à l'atrophie inexorable qui lui défendra de suivre la mode contraire ?...

En aurions-nous fini, désormais, de par l'héritage successif de la « garçonne », avec les rondeurs féminines ?

D'avoir été autrefois martyrisés,

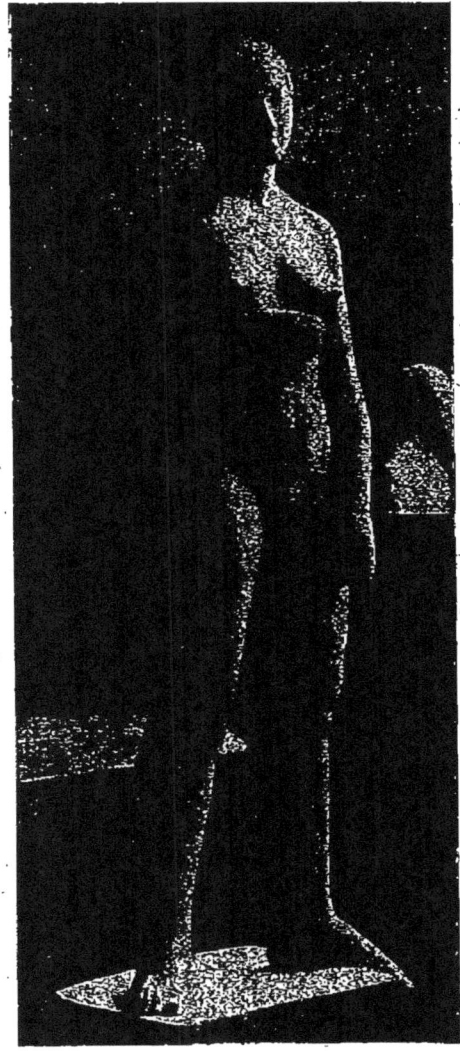

Fig. 27. — *La Femme (Eve)* de Ch. Despiau..

les pieds libres de nos modernes Chinoises trahissent une tare qui s'ajoute à celles que l'on peut prévoir, ataviquement, en raison des contrariétés imposées à la nature, non moins responsables à l'égard de la forme tronquée que les latitudes exagérées.

Pour mieux encenser leur idole, enceinte de quelques mois, les Viennoises, au XVIIIe siècle, en arrivèrent à arborer un petit ventre « à la Vigano », du nom de la célèbre danseuse, et, après la « tournure » qui, il y a une quarantaine d'années, prétendait avantager la chute du dos de nos mondaines, celles-ci s'affublèrent d'un « petit trois mois » non moins suggestif...

Heureux les peuples immobiles de l'Orient chez qui le costume demeure invariable comme le reste, contrairement aux races mobiles et imaginatives de l'Occident européen !

Mme de Lespinasse a dit qu'une femme serait au désespoir si la nature l'avait faite telle que la mode l'arrange.

Fig. 28. — *La Femme et l'Homme (Adam et Eve)*, de P. Ganguin.

CHAPITRE -V

Sur la Nudité en général et ses divers caractères.

Le propre des Grecs, dit Pline, est de ne rien voiler (1), et Taine constate que ce peuple admirait tellement la perfection du corps qu'on ne manquait point de l'étaler devant les dieux, aux fêtes solennelles. « Après la bataille de Salamine, écrit l'auteur de *la Philosophie de l'Art*, le poète tragique Sophocle, alors âgé de quinze ans, et célèbre par sa beauté, se dépouilla de ses habits pour danser et chanter le Pæan devant le trophée. Cent cinquante ans plus tard, suivant Hérodote, Alexandre passant en Asie Mineure pour combattre Darius, se mit nu avec ses compagnons afin d'honorer par des courses le tombeau d'Achille. On allait plus loin encore, on considérait la perfection du corps comme le caractère de la divinité. Dans une ville de Sicile, un jeune homme

---

(1) Contrairement aux Égyptiens, qui sacrifiaient toujours le costume à la nudité, les Assyriens préférèrent habiller leurs personnages ordinaires dont seuls les avant-bras apparaissaient et les pieds, tandis que le roi et le grand vizir laissaient voir leur jambe nue, d'ailleurs démesurée.

extrêmement beau fut adoré à cause de sa beauté, et après sa mort on lui éleva des autels... »

Socrate appelait le *beau* physique le bon et l'utile dans l'application, et Zénon la beauté *fleur de vertu*.

D'ailleurs, la splendeur des chairs dévoilées par Phryné, désarma ses juges. Heureux temps où la draperie dissimulait à peine les formes, au nom d'une franchise plastique en rapport avec sa fierté ! Alors, rien d'autre que la laideur ne pouvait offenser la nature, et il appartenait à notre civilisation de doser l'hypocrisie des voiles jusqu'à la quintessence du déshabillé distillée par Eros. Les morales consécutives offensèrent la vérité des sexes jusqu'à leur défiguration par l'art, et l'obstacle de la pudeur couronna l'édifice du désir attisé.

On admire pourtant, à Naples, une statue d'Antoine Corradini représentant la Pudeur, mais celle-ci s'enveloppe, des pieds à la tête, d'un voile qui accuse singulièrement ce qu'il prétend cacher. Si, d'autre part, la Pudeur fut une divinité des Grecs et des Romains (ces derniers lui consacrèrent des temples), il ne s'aperçoit point que leur art, dans sa pureté, ait jamais sollicité la sensualité par des détours. Le cynisme d'Athènes et de Rome s'éloigne même, hardiment, de la moindre contrainte et dissimulation.

On a conté l'émoi que souleva, sur la voie appienne, en 1485, la découverte d'un tombeau de marbre qui contenait le corps embaumé d'une jeune fille. La beauté de celle-ci était telle que le pape Innocent VIII ordonna qu'on l'enfouit au plus vite et

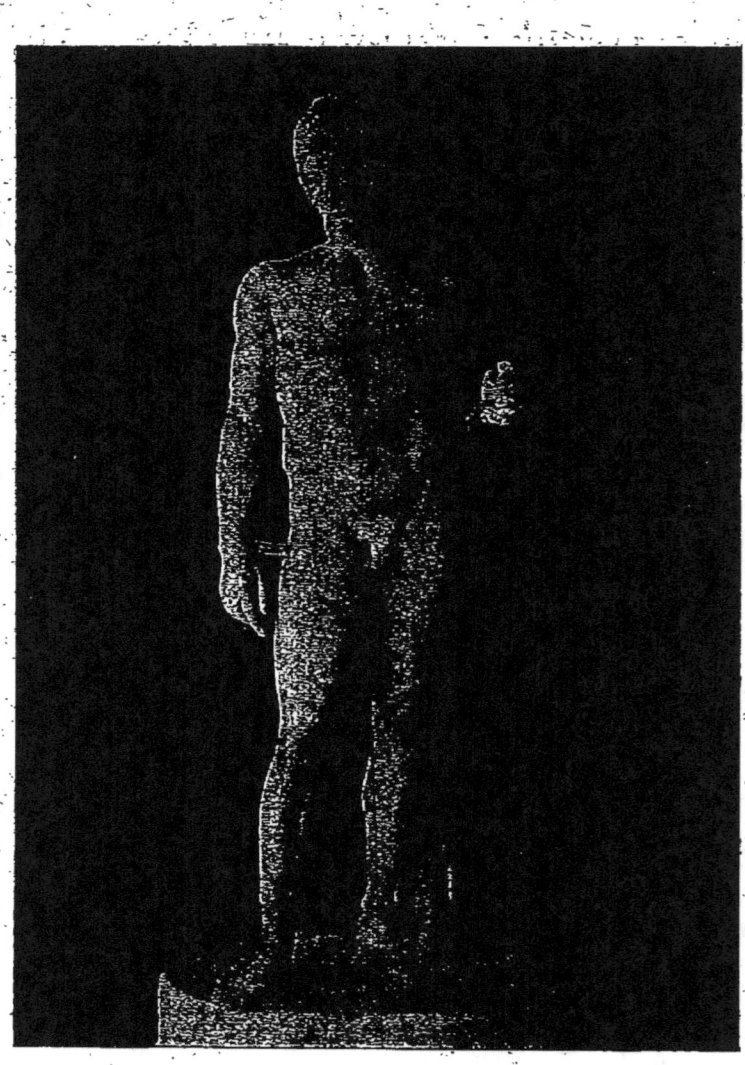

Fig. 29. — *Achille,* par Alcamène.

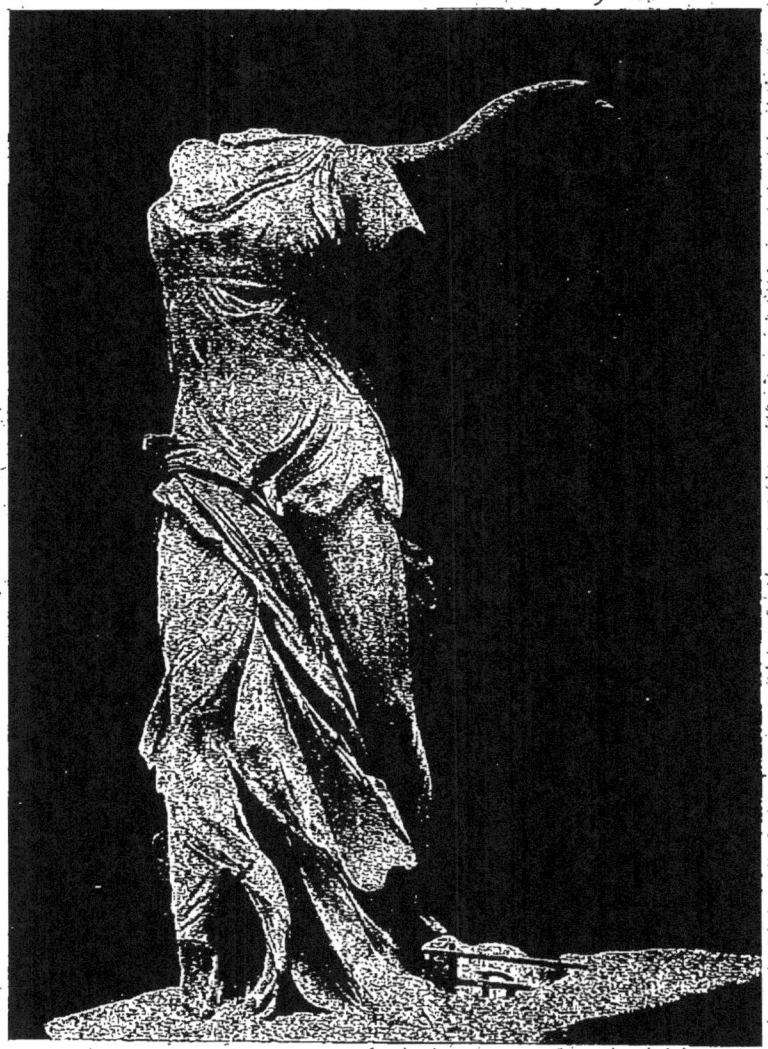

Fig. 30. — *La Victoire de Samothrace.*

en secret « tant il craignait que cette païenne ne fît une concurrence dangereuse à ses saints ».

Or, la crainte de rivaliser avec une beauté terrestre n'enfanta-t-elle point l'interprétation quasi-divine des Grecs ? Cette interprétation qui prit ses modèles dans l'Olympe et dont la sérénité atteignit à une grandeur et à une majesté saisissantes dans le calme et la tranquillité. Paul Adam, après avoir noté que les Anciens établirent des canons esthétiques qui transformèrent leurs visages en véritables emblèmes de leurs volontés, prend à témoin « les postures des sénateurs romains, impassibles en leurs chaises curules, lorsque le Barbare vainqueur pénétra sur le Forum et les prit pour des statues ». C'est cette extériorisation somptueuse qui fit dire au cousin de L. David, à François Boucher, que « les figures antiques manquent de mouvement et de vie »; qu'« elles ne remuent pas ». Mais encore, de l'*Achille* (fig. 29) figé d'Alcamène à la vibrante *Victoire* de Samothrace (fig. 30), sœur des œuvres de Praxitèle, on mesure toute l'injustice des généralisations.

Il est vrai que le plus grand sculpteur grec, après Phidias, avait humanisé l'Olympe, et nous voici dès lors descendus de la fable pour poursuivre notre étude plus prosaïquement humaine. Maintenant les Grecs vont tout simplement choisir leurs modèles parmi les vivants.

« La vue de la force et de la beauté, soumises, dans les jeux publics, à des règles qui étaient déjà une forme de l'art, et le spectacle de la plastique vivante des gymnastes inspirèrent le désir des formes fugitives; l'art naissant, en effet, poursuit E. Guillaume à qui nous empruntons ces lignes, à l'époque où la gymnastique atteignait à sa plus haute perfection. »

« Dans Homère, écrit Mathias Duval, les héros luttent, lancent le disque, se disputent le prix de la course, soit à pied, soit en char; d'autre part, à Sparte, nous voyons l'enfant nouveau-né apporté devant un conseil d'anciens, et, sur la décision de celui-ci, impitoyablement sacrifié s'il est difforme ou simplement trop faible et chétif; dans une armée, on n'admet que des hommes valides, et ici tous sont conscrits dès le berceau, selon l'heureuse expression de Taine... »

Les États, eux-mêmes, allaient jusqu'à se disputer entre eux l'élite de leurs enfants !

L'éducation la plus parfaite se résume, suivant les Grecs, en le culte de l'agilité et de la robustesse qui se solidarisent avec l'intelligence saine *(mens sana in corpore sano)* : le laurier académique et l'olivier d'Olympie, en une seule couronne, prophétise M. A. Geiger, qui appelle aujourd'hui, de tous ses vœux, un baccalauréat *sportif !...*

Toutefois, les exercices de gymnastique que les Anciens exaltaient jadis, sans d'autre intérêt que le développement, en beauté physique et intellectuelle, de la race, semblent sortir aujourd'hui de cette harmonieuse et noble formule pour flatter les masses, sous le nom de *sport*.

Peut-on citer, parmi les intellectuels-sportifs actuels, des Platons, des Pythagores, des Chrysippes qui, dit-on, se mêlèrent aux athlètes de leur temps ?

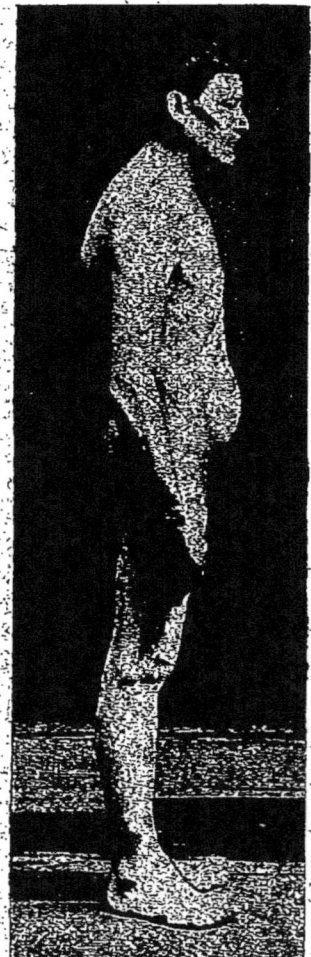

Fig. 31. — *Avant*...   Fig. 32. — *Après*.

(Communiqué par l'École supérieure d'Éducation physique de Joinville.)

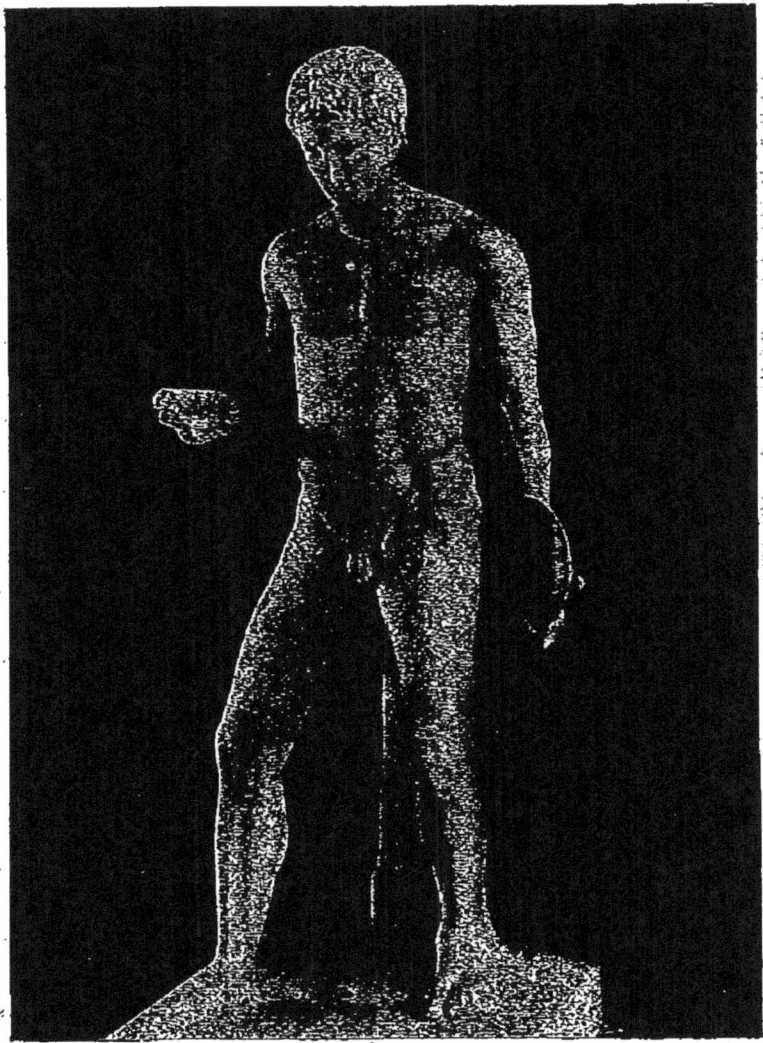

Fig. 33. — *Le Discobole en repos.*

Le vague « professionnel » qui, aujourd'hui, bat un *record*, peut-il être sincèrement comparable au vainqueur des jeux olympiques d'antan?

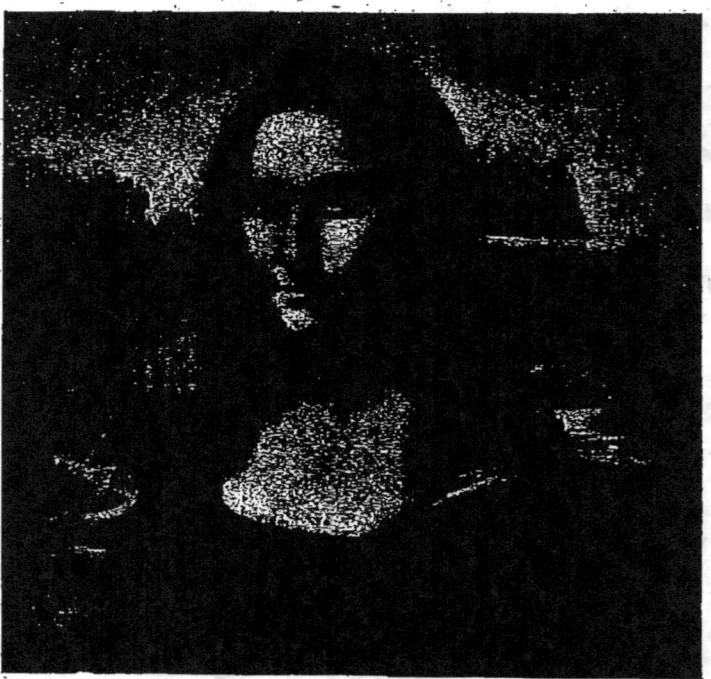

Fig. 34. — *Le Sourire de la Joconde.*

A ne considérer d'ailleurs que le résultat vis-à-vis de l'amélioration de la forme plastique, il n'apparaît pas que l'entraînement *spécialisé* du corps ait fait merveille; loin de là, nous nous éloignons encore des Grecs sur ce point. Toutefois, si certain sport n'abou-

LA NUDITÉ ET SES DIVERS CARACTÈRES 105

tit guère qu'à des développements musculaires désordonnés, source d'académies disproportionnées, une gymnastique d'ensemble, rationnelle, s'entend

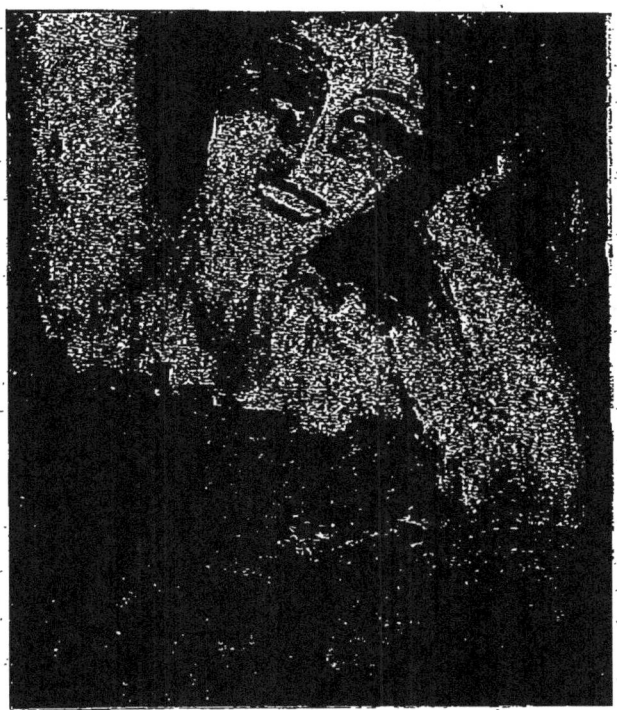

Photo-Procédé E. Druet.

Fig. 35. — *Rieuse*, par Van Dongen.

à corriger des complexions vicieuses (fig. 31 et 32).
Mais quelle distance le plus souvent nous sépare de l'entraînement méthodique et général, où le rythme de l'effort se subordonne à la splendeur de la forme !

Que de cœurs surmenés, aujourd'hui, sous les poitrines palpitantes de nos coureurs, par exemple ! Quelle souffrance trahit leurs visages contractés, à bout de souffle ! Et combien leurs anatomies forcées expriment plus de volonté que de beauté ! « L'effort ne rend pas beau », a constaté Balzac, en faisant allusion à sa lourde tâche sédentaire.

Si le soldat de Marathon fut glorieux, c'est non point seulement parce qu'il était mort héroïquement, mais parce que son cadavre était une statue de marbre !

On s'est fait, malheureusement, dans le public, une idée fâcheuse de la force au point de vue esthétique. L'aberration musculaire tient lieu de beauté au vulgaire, qui se pâme sur le cahot impétueux des muscles dorsaux, sur les nodosités violentes des deltoïdes, biceps et triceps, dont l'inharmonie, souvent, constitue plutôt une déformation, une curiosité, qu'un caractère de puissance admirable.

Léonard de Vinci critiquait ses contemporains dont les académies lui semblaient : « ... un sac de noix plutôt qu'une surface humaine, et vraiment un paquet de raves plutôt que des nus musculeux. »

Or, la souplesse vigoureuse résoud davantage le problème esthétique parce qu'elle répartit la musculature sur l'ensemble du corps, sans exagération hideuse, grâce à un entraînement général et méthodique.

Si les Grecs ont sculpté Hercule et Atlas, ils les ont rectifié par l'art ; Hercule, dans l'antiquité, représente un monstre de la force, et ils ont réservé

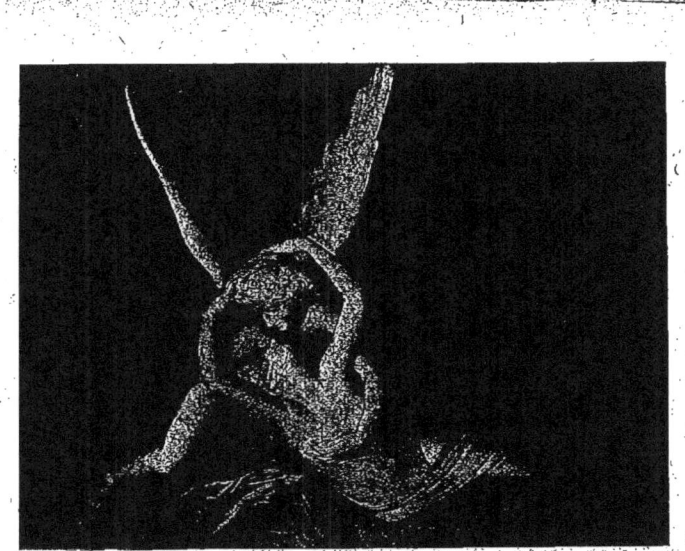

Fig. 36. — *L'Amour et Psyché*, par Canova.

au *Gladiateur* et au *Discobole* (fig. 33) le rythme du muscle fin et distingué.

Mais nous nous réservons de détailler l'athlète lorsque nous parlerons spécialement de l'homme, et, après nous être rallié à l'intérêt du sport, en tant que culture physique rationnelle (1) [pour nous borner au résultat artistique qui nous concerne, souvent éloigné d'ailleurs, de l'idéal sportif (2)], nous effleurerons cette pratique gymnastique chez la femme.

Au vrai, un développement musculaire chez la femme, tendant à l'égaler à l'homme, apparaît

---

(1) Esthétiquement, il apparaît qu'il faille être pour le sport contre le record.

(2) Cette différence d'optique, du sport humain et de l'art, se rencontre singulièrement avec le sport hippique. Le cheval de courses est une production plutôt scientifique. Le célèbre poulain « Épinard » était imbattable du fait, uniquement, que l'ossature de son épaule s'était plus tardivement développée que son arrière-main. De telle sorte qu'il se trouvait bâti comme un kanguroo ! Sous la pression du jockey, « Épinard » donnait un effort formidable de l'arrière-main, effectuant des bonds à la manière du kanguroo, distançant ainsi toujours ses adversaires, au départ, pour reprendre ensuite une allure de bon galopeur. Lorsque « Épinard » courut en Angleterre (où tous ses succès s'arrêtèrent à la première course), son garrot tardif se développait, le cheval s'équilibrait, « Épinard » devenait, en un mot, un cheval normal, et, par là même, perdait la faculté de ses bonds prodigieux d'autrefois. En Amérique, enfin, lorsque son épaule eut atteint son entier développement, notre poulain fameux fut battu par des chevaux plus vites qui eussent été précédemment victimes de son défaut d'ossature (au strict point de vue esthétique), c'est-à-dire lorsqu'il s'apparentait, anatomiquement, au kanguroo... On dit que la fonction crée l'organe, ne serait-ce pas le contraire ?

absurde ! Vénus ne saurait ressembler à Apollon, à moins toutefois que par la santé de la forme. Car, le jour où le sexe faible aura abdiqué la grâce, rompu avec la douceur de son charme et disputé au masculin son énergie, elle manquera à tous les devoirs de son contraste essentiel. Et, pour demeurer sur le terrain strict de la forme, un sport susceptible d'attenter à la rondeur de ses membres, à la modestie de son geste, devra, à notre avis, être rejeté.

La nonchalance de la femme, son port serpentin, relèvent de la délicatesse de ses muscles, en accord avec cet abandon, cette élégance qui nous séduisent essentiellement chez elle.

On arguera, contradictoirement, en citant Michel-Ange. Mais nous avons déjà dit que ses figures de femmes, titanesques, cumulent le beau dans le terrible et A. Rodin, point davantage que le colosse toscan, n'a su adoucir son ciseau aux reliefs voluptueux de la grâce. Ces maîtres n'ont pu faire sourire leur idéal à la façon exquise d'un Léonard de Vinci (fig. 34) ou d'un Raphaël, dont les madones ressuscitèrent la délicate Vénus (dite de Médicis), de Cléomène.

M. Van Dongen (fig. 35) conçoit encore différemment le charme du rire.

Divergence somptueuse des styles échappant tantôt à la nature, dans une imagination exaltée, ou bien s'y suffisant avec amour ; nature décorativement magnifiée dans la synthèse ou transposée cérébralement dans un caractère ; nature enfin, soumise au caprice des tempéraments.

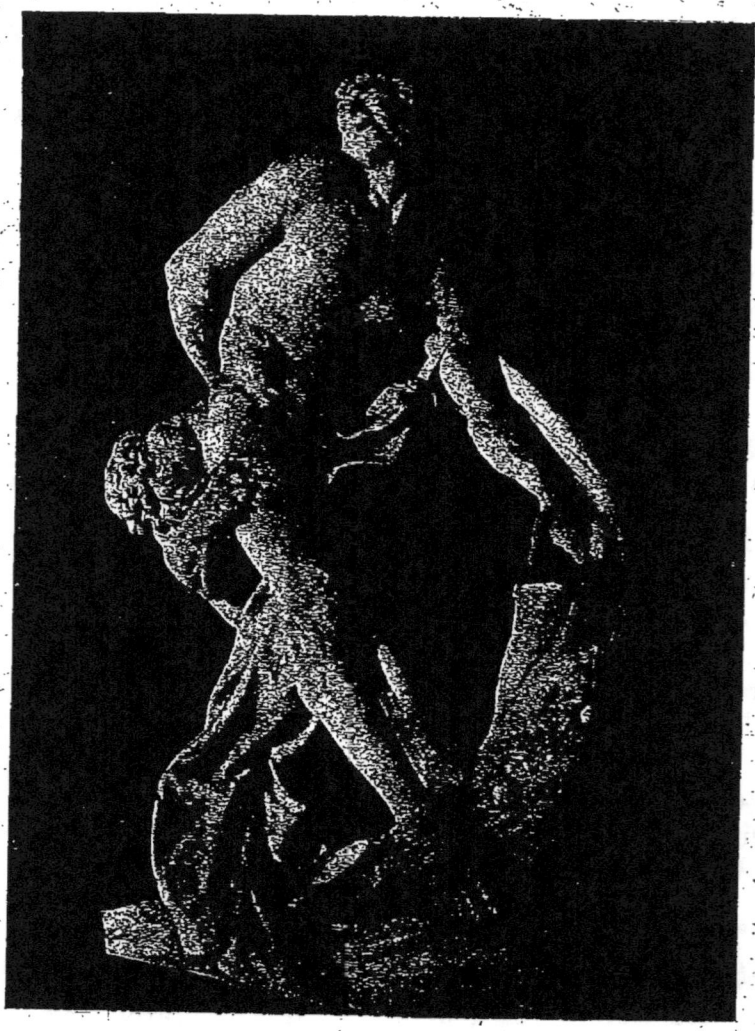

Fig. 37. — *L'Homme (Milon de Crotone)*, de Pierre Puget.

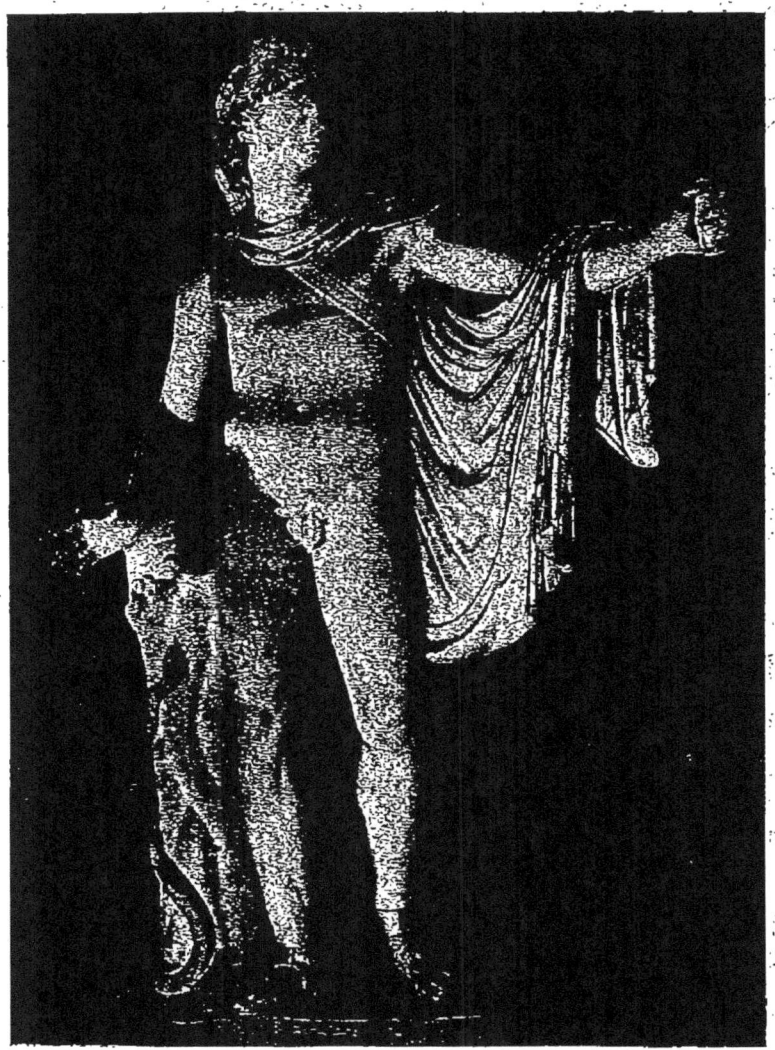

FIG. 38. — *L'Apollon du Belvédère.*

Néanmoins, pour revenir au modèle féminin vivant, nous ne concéderons au sport que sa vertu d'élasticité. Le muscle doux sous la peau, garantie du ressort de la chair, voici seulement ce qu'il importe à l'agrément de la femme; il est vrai que pour être bien équilibrés, les masses et volumes de son corps doivent observer une juste mesure, d'où l'intérêt du sport chargé d'entretenir, d'accord avec l'hygiène, à la fois des modelés fermes et souples.

Mais répudions la femme homasse, tout comme l'éphèbe aux gracilités douteuses : deux anomalies.

L'embonpoint excessif, — chez les deux sexes, — est redoutable autant que la maigreur. Nous parlons ici du modèle vivant, car ces extrêmes n'excluent point, ainsi que nous l'avons dit, les chefs-d'œuvre de Botticelli et de Rubens. L'art excuse tout dans l'interprétation.

Examinons maintenant, d'une manière générale, les caractères de beauté de la nudité humaine, après avoir cité Léonard de Vinci, déclarant que : « Le point important de l'art du dessin, c'est de bien faire un homme et une femme nus. »

Rien de plus chaste et de plus pur que la nudité humaine; sa contemplation ne vit que de franchise et de grandeur; elle nous rapproche de Dieu.

Dans toute académie, il importe d'observer : la forme, la proportion, la ligne, le mouvement, l'allure et le caractère.

La forme correspond à la construction, plus ou moins parfaite, anatomique et myologique, de l'être; elle définit extérieurement cette construction, plus

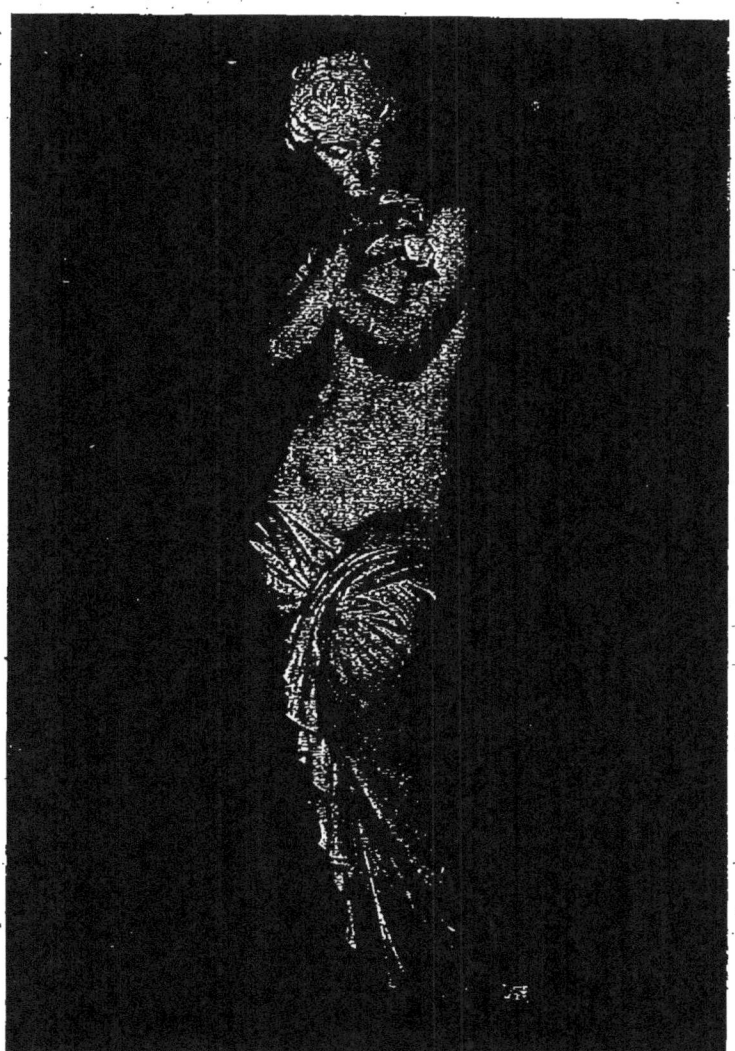

Fig. 39. — *Psyché*, par Pradier.

ou moins vigoureuse, plus ou moins fine, noble ou gracieuse ; présentant plus ou moins de style.

Nous résumerons les avatars de la forme en nous bornant à la statuaire, dès l'expression sobre des Grecs, qui, après le *Doryphore*, de Polyclète, s'anima déjà avec le *Méléagre* pour atteindre dans le jeune faune de Praxitèle, à la souplesse et à la grâce. A la rigide noblesse des Grecs, notre XVIIIe siècle, avec les Bouchardon, les Pigalle, les Falconet [les Canova (fig. 36) surtout !], oppose une molle plasticité caractéristique aux prétentions d'enjoliver l'antique, après l'emphase, le pittoresque exagéré et la force du XVIIe siècle, représentés par Bernin, Algarde et le grand Puget (fig. 37).

La sincérité du nu, auparavant, des Jean de Pise, des Donatello, des Ghiberti, sous la Renaissance, ayant guidé le ciseau dans le sillon de l'antique sans que ces maîtres eussent abdiqué leur originalité, tandis que la routine académique, sous le premier Empire, ramenait la statuaire, non point à l'exemple, mais à la décadence du goût gréco-romain. C'est l'époque où l'on s'inspirait de la *Diane chasseresse*, de *l'Apollon du Belvédère* (fig. 38) (1), du *Romulus Callipyge* plutôt que des chefs-d'œuvre d'un Phidias qu'on semblait ignorer. A ce classicisme exangue (en dépit de la valeur d'un Pradier [fig. 39]), un Rude, un Barye, un Carpeaux opposèrent triomphalement leur culte pour la nature, jusqu'à A. Rodin

---

(1) Hyperboliquement chanté par l'archéologue Winckelmann, malgré sa médiocrité comparative.

dont le marbre frémit encore. Nos jours enfin, tendent toujours plus à la synthèse, à l'esprit sobre des volumes, à l'intellectualité esthétique.

La récapitulation des divers styles de la forme en relief prépare le lecteur à des observations personnelles, à des déductions qu'il ne manquera pas de faire devant la nature. Nous pénétrons toujours davantage de la sorte au cœur de notre sujet, voué plutôt à la vie resplendissante.

Après l'intérêt de la forme, celui de la proportion.

La proportion résulte de l'accord des volumes ou masses du corps s'équilibrant, non point symétriquement (au contraire), mais par des balancements harmonieux.

La ligne est la pureté continue et délectable d'un contour, d'une silhouette, d'un arrangement (draperie, etc.). Sur la *Vénus de Milo*, par exemple, on peut suivre une ligne d'une sinuosité admirable, qui part de l'attache du bras, accuse gracieusement l'opulence de la hanche jusqu'au mouvement rythmique du bassin, pour descendre jusqu'au sol. La *Source*, d'Ingres, n'offre pas une ligne moins typique, depuis le bras levé jusqu'au pied, tout au long du corps, sur le côté gauche de la figure.

Le mouvement dépend de l'instinct naturel du modèle vivant autant que de la disposition plus ou moins obéissante de son corps. C'est, en somme, la qualité d'intensité enthousiaste, expressive et intelligente du geste spontané. De même qu'une forme peut révéler plus ou moins de tournure, c'est-à-dire de présentation, de caractère pittoresques, le mou-

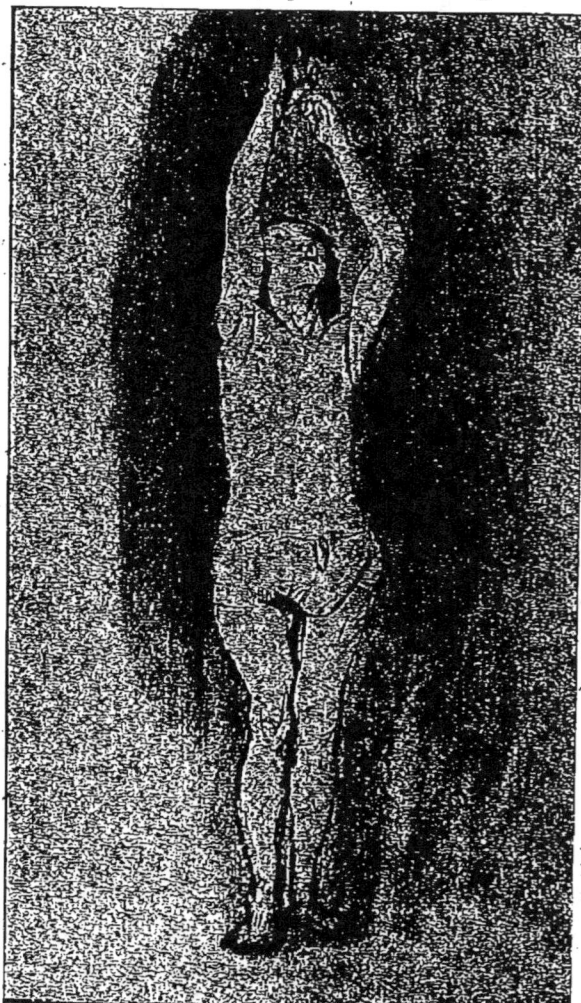

Fig. 40. — *L'Homme (dessin)*, de Rembrandt.

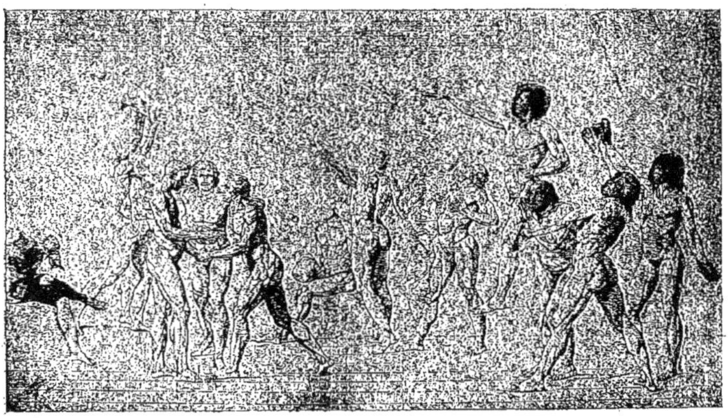

FIG. 41. — Esquisse du *Serment du Jeu de Paume,* par Louis David.

vement peut offrir plus ou moins d'allure, c'est-à-dire de décision, de désinvolture originale et hautaine.

Il y a des formes spirituelles comme il en est de gauches, de légères ou de lourdes. On voit des natures minces, d'autres épaisses. Les unes suggèrent la force, les autres le charme ou l'élégance. Mouvements ingénus ou savants, nobles ou vulgaires suivant les diverses natures, et jamais deux formes ne se ressemblent !

Quant au caractère, on le reconnaît à la puissance d'un type de forme, beau ou laid, mais affirmé par des traits décisifs et saisissants, et le style représente le suc esthétique, la dépouille immortelle et la volonté typique d'interpréter d'un maître. Un style peut manquer de caractère, mais le style, « c'est l'homme », sa vision cristallisée, synthétisée, reconnaissable. Le style se dégage d'une enveloppe de pureté, tandis que le genre désigne la catégorie d'expression et la manière matérielle de prédilection d'un artiste.

Le style béatifie, au delà de la mode et des temps ; le genre catalogue. En principe, il est possible d'atteindre à un genre, tandis que l'on ne peut guère que prétendre à un style.

Styles non seulement du nu, mais de la draperie, de la composition, du paysage, etc.

L'habillement, même, possède son style et, il fut un temps où l'académie (inféodée à l'anatomie) obsédait exclusivement l'art, au point qu'on devait la faire apparaître sous le vêtement, au mépris de l'esprit, du style propre à ce vêtement dont les plis jouent un rôle caractéristique.

Singulier engoûment pour l'antique, qui ne s'apercevait pas que culottes et habits, — à l'époque de Louis David, — avaient remplacé la toge, la tunique ample, la draperie de jadis. Quelle différence d'inspiration avec celle d'un Rembrandt (fig. 40) montrant à ses amis les personnages de ses tableaux historiques et bibliques, si bizarrement affublés de turbans, cafetans, vieilles étoffes et armures, et s'écriant : « Voilà mes antiques ! »

Le peintre du *Jeu de Paume* a laissé une esquisse du même tableau (fig. 41) dont il représenta les personnages nus avant de les vêtir, et toute son école, non moins scrupuleusement, commit pareille erreur...

Obsession à laquelle n'échappera pas un Pigalle (mais pour le plaisir de l'académie, seulement), lorsqu'il figura Voltaire presque sans voiles, non plus qu'un A. Rodin, avec son Victor Hugo entièrement nu !

Les statuaires contemporains d'ailleurs, n'ont guère pu renoncer à nous montrer des rotules, des tibias (et autres parties de la charpente humaine) perçant sous le pantalon moderne, sous notre redingote ! Leurs modèles semblent sortir de l'eau !

Complications au détriment de l'observation qui, pour avoir été dédaignées par Ingres, lui permirent la magistrale représentation de *M. Bertin* dont le tricot, que le modèle désirait ôter (mais que, sur les instances de l'auteur de la *Stratonice*, il conserva) accuse sous l'habit un caractère, une expression, un style remarquables.

En foi de quoi, nous terminerons l'énumération

des dispositions et aspects de la nudité par la joliesse. La joliesse s'oppose, avec mièvrerie, à la beauté solennelle; elle est un diminutif de cette dernière;

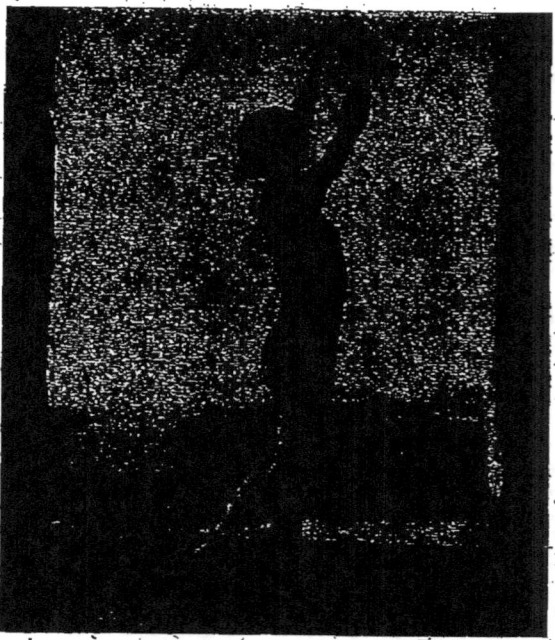

FIG. 42. — Mona Païva dansant devant le Parthénon.

le joli séduit, la beauté impressionne. Et « n'être point d'ensemble » se dit d'un modèle ou d'une œuvre plastique de proportion générale défectueuse.

Avec la couleur, due aux jeux de la lumière sur la peau autant qu'au secret des ombres plus ou moins douces et intenses; avec le modelé ou capiton de la chair qui arrondit le mouvement comme les muscles sous le prestigieux caprice, encore, de la lumière, il semble que nous ayons clos le chapitre de la préparation essentielle à l'étude comme à l'appréciation rationnelle des styles du corps humain, dépouillé de ses voiles, de son hypocrisie policée, dans toute son éloquence naturelle et choisie, enfin.

La brillante étoile de l'Opéra-Comique. Mona Païva (fig. 42), dansa nue, il y a quelques mois, devant le Parthénon; gageons que le célèbre temple dédié à Minerve et décoré par Phidias, apprécia comme un hommage, renouvelé du geste de la courtisane grecque devant les héliastes, la pure vérité d'un corps palpitant, immolé d'enthousiasme à l'art.

CHAPITRE VI

La Nudité esthétique de l'Homme.

Nous nous débarrasserons ici, autant que possible, de toute loi autre que celle de l'admiration imposée directement par le spectacle de la nature.

La Vérité, sous l'éclair de la photographie, est sortie de son puits. Elle n'y rentrera plus désormais, à condition que l'art fleurisse et anime d'une pensée l'image machinale. La vérité ne saurait être aveuglante; elle relève de la sélection, autant du modèle vivant que de son interprétation, mais « le monde, a dit Gœthe, ne nous intéresse que par son rapport avec l'homme, et nous ne goûtons en art que ce qui est l'expression de ce rapport. »

Sur l'ensemble esthétique du corps on a établi une théorie, moins tyrannique que le canon et plus sommaire, concluant à une détermination mathématique de la proportion de l'homme : la moitié de son corps, de la tête au pied, doit, en principe, se trouver au milieu du pénis, et l'on doit compter, en moyenne, sept fois et demie la dimension de la tête de l'homme dans toute la hauteur de son corps.

Dans la pratique, naturellement, et suivant le caractère propre à chaque individu, ce système de proportion harmonieuse — érigé aussi par Jean Cousin (fig. 43), mais avec huit têtes et des subdivisions non moins arbitraires! — rejoint les autres dans l'erreur d'imposer un mode de voir à l'art, nous ne l'indiquons ici que parce qu'il fixe la beauté plastique normale, résumée chez les Grecs par Apollon et Adonis. Apollon, vigoureux et élégant, aux allures nobles et sereines, type essentiellement viril, alors qu'Adonis représente la beauté efféminée.

D'autre part, la puissance surnaturelle du mâle exprimée par un Michel-Ange (fig. 44) — dont la compagne n'était pas moins robuste — voisine avec la vérité somptueuse d'un A. Rodin (fig. 45), ou la sobriété, digne des Grecs, d'un Paul Landowski (fig. 46). L'art accomplit des prodiges de vision incomparables, et nous désirons, pour l'heure, nous en tenir à la réalité.

L'homme sera donc d'une taille au-dessus de la moyenne, mais point trop grand. Les extrêmes de la taille sont également déplaisants.

Darwin et d'autres savants prétendent que la meilleure nourriture et plus de bien-être influent sur la taille de l'individu. Des modifications héréditaires dans les proportions du corps sont en outre à constater et la haute stature des races scandinaves et slaves s'oppose à la taille plutôt exiguë des espèces méridionales et orientales.

« ... C'est aussi un fait bien connu, écrit le docteur Stratz *(La Beauté de la femme)*, qu'on trouve chez les

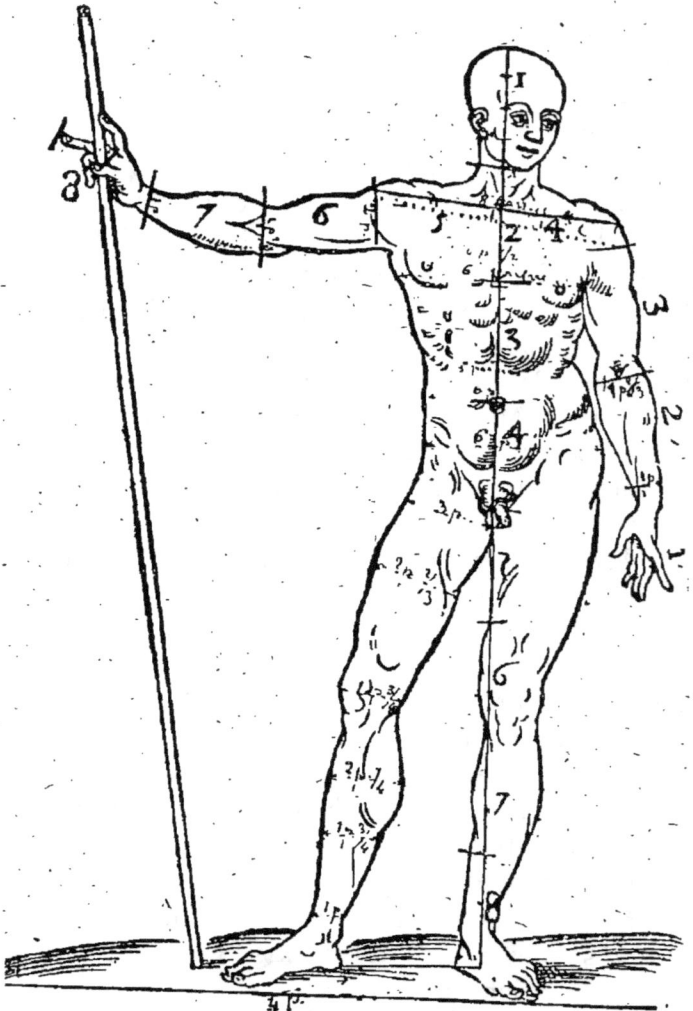

Fig. 43. — *Système proportionnel de Jean Cousin.*

Juifs, par suite de l'oppression qui a pesé sur eux pendant des siècles, et malgré leur force de résistance, beaucoup plus d'individus physiquement mal constitués que chez aucun peuple du monde. »

D'après E. Mouton, les particularités du geste et de la démarche d'un homme grand sont la lenteur et la solennité ; l'individu de petite taille jouit d'une vivacité supérieure, mais il aurait le désavantage (en dehors de l'esthétique) de vivre moins longtemps que l'individu de taille élevée...

La loi harmonique accorde à la taille moyenne, — la plus fréquente, la plus normale à nos yeux, parce que plus à l'échelle de notre race, — certaine immunité dont profiterait même, pour les pareilles raisons d'équilibre, l'Hassan ainsi dépeint par Musset, dans *Namouna* :

Il était très bien pris : — On eût dit que sa mère
L'avait fait tout petit pour le faire avec soin.

Ce qui ne signifie pas, loin de là, que les tailles exiguës représentent la stature idéale, mais que l'on s'imagine, à travers la description du poète, un Hassan proportionné à souhait, malgré qu'il soit « tout petit ».

D'ailleurs, si E. Mouton, à l'appui de ses observations, cite encore la sérénité majestueuse, inspiratrice de respect et de confiance, d'hommes grands comme Charlemagne, Buffon, Bernadotte, Claude Bernard, il a particulièrement bien choisi ses types, car la haute taille comporte souvent aussi la tare du port nonchalant, voûté et dégingandé.

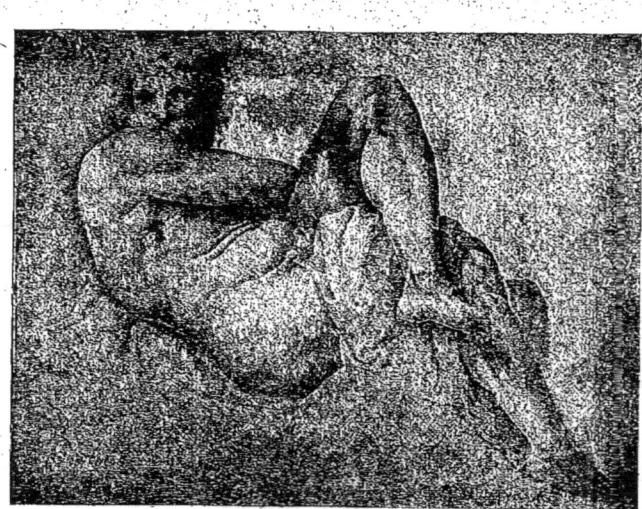

FIG. 44. — *L'Homme* (l'une des figures du Tombeau des Médicis, *dessin*), de Michel-Ange.

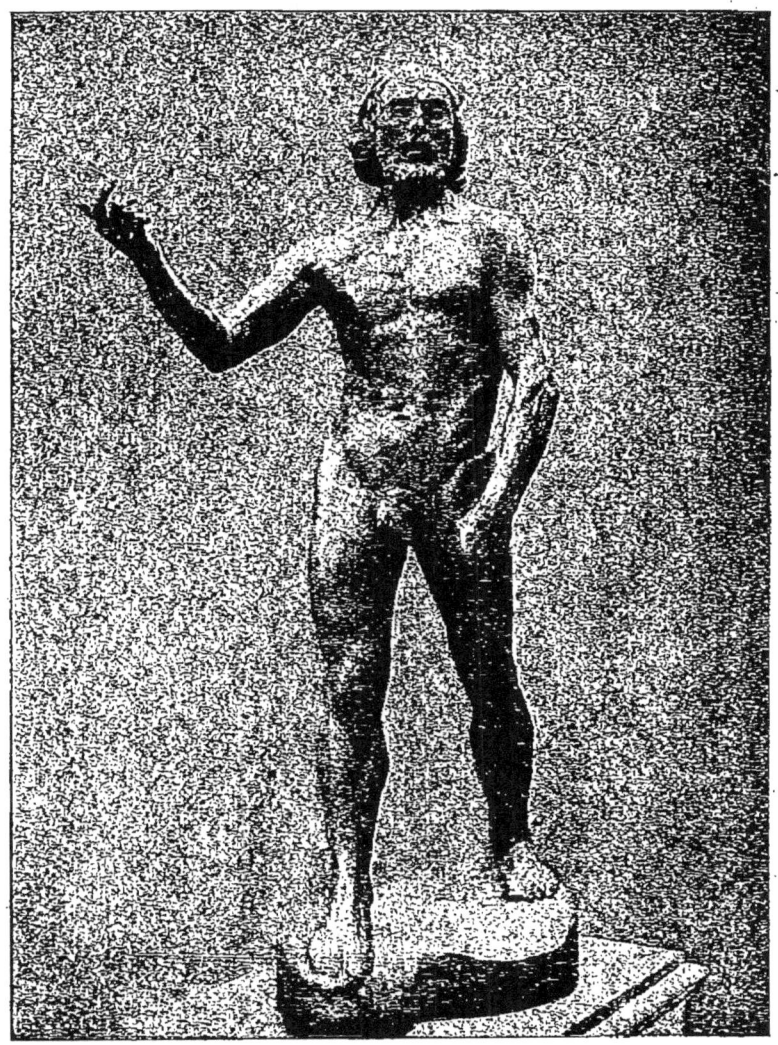

Fig. 45. — *L'Homme (Saint Jean-Baptiste)*, de A. Rodin.

Rarement enfin, les grands corps se présentent harmonieusement dans tous leurs membres et volumes, mais c'est sans doute aussi leur rareté harmonieuse qui créa leur supériorité physique. L'amour-propre, la vanité, l'orgueil, les passions de gloire, toujours d'après Mouton, semblent de préférence hanter les petits corps. « C'est que l'homme est ainsi fait : s'il est né avec une taille de fifre, soyez sûr que son rêve sera d'être tambour-major. »

Pour conclure, le physiologiste constate fort justement que l'inintelligence résulte de l'excès de grande ou petite taille. Piètre mentalité, en effet, que celle du géant et du nain, et, pour quitter ces extrêmes et revenir à la valeur intellectuelle, solidaire de la taille esthétique normale, — plutôt au-dessus de la moyenne, — nous remarquerons que si l'inintelligence cérébrale, souvent, accompagne la qualité du port physique, le contraire n'est pas moins fréquent d'un port physique flatté tout simplement par l'intelligence naturelle de l'allure. Nous avons très souvent rencontré chez des modèles de la plus humble extraction une singulière compréhension du geste et du mouvement, et tout le contraire souvent nous étonna chez des personnes du meilleur monde intellectuel.

Nous reviendrons maintenant à notre examen de l'ensemble.

Une ligne médiane, tour à tour réelle ou figurée, divise harmonieusement le corps humain de chaque sexe, déterminant ainsi son équilibre dans la symétrie. Cette ligne part du sommet de la tête, partage le front, le nez, la bouche et le menton pour atteindre, toujours au milieu, le cou à sa base. De là, cette médiane partage les pectoraux (ou les seins), gagne le nombril, le pubis et touche les pieds, aux talons réunis.

De dos, la ligne médiane sépare la nuque, suit la colonne vertébrale, la fente des fesses, pour aboutir encore aux talons réunis.

Cette ligne sert d'axe aux mouvements du corps, elle indique son balancement régulier et régit sa sinuosité dans le parallélisme des membres préposés au geste comme à la statique générale. Malgré que les jambes et les bras soient de longueur, de grosseur et de structure égales, chaque jambe, chaque bras s'inspire, sur chacun de ses côtés, d'un dessin asymétrique. Exemple : à un évidement correspondra un renflement, mais jamais une bosse à une autre bosse, ni un creux à un autre creux. Tout le rythme plastique d'un membre réside en son balancement et dans sa proportion.

Les épaules de l'homme seront larges, comparativement à la taille; cette dernière s'inscrivant amplement, avec les épaules, dans un triangle renversé. Les épaules non point « en porte-manteau », mais légèrement arrondies et abattues aux extrémités.

Poitrine bombée, chair ferme, plutôt ambrée; point de graisse mais de l'étoffe musculaire, sans exagération de reliefs, pour recouvrir et répartir heureusement les volumes sur la charpente osseuse. Aucune dilatation stomacale ni abdominale; pectoraux franchement indiqués et point ballonnés, le thorax

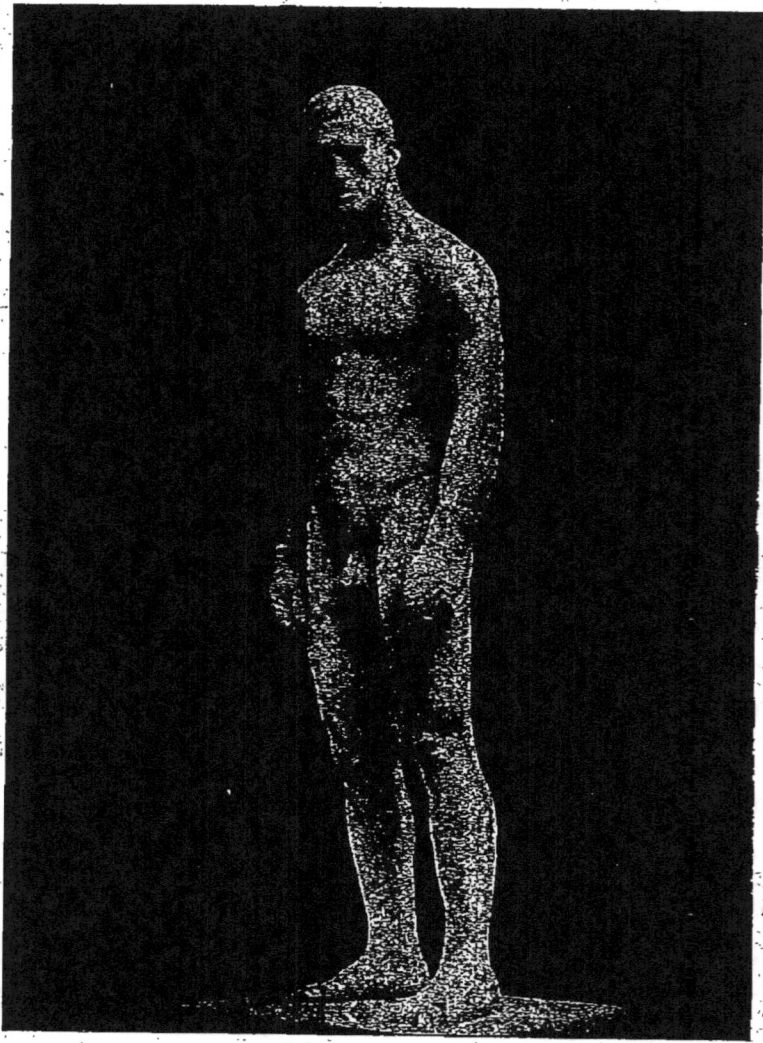

Fig. 46. — *Le Pugiliste*, par P. Landowski.

s'indiquant par un soupçon ; le ventre moins proéminent que le torse, ponctué comme un capiton, du nombril apparent.

Dans l'ensemble, la myologie, aux contours nets et précis, fera légèrement valoir ses modelés sous la peau ; trop apparente, elle prouve la maigreur (ou le développement exagéré des muscles) ; point lisible, elle démontre l'envahissement de la graisse, et c'est le juste milieu qui séduit.

Les artistes emploient un mot qui fait image pour définir esthétiquement ce juste milieu : le modèle ne doit être ni « rondouillard » (fig. 47), ni boudiné, ni étriqué, mais aisé de geste et d'allure. Pour sacrifier, enfin, au goût des abstractions géométriques, nous noterons avec la science que les formes de l'homme sont prismatiques, par rapport à celles de la femme, qui tendraient à l'ovoïde, et, pour satisfaire la curiosité, nous enregistrerons ce fait (non ignoré des conscrits) que, par suite de fatigue, l'ensemble du squelette subit momentanément un tassement susceptible de réduire de quelques centimètres la taille obligatoire.

Élargissons ensuite cette vue d'ensemble jusqu'à la détermination ethnologique des races, que l'on a ramenées à trois types distincts : baltique, alpine et méditerranéenne.

La race baltique, issue de la Scandinavie, s'étend des plaines de l'Allemagne aux rivages des mers Baltique et du Nord, jusqu'aux Iles Britanniques. Caractéristiques : crâne allongé et étroit, haute taille, yeux bleus, cheveux blonds, nez étroit (dolichocéphales).

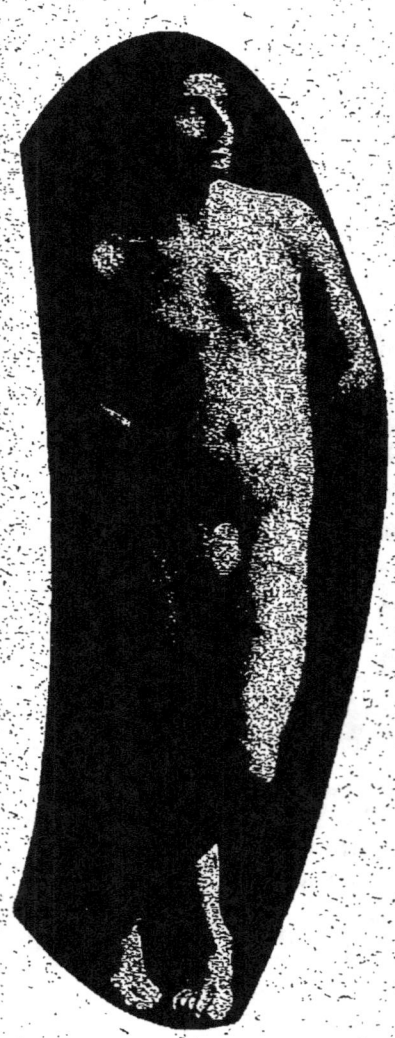

Fig. 47.
Modèle « rondouillard ».

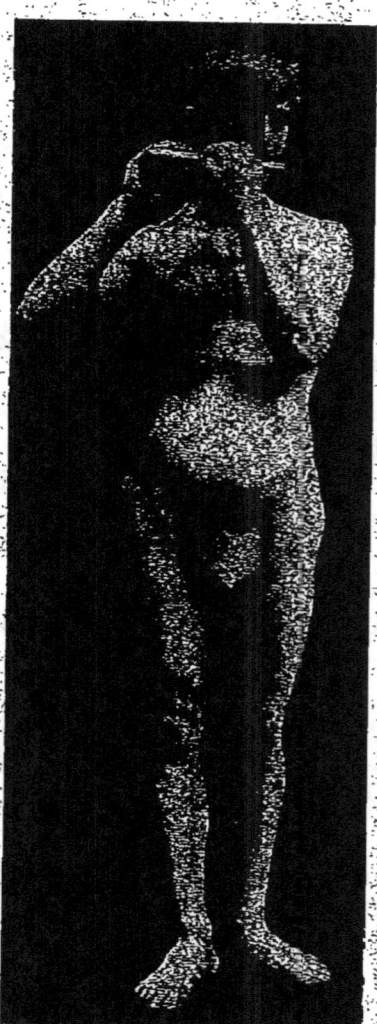

Fig. 48.
Formes lourdes et vulgaires.

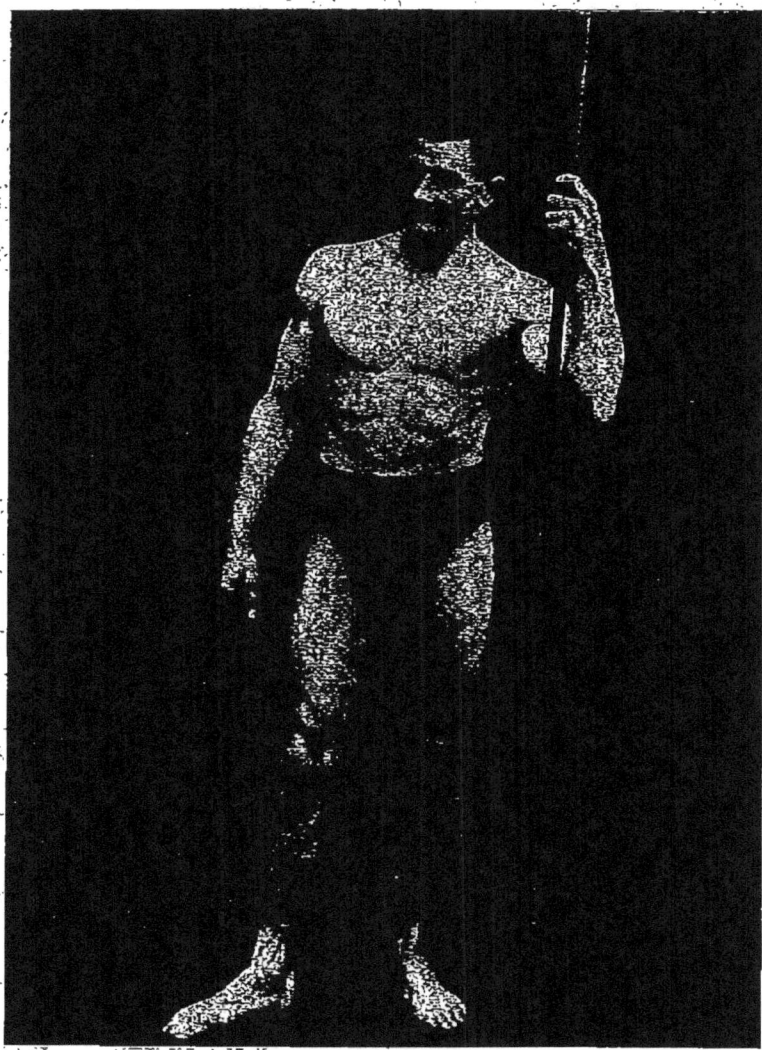

Fig. 49. — *Athlète normal.* (Communiqué par l'École supérieure d'Éducation physique de Joinville.)

La race alpine, dépendant du massif des Alpes (Auvergne, Bretagne, Limousin, etc.; sud de l'Allemagne, Bavière, etc.; nord de l'Italie, Piémont, etc.). Caractéristiques : face ronde, tête plutôt sphérique, yeux gris, cheveux bruns ou châtains, taille plutôt courte (brachycéphales).

La race méditerranéenne, comprenant le bassin de la mer Méditerranée, le sud de la France, l'Espagne, l'Italie, la Grèce et le Nord de l'Afrique. Caractéristiques : crâne allongé et étroit, comme les Baltiques, mais yeux et cheveux noirs, taille plus svelte, mais stature inférieure à celles des Baltiques et des Alpins.

On a cru, au surplus, pouvoir déterminer les types intellectuels et moraux de ces races, d'après les différences physiques, craniennes et autres, que nous avons indiquées.

Nous continuerons, sur ce point, à emprunter à Talloires : « ... Qu'ils soient Français, Anglais, Américains, Allemands ou Scandinaves, les Baltiques, c'est-à-dire les *blonds au crâne étroit et allongé*, sont mentalement plus entreprenants, plus persévérants que leurs rivaux. A l'encontre des Méditerranéens, qui préfèrent le repos et le plaisir, ils semblent aimer le travail pour le travail; ils lui consacrent la plus grande partie de leur temps et de leur pensée.

« Bien qu'ambitieux de pouvoir et de richesse, les Baltiques possèdent ces instincts moraux plus favorables au progrès de la communauté qu'au bien de l'individu; ils sont généreux, honnêtes, sincères, fidèles à la parole donnée; ils aiment l'ordre et la propreté et attachent la plus haute importance à la tenue extérieure des personnes. De même que les Méditerranéens, ils aiment le luxe des costumes, et, plus qu'eux, le luxe du *home*, affectant un souverain mépris à l'égard de ceux qui, philosophes comme les Alpins, ne partagent pas ces goûts.

« Si nous passons aux Alpins, nous relevons comme note dominante, chez ces *châtains à la tête et à la face rondes*, une grande méfiance envers les choses nouvelles, un amour indéracinable du sol et des vieilles coutumes (la Révolution n'eut pas de pires ennemis que les Bretons et les Vendéens). Froids, réfléchis, ils ne s'enthousiasment guère et, par ce fait même, ne peuvent être que de médiocres artistes...

« Par contre, nos châtains, qu'ils soient, répétons-le, Parisiens, Munichois ou Viennois, possèdent au plus haut degré l'amour de la famille; ils font de meilleurs époux mais de plus mauvais citoyens que les blonds, ces derniers, jaloux davantage que les bruns, de leurs privilèges politiques qu'ils défendent âprement. Enfin, c'est parmi les Alpins ou les châtains que le divorce recruterait moins de clients tandis que le blond serait un divorceur acharné...

« Mais ce qui caractérise le plus curieusement la race alpine, poursuit l'auteur, c'est son mépris de la richesse et du luxe. Bien que le travailleur, le *châtain brachycéphale* (qui forme la masse de nos petits rentiers français) ne risquera jamais sa santé (comme le ferait le blond) pour acquérir une grande fortune au prix d'un long surmenage. Il a, disions-nous, une suprême indifférence de la richesse. Porté plus à la méditation qu'à l'action, il aimera sur ses vieux jours à s'entourer d'un bien-être qui, par sa médiocrité, serait odieux au blond.

« Quant au Méditerranéen, le *brun au crâne allongé et étroit*, il s'affirme l'artiste par excellence, mais, dépourvu de l'énergie persévérante du baltique, il s'enthousiasme aussi promptement qu'il se décourage. Il fait vite et bien ce qui lui plaît, mais ne lui demandez pas une besogne qui ne serait point de son goût; il s'en acquittera peut-être, mais mal; et en se rechignant... »

Après avoir noté que les divers climats régissent sans doute autant les cerveaux que leur enveloppe osseuse, le soleil influant sur le caractère différemment que le froid et la brume, le mélange des races apportant inopinément l'étincelle qui réchauffe un tempérament ou la glace qui le réfrigère, nous en arrivons à considérer les ingénieuses observations précédentes comme précaires, et nous abandonnerons ici la science sur un terrain glissant pour aborder l'examen des détails qui éclaireront notre aperçu de l'esthétique générale du corps. Nous reviendrons donc à la tête, après la phrénologie ethnique précédente, nous réservant, à la suite, de poursuivre la classification des diverses races.

La tête. — Référence proportionnelle de l'ensemble, clé de voûte de l'édifice humain, la tête de l'homme, de même que celle de la femme, sera petite. Une grosse tête choquera toujours davantage sur un corps qu'une petite. Ni ronde, ni carrée, la tête doit être équilibrée; la longueur du visage balançant le volume de la nuque (fig. 56 et 57).

Dans son *Analyse de la Beauté*, Hogarth indique singulièrement les proportions théoriques d'une tête ! Comment résister au plaisir de citer le peintre anglais : « L'ovale rétréci un peu à l'une de ses extrémités, à la manière de l'œuf, pour lui donner plus de variété, a été choisi par l'auteur de toute variété pour former le contour d'un beau visage. »

Chez l'homme, la conformation linéaire de la face est d'importance secondaire. Les lignes du masque masculin seraient plutôt carrées par l'énergie qu'elles doivent prouver; les lignes rondes, réputées gracieuses, partant souples et onduleuses, étant essentiellement féminines, de même qu'elles sont le signe de la femelle, chez l'animal.

Les lignes du visage seront régulières, en vertu surtout de cette observation que la laideur résulte de leur désordre. Autrement, la froideur ressortit à trop de symétrie; elle glace l'expression physionomique sans flatter son intelligence, qui doit essentiellement jaillir du caractère. En le caractère réside la beauté essentielle du mâle. Traits nets et accusés, pour ne point verser surtout dans le « joli » ni dans le mièvre. Le bellâtre est odieux. Un front haut, large et dégagé, point trop bombé, dans un ovale dont des méplats, parfois accusés, volontaires, amenderont la perfection, afin d'échapper à celle qui est propre à la femme. Il ne faut point confondre l'expression des traits avec les lignes du beau visage au repos. Celui-ci peut être sans expres-

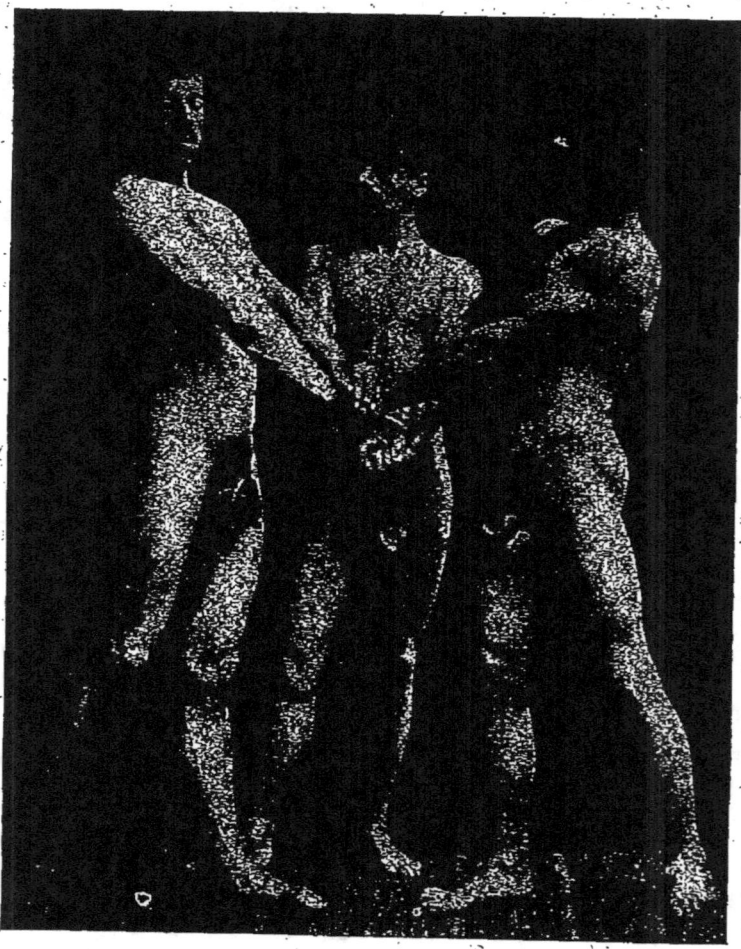

Fig. 50.
Ensemble normal, n'étaient des déformations photographiques.

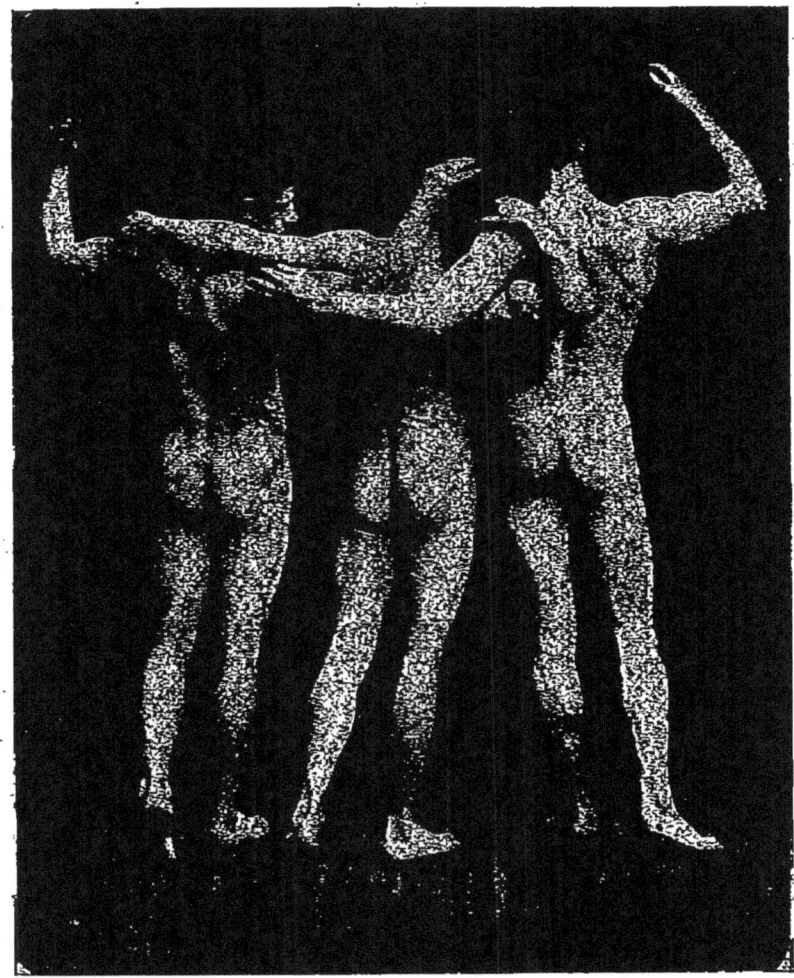

Fig. 51.
Ensemble normal (les modèles de la gravure précédente, vus de dos).

sion et certaine laideur dans le feu de l'expression, souvent, s'anime au point d'être belle. Nombre de masques grecs atteignent une beauté purement esthétique sans émouvoir d'intelligence. Ils semblent s'être figés dans un type, d'ailleurs splendide; il se pourrait même que les Grecs aient surpassé la beauté. Pour retourner à l'ovale, — en principe, — du visage, il importe que les traits qui le meublent, yeux, nez, bouche, ne soient ni trop petits ni trop grands. Cette dernière extrémité, pourtant, serait préférable à l'autre lorsqu'il s'agit du nez. Rien de disgracieux comme un nez court, par exemple. Le nez représente l'axe des traits de la face; il régit l'écart des yeux, la hauteur du front, la longueur de la lèvre supérieure et, par conséquent, la bouche et le menton, solidaires. Le nez, aussi bien, commande au profil, d'accord avec le front, les os des pommettes (zygomas) et le menton, qui constituent les plans constructifs de la figure. Le nez domine le front (les yeux ne doivent point être à fleur de tête, c'est-à-dire saillir de leur cavité), les pommettes seront non proéminantes (les petits yeux et les pommettes saillantes trahissent les races slaves) et le menton, virilement accusé, ni fuyant, ni « en galoche », complétera l'harmonie d'un profil où les lèvres, encore, ourlées sans excès (la lèvre inférieure se récusant légèrement sous la proéminence de l'autre), joueront un rôle appréciable.

Lorsqu'ils ne sont point à l'échelle, le front, le nez, la bouche, le menton « dansent » dans la face, tandis que, même marqués, ils risquent de s'y raccorder davantage. Un front trop vaste empiète sur la proportion qui lui est réservée, au point de diminuer l'emplacement dû aux autres parties, d'où déséquilibre général. Des yeux trop grands « mangent » la figure, de même qu'une bouche trop fendue la coupe disgracieusement et des lèvres démesurées gagnent sur le menton, fatalement.

Le nez court des Anglo-Saxons, conséquence de l'allongement, en dessous, de la lèvre supérieure, est caractéristique de cette race, non moins que le menton exagérément développé.

Nous avons noté plus haut la valeur des plans constructifs de la figure, nous y reviendrons pour souligner leur intérêt : ils obvient autant au déplaisant visage plat qu'au visage bouffi. Entre la maigreur et l'engraissement, aussi détestables esthétiquement, il y a place pour une juste indication de ces *points*. Quant à la lèvre trop longue, une moustache la corrige, et nous verrons chez la femme cette lèvre souvent pourvue (chez la brune) d'un duvet opportun.

L'art, d'ailleurs, d'avantager un visage à l'aide d'un port de barbe compatissant ou grâce à une chevelure miséricordieuse, fait partie de l'esprit de l'individu. Combien de physionomies ingrates furent sauvées par le genre qu'elles surent se donner ! Que de mines apprises, que d'intonations et d'attitudes surveillées, que de monocles et de nœuds de cravate sauvèrent parfois la mise à tant de disgrâces physiques ! Mais nous reviendrons sur ce sujet en terminant, et rejoindrons le nez.

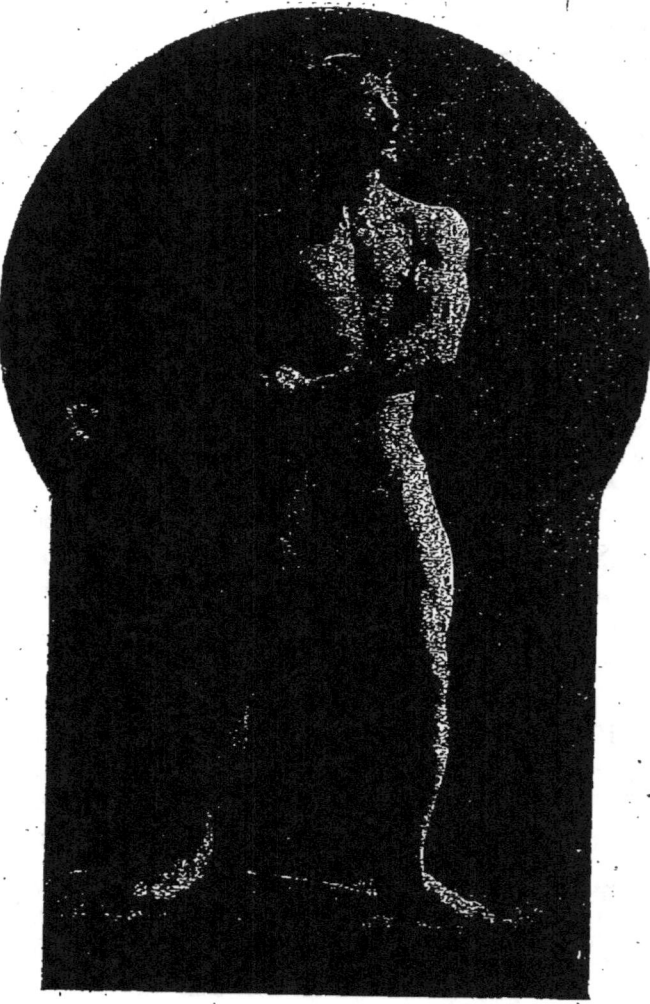

Fig. 52. — Athlète normal.

Point de forme type pour ce qui le concerne : aquilin, bourbonien, camus, crochu ou « à la Roxelane », il plaira différemment chez l'homme pourvu qu'il n'accuse point son genre, mais encore importe-t-il que l'appendice nasal masculin s'impose dans la figure sans déborder toutefois sa place.

Du nez nous glisserons au profil, en notant la beauté classique, sinon exclusivement belle, de celui que les Grecs ont consacré. L'angle facial grec exprime, en somme, la construction normale du visage, soit, de profil, une ligne droite qui part du sommet du front jusqu'à l'extrémité du nez, point culminant de la face, pour descendre directement, en retrait, à la base du menton.

Évidemment, cette disposition régulière de la face s'oppose esthétiquement et ethnologiquement au prognathisme de la race mongolique et surtout de la race nègre, par exemple, dont la ligne du profil, allant du front à la partie la plus saillante des maxillaires, est oblique par rapport au plan horizontal du crâne.

Cependant, malgré l'écueil sérieux du prognathisme, la pureté du profil antique ne saurait nous aveugler au delà de la grandeur et du calme de sa ligne dont la sobre volonté réussit à séduire, dans sa statuaire, sur quelque point qu'on le regarde. Raison pour laquelle les sculpteurs classiques, *de tous les autres pays* l'adoptèrent, sans doute, au mépris du modèle différemment proposé à leur inspiration ! Louis David et son école, les statuaires à sa suite, dans le début du XIXe siècle, interprétant « à la grecque » des « frimousses » parisiennes !

Fort heureusement, la fin de cette obsession rendit justice aux divers types de beauté engendrés sous chaque ciel, et le profil d'Apollon n'apporte plus guère aujourd'hui son canon qu'à la référence du chef-d'œuvre harmonieux. Il nous faut aujourd'hui un idéal plus sensuel.

Cette dernière observation nous ramène à la représentation déplaisante de la barbe, en matière d'académie. La différence entre le nu total, dont la chasteté ne saurait être discutée, et le déshabillé suggestivement humain, car il dévoile hypocritement la chair, met en jugement les additions poilues du visage masculin. Soumis à la mode, les divers ports de la barbe rappellent à la réalité d'une époque de coquetterie, tout comme la coiffure d'une femme; ils nous heurtent, pour cette raison, de prime abord. Ce ne sont plus des dieux et des déesses, mais des individus des deux sexes, dévêtus. « ... Pourquoi, pose et répond à la question le docteur C.-H. Stratz ? Parce que nous subissons la mode des anciens Grecs... », et l'auteur, ne trouvant à citer, dans tout l'art classique, que les moustaches du Gaulois mourant et du Gaulois du groupe d'Arria et de Pætus, les autres figures portant toute leur barbe, — conformément à la loi naturelle, — ou étant complètement imberbes, s'en prend surtout à la moustache qui n'était point de mode chez les Grecs ni chez les Romains et caractérisait précisément le barbare, dans les deux œuvres précitées.

D'autre part, explique Paul Adam : « ... Les athlètes et les jeunes gens (de la Grèce antique) pri-

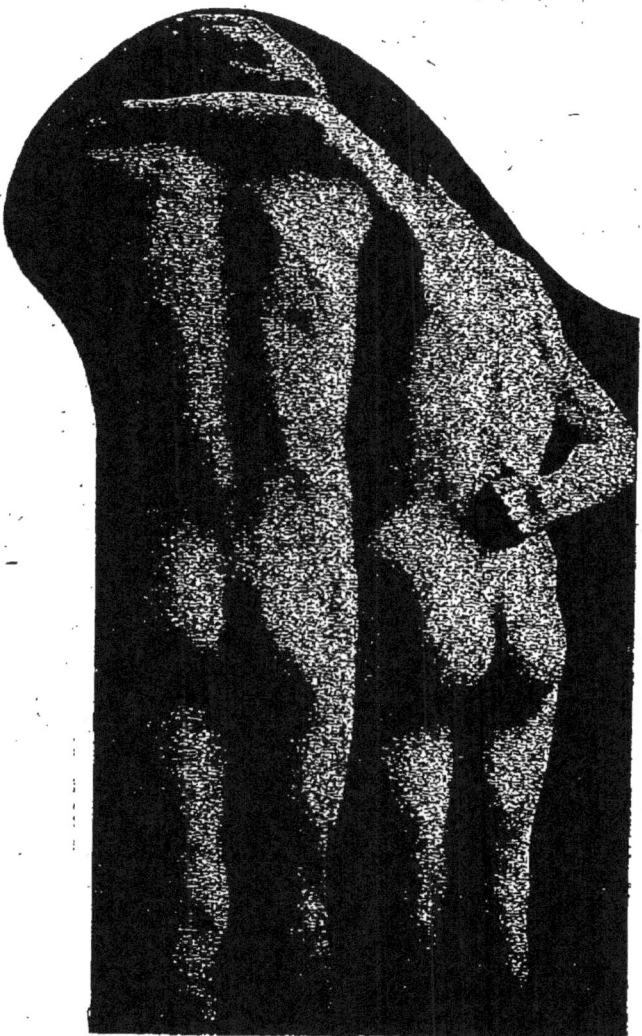

Fig. 53. — *Dos au modelé et d'une forme sans caractère.*

rent soin de se raser et de se couper les cheveux afin que le jeu des muscles demeurât visible, pour les juges, aussi bien sur les maxillaires que sur toutes les autres parties du corps, durant les efforts de la lutte, de la course ou du lancement... » Et puis, toujours d'après l'auteur du *Mystère des foules* : « ... Au début de l'empire romain et pendant le XVIIIe siècle français, le goût de paraître adolescent auprès des femmes porta les hommes à se raser entièrement les joues, le menton et les tempes. Ceux que la nature avait nantis de profils délicats et de chairs nettes purent, de cette manière, prolonger l'illusion de la prime jeunesse auprès des amies complaisantes. »

Sport et coquetterie. Nous nous rallions à l'habitude de l'œil contrariée, ainsi qu'à cette autre, similaire, empruntée encore à *la Beauté de la femme*, relative à la représentation tronquée du sexe féminin « parce que chez les Grecs et chez les Romains, comme aujourd'hui encore, chez tous les peuples orientaux, l'usage contraignait les femmes à s'épiler ».

Seules, les prêtresses d'Astarté ne s'épilaient jamais « afin que le sombre triangle de la déesse marquât le ventre comme un temple », a dit Pierre Louÿs, dans les *Chansons de Bilitis*. Culte à rapprocher de celui du phallus, dieu par l'idée de fécondité et de puissance, que l'on célébrait dans l'antiquité, aux fêtes d'Osiris et de Bacchus.

Au reste, l'absence des cils n'est pas moins insupportable à la beauté que toute autre et les aisselles dénudées chez les danseuses, au théâtre, ajoutent au mensonge choquant. En revanche, un nombril imprévu capitonne l'abdomen du premier homme et de la première femme ! L'art déclare ainsi s'en tenir à la vérité obstétricale dégagée de ses propres modèles, de préférence à la représentation complète (1). Il est vrai que, depuis quelque temps, la peinture d'avant-garde semble s'être fait un malin plaisir d'accuser inutilement les sexes. Il faut bien réagir contre hier et trouver du nouveau !...

D'ailleurs, les différents sièges où la pudeur se réfugie, suivant les divers pays et selon les divers caprices, soulignent son incohérente vertu. La femme arabe retrousse ses jupes pour cacher ses yeux devant la caravane qui passe, et telle mondaine d'hier (car la mode d'aujourd'hui ne nous laisse rien ignorer) n'eût jamais osé, à la ville, montrer le bas de sa jambe alors qu'elle s'exhibait en maillot collant, tout entière, aux bains de mer !

Ce n'est point, d'autre part, parce que l'*Achille*, d'Alcamène, arbore un casque et un bracelet, à la jambe droite, qu'il transgresse la nudité pour succomber au déshabillé !...

Récemment, Pie XI estima qu'il fallait dégager les nus du *Jugement dernier*, de Michel-Ange, des *vertueuses* (?) draperies que Daniel de Volterre y avait, par ordre de Paul IV, apposées. « Un tel nu, déclara le pape, devant la célèbre fresque de la cha-

---

(1) Le chirurgien F.-M. Disdier, au xviiie siècle, n'a pas craint cependant, dans une planche où il représente Adam et Eve, de supprimer l'ombilic à ses personnages, conformément à la logique.

148 LA BEAUTÉ DU CORPS HUMAIN

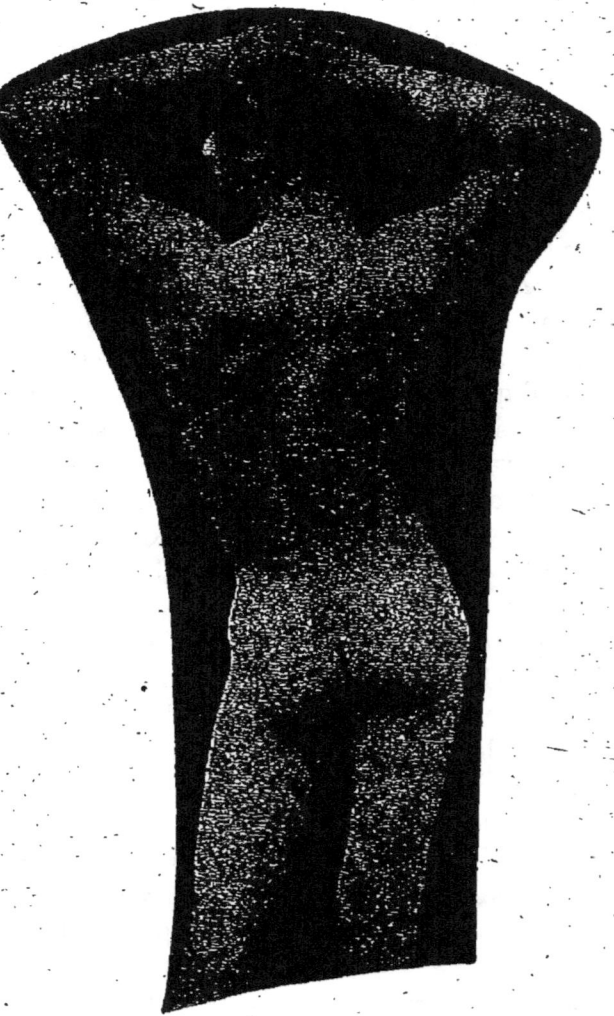

Fig. 54. — *Buste exagérément développé sur un bassin et des cuisses grêles.*

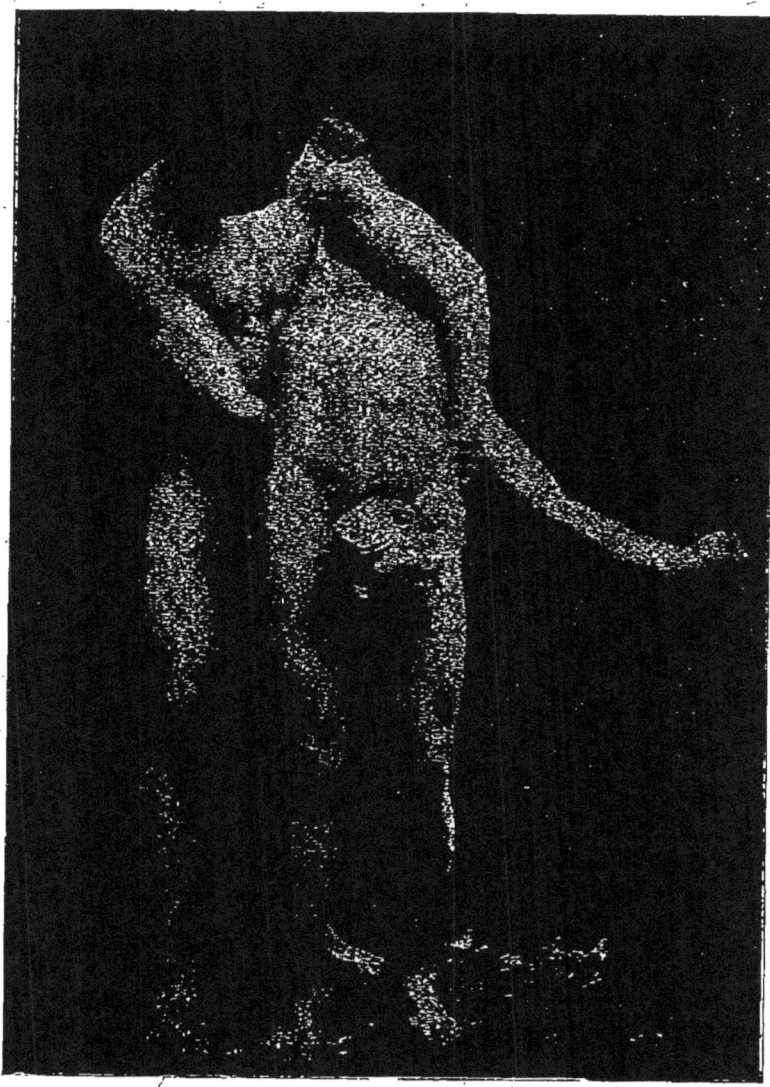

Fig. 55. — *Excellent ensemble* (les parties inférieures présentent surtout un grand caractère).

pelle Sixtine, n'a rien de choquant, car l'esprit l'a conçu dans une noble intention, et sa vue ne saurait enfreindre les lois du Seigneur. »

Nous nous débarrasserons donc ici des préjugés, en nous rapprochant toujours davantage de l'exemple de la nature, et nous reprendrons l'étude esthétique de la tête de l'homme, non sans avoir préalablement donné la parole à la théorie. Écoutez Jean Cousin divisant toute la hauteur du visage en quatre parties égales : front, nez, bouche et menton. L'œil occupant le milieu de la hauteur. La bouche le premier tiers de la quatrième division. L'oreille étant de la grandeur et à la hauteur du nez. La distance du coin de l'œil à l'oreille égalant une longueur de nez. Les yeux occupant deux parties, sur les cinq parties égales qui partagent la largeur de la tête, de face, au niveau des yeux. La largeur du nez, aux narines, égalant la largeur d'un œil ; celle de la bouche, à un œil et demi...

En vérité, lorsque l'on considère le dessin qui vient à l'appui de ce système, avec, d'ailleurs, de savoureuses contradictions, on recule effaré... pour retourner vite à la nature...

Abandonnons tout d'abord le nez romain, droit et correct, à son inexpression, la grâce féminine au surplus, le portera mieux, et enregistrons, à la suite de l'appendice grec, le nez épaté des races nègres, le nez busqué des races rouges, chacun ayant son caractère propre et son ethnique qualité.

Ni en lame de couteau, ni bossué, ni trop large, le nez doit s'avantager, à sa base, de narines discrètes, point trop évasées ; et dont les ailes, bien marquées, ne seront ni lourdes, ni menues. On ne se fait pas moins illusion sur la qualité d'un petit nez (nous l'avons réprouvé court) que sur l'exiguïté de certaines parties du corps. Il est adopté généralement que la main et le pied, entre autres, doivent être petits pour être gracieux, et de même la bouche, tandis que les yeux, par exemple, seront grands. Or, cela ne s'avère juste que proportionnellement à l'individu (pour les extrémités) ou à l'ovale de sa tête (pour les yeux et la bouche), car des petits pieds (la longueur du pied est égale à celle de la tête, chante la théorie !) et mains seraient déplaisants chez un géant, de même que des yeux ou une bouche trop grands dans le masque étroit ou menu d'un nain.

Tout n'est que proportion : au bout de la branche robuste verdoient des masses de feuillages solides, et le tronc du bouleau grêle appelle des rameaux ténus ; la base d'une figure pesante ne saurait faillir à la gracilité et de même l'on nuirait à la légèreté d'une statue si on la pourvoyait d'un socle démesuré. La fable du *Gland et la citrouille*...

Les yeux donc, point trop en amandes ni trop bistrés à l'entour, comme ceux des orientaux, dont les cils longs et soyeux, au surplus, concurrencent désagréablement ceux de la femme, les yeux donc, à l'abri d'une paupière sans lourdeur, au pli bien arrêté, qu'ils soient bleus, gris, noirs, marrons, pailletés, apparaîtront vifs, expressifs, lumineux même, dans l'ombre de leur cavité, sous l'accent circonflexe des sourcils nettement marqués et ne se rejoignant point.

« En montant vers le Nord, remarque joliment Alphonse Daudet, les yeux s'affinent et s'éteignent. »

Assez exactement, la hauteur du nez s'inscrira au milieu de celle de la tête, à égale distance du plan horizontal déterminé par le sommet du crâne et du plan qui passe sous la pointe du menton.

Point de poches aux yeux, les bajoues ou doubles joues, les doubles ou triples mentons déroutant inopinément la forme. Ce gaspillage de graisse qui distend la peau et fait tomber la chair, dépare le visage en le ridant ; il annonce l'âge, non moins qu'un front plissé, que la « patte d'oie » à l'extrémité des yeux, près de la chevelure, et que la commissure fripée des lèvres. L'expression des traits, leur exercice usent la face à la longue; le relâchement musculaire occasionne des bourrelets, et d'autres fâcheux modelés accusent encore, progressivement, le poids des ans. La maladie, au surplus, n'étant pas moins redoutable pour l'esthétique que l'embonpoint démesuré ou que la maigreur qui lui succède. Cette dernière héritant de chairs flasques et distendues, de plis et replis, à la façon d'un sac excessivement rempli qui serait maintenant vide...

Avec la bouche, nous touchons à un organe non moins expressif que les yeux. Une communion s'établit même entre la bouche et les yeux pour la mimique de la pensée, en dépit de l'impassibilité du menton et du nez, dont les ailes, pourtant, palpitent non sans intérêt pour la manifestation des sentiments intérieurs. Les parents disent drôlement à l'enfant soupçonné de mensonge et qu'ils désirent faire avouer : « Ton nez remue »..., mais le rôle de l'oreille, tenue à l'écart des traits de la face dont elle est musculairement isolée aussi, se borne à entendre sans manifester.

De ce que certaines races sont physiquement rebelles à l'extériorité, — comme à l'abri des réflexes, même, — on en a déduit qu'elles expriment l'homme *fort*, c'est-à-dire susceptible de dominer ses sentiments et de les dissimuler.

Effectivement, les races septentrionales, les Anglo-Saxons, par exemple, semblent avoir inventé l'humour qui n'amène qu'un pâle sourire sur les lèvres au lieu du rire chaleureux qui les dilate franchement.

Chez les races méridionales, en revanche, — est-ce sous l'action du soleil dispensateur d'élasticité et d'expansion sentimentale puisque le froid engendre l'engourdissement ? — on observe l'exubérance du geste parallèlement à celle des traits, en correspondance avec l'éloquence largement extériorisée de l'âme. La raideur septentrionale, anglo-saxonne, au surplus, s'accuse constructivement dans la maigreur et la très haute taille. Le mouvement qui en résulte, sans moelleux, souligne encore une plasticité moindre. Un homme très grand étant, au surplus, d'une élégance supérieure, mais moins gracieux que celui d'une taille moyenne. Le geste aisé, enfin, dépendant plutôt d'une forme arrondie que carrée.

Revenons donc à la bouche, proportionnée, aux lèvres plutôt larges que minces, bien ourlées, dont les commissures ne seront point tombantes. La forme comme la pensée qui s'élève, toujours s'embellit.

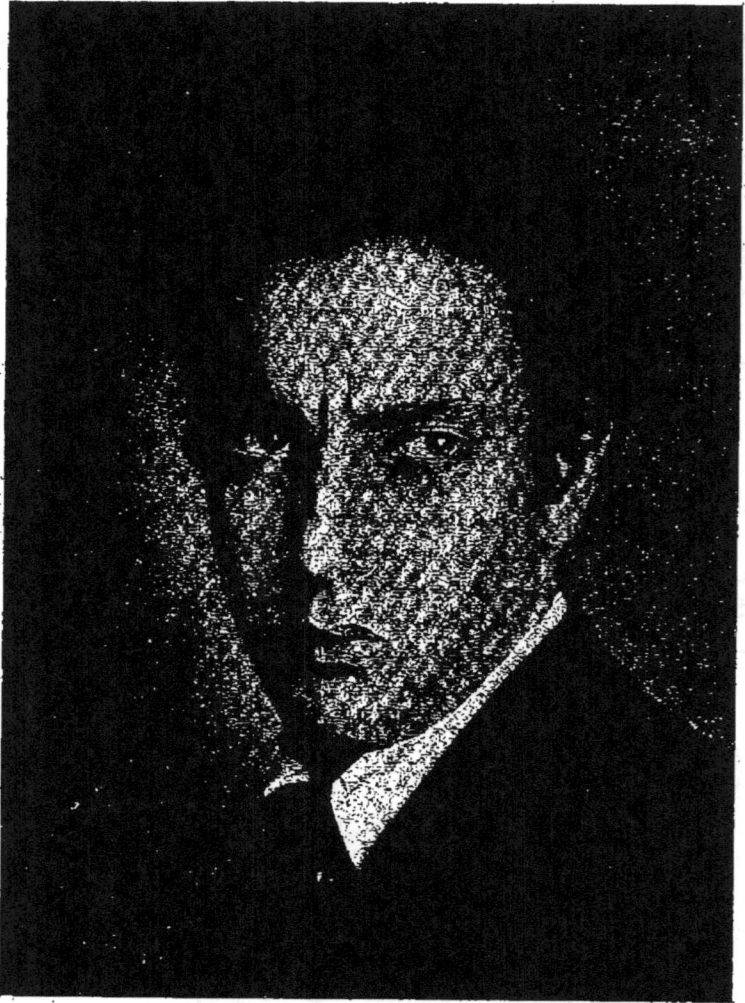

Studio G.-L. Manuel Frères.

Fig. 56. — *Elude.*

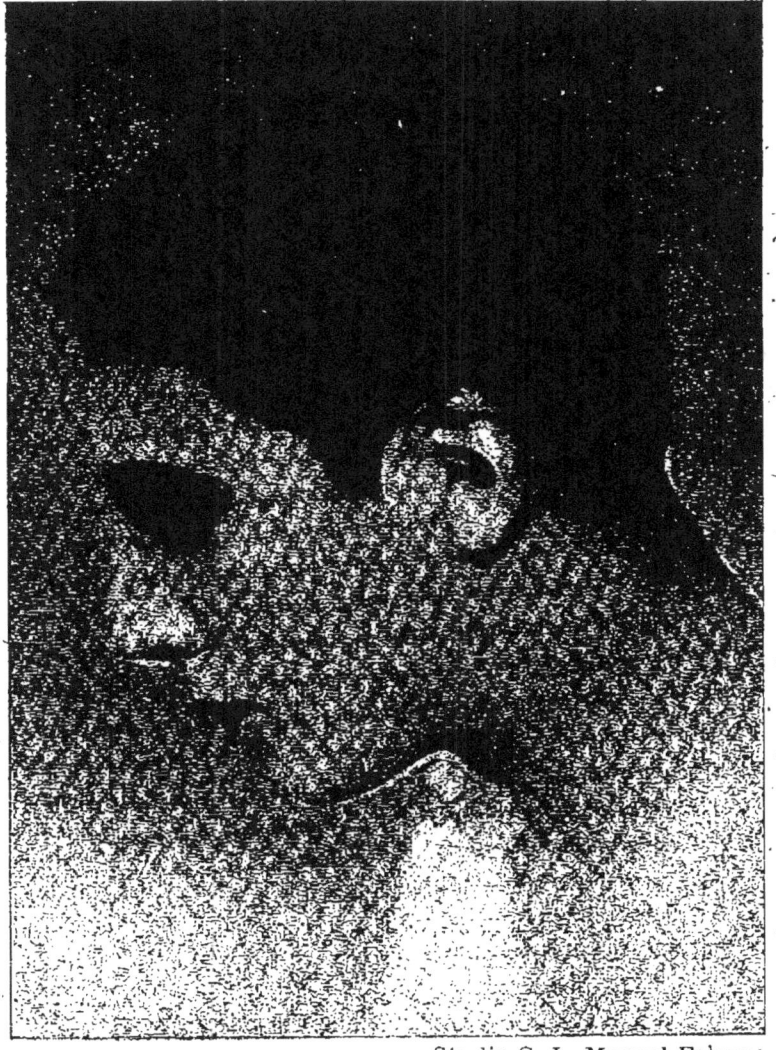

Studio G.-L. Manuel Frères.

Fig. 57. — *Etude*.

Le mouvement ascendant exprimé de la noblesse, de la vie exaltée, à la façon d'une plante dont les rameaux jaillissent; c'est le printemps alors que l'automne laisse choir les prémices. Les lignes tombantes d'un visage disent le découragement, la tristesse; les lignes montantes, au contraire, chantent la joie.

Une lèvre courte découvre fâcheusement les gencives dans le sourire. Le dessin de la bouche sera arqué, point « sucré » mais volontaire, esquissant, modulant le sourire, plutôt que l'accentuant à la manière complaisante et gracieuse de la femme. Des maxillaires, de préférence accusés, accompagnent favorablement la bouche pour accentuer le caractère mâle, d'accord avec l'énergie d'un menton non fuyant. L'éclat des dents, enfin, doit plutôt être soupçonné entre des lèvres juste « vermeilles » comme il sied au masculin.

Quant à l'oreille, qui ne saurait être trop loin, estime Ingres, elle encadrera le visage sans se faire remarquer, ni par sa petitesse ni par sa grandeur ou sa grosseur excessive, moins encore par son décollement, « en plat à barbe ». Généralement inscrite dans deux lignes figurées (d'accord, cette fois, avec Jean Cousin), l'une partant de la racine du nez, l'autre de sa base, elle se gardera d'être rose et finement ourlée « comme un coquillage », afin de ne point rendre celle de la femme jalouse. Une légère fossette au menton enfin, pour répondre à l'accent situé au-dessus de la lèvre supérieure, ponctuera l'ensemble de ce portrait flatté de l'homme, selon l'optique de notre race.

Au chapitre suivant, nous traiterons des agréments

LA NUDITÉ ESTHÉTIQUE DE L'HOMME

pileux, en insistant sur la chevelure sans quoi les traits les plus admirables dans l'ovale le plus pur paraîtraient immolés; nous peindrons au surplus notre modèle aux couleurs de son teint viril, en achevant de définir les caractères esthétiques des autres parties de son corps.

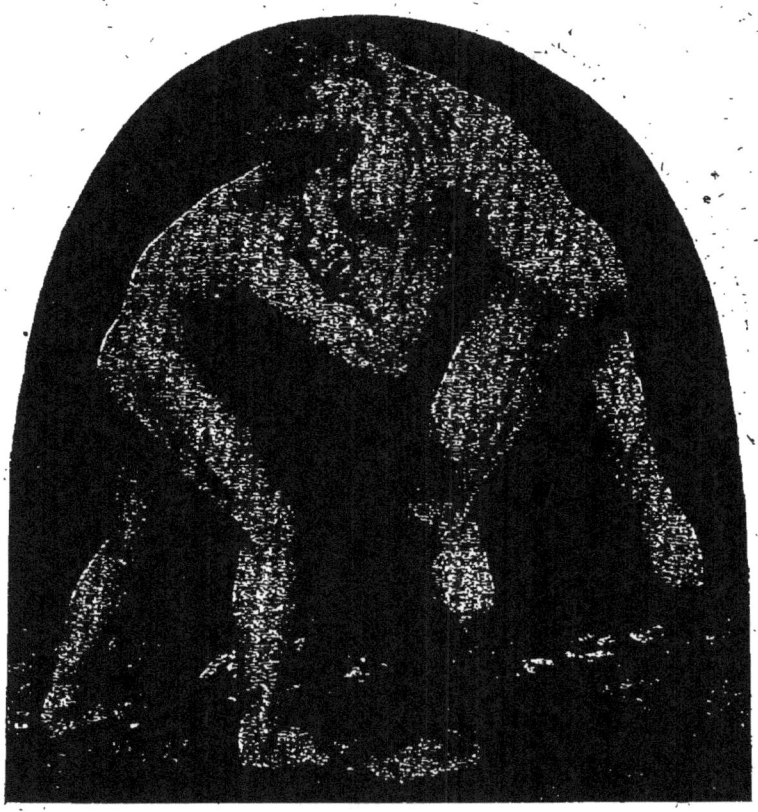

Fig. 58. — *Lutteurs*.

CHAPITRE VII

La Nudité esthétique de l'Homme *(Suite)*.

Le peintre-dessinateur Charles Léandre s'amusant, un soir, à grossir les traits du visage d'un consommateur, au café, pour en faire la « charge », nous conta sa surprise de voir surgir sous son crayon un type israélite qu'il était loin de soupçonner. Cela nous ramène au caractère essentiel à dégager du visage pour en reconstituer soit la race, soit l'expression.

Une lèvre charnue, un nez légèrement gros, large et court, évoquent parfois le nègre lippu, au nez épaté. Toute une descendance parfois ! Dans l'infinité des traits du visage, du même nom, aucun ne se ressemble, malgré qu'un « air de famille » transparaisse dans une lignée, au point de permettre la reconstitution d'un type générique. Ainsi Nadar créa-t-il un jour, sous l'inspiration de l'anthropologiste anglais Galton qui avait imaginé ce système de photographie composée, un *sixième* frère Reclus (fig. 66), en superposant simplement chacun des clichés-portraits des cinq frères sur une plaque sensible. Le singulier portrait obtenu ne ressemble point exactement aux autres, mais un observateur l'apparente aussitôt.

De l'accord sympathique des traits d'un visage résulte une acception normale de plaire. Un nez

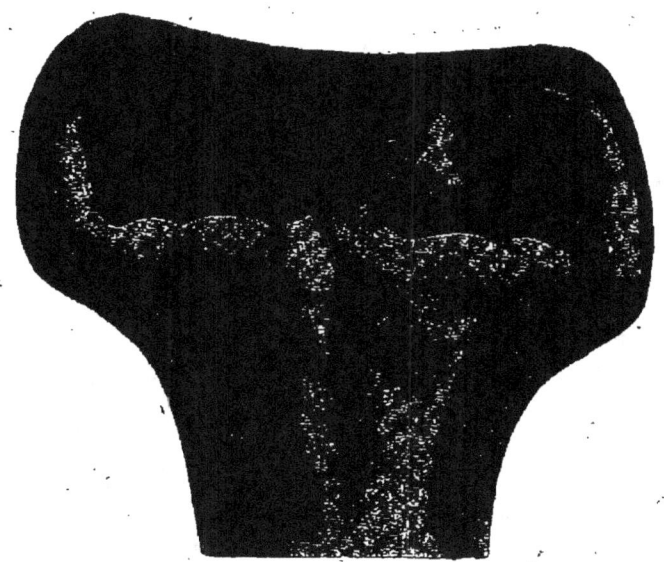

Fig. 59. — *Dos normal d'un athlète.*

n'est réellement déplaisant que lorsqu'il défigure. Cassé ou exagérément retroussé, il semble résulter d'un accident. Il y a des laideurs harmonieuses que l'on ne remarque pas, et des beautés fâcheusement tronquées, particulièrement remarquables.

En dehors de la coordination des traits, on observe que, par exemple, les cheveux noirs appellent le plus souvent des yeux de même couleur, ainsi que les cheveux blonds des yeux bleus. Or, l'exception d'yeux bleus avec une chevelure brune, ou d'yeux noirs avec des cheveux blonds constitue une anomalie séduisante seulement parce qu'elle est naturelle,

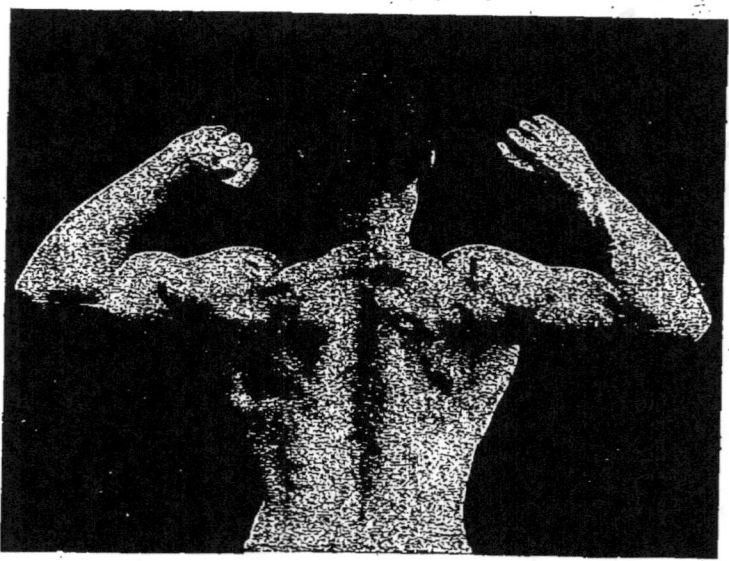

FIG. 60. — *Dos extraordinairement développé.*
(Communiqué par l'École supérieure d'Éducation physique de Joinville.)

alors que la chevelure d'une femme brune, décolorée à l'eau oxygénée, ment à l'éclat de ses yeux noirs comme à la couleur et au grain de sa peau, et pareillement s'il s'agit d'une blonde aux yeux bleus, teinte en noir. En revanche, les cheveux blancs apportent, comme un pardon, de la douceur à un masque dur, et la « neige des ans » souvent flatte maint visage au lieu de le vieillir.

Nous avons indiqué, précédemment, les particularités ethniques relatives aux Baltiques, Alpins et Méditerranéens, nous poursuivrons maintenant la classification scientifique des races humaines, sans nous arrêter à l'éloquence douteuse des bosses du crâne, selon Gall, d'autant que celles-ci ne correspondent point aux concavités intérieures du crâne, donc point aux formes du cerveau.

Au surplus, Ledos, en classant les formes du visage selon leur type géométrique, ne nous convainc pas davantage, et les types « planétaires » nous feraient plutôt sourire.

Les races humaines ont été ordonnées suivant la couleur de la peau, en trois divisions ou *troncs*.

Le tronc blanc ou caucasique, qui comprend les races à teint clair, brachycéphales ou dolichocéphales, à yeux grands et non bridés, noirs ou bleus, à cheveux soyeux, lisses ou simplement bouclés, noirs, blonds ou roux non laineux, au nez étroit et saillant, aux mâchoires non proéminentes, au système pileux développé.

Le tronc jaune ou mongolique, qui groupe les races au teint jaune dominant (du blanc au brun jaune et au vert olive), aux yeux bridés, à la mâchoire proéminente, au nez peu saillant, à la face large, au crâne souvent court, aux cheveux gros et raides, noirs ainsi que la barbe, peu fournie.

Le tronc noir ou éthiopien, rassemblant les races à teint variant du brun clair au noir (mais exception-

162 LA BEAUTÉ DU CORPS HUMAIN

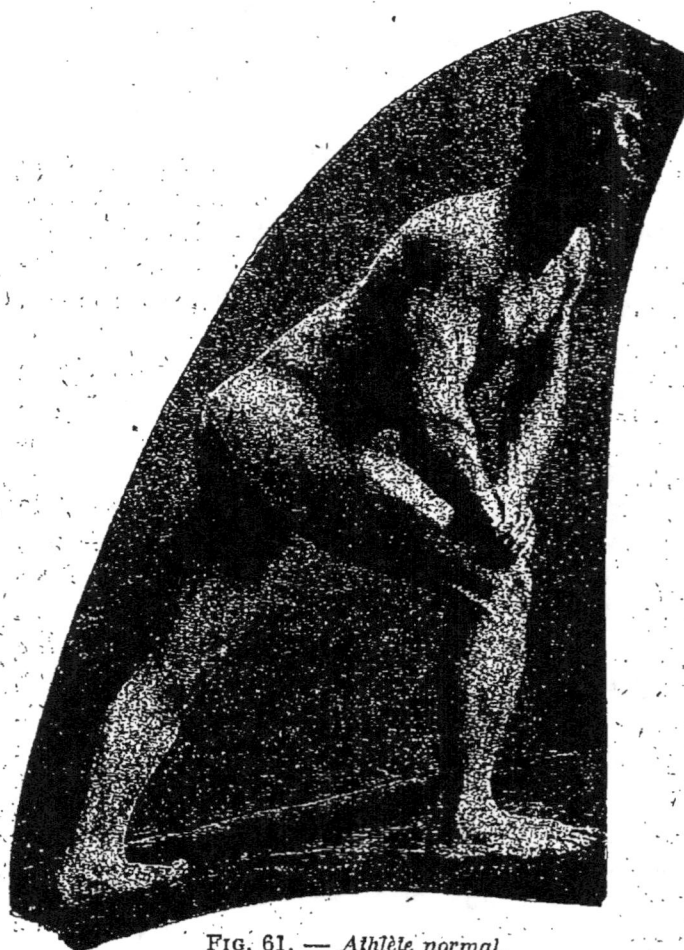

Fig. 61. — *Athlète normal.*

nellement jaune chez les Bosjemans et les Hottentots), aux cheveux noirs et crépus (à part les Australiens), à la barbe peu abondante, au crâne long

LA NUDITÉ ESTHÉTIQUE DE L'HOMME 163

et étroit, au nez très large et très épaté, aux mâchoires et menton très proéminents, à bouche grande et

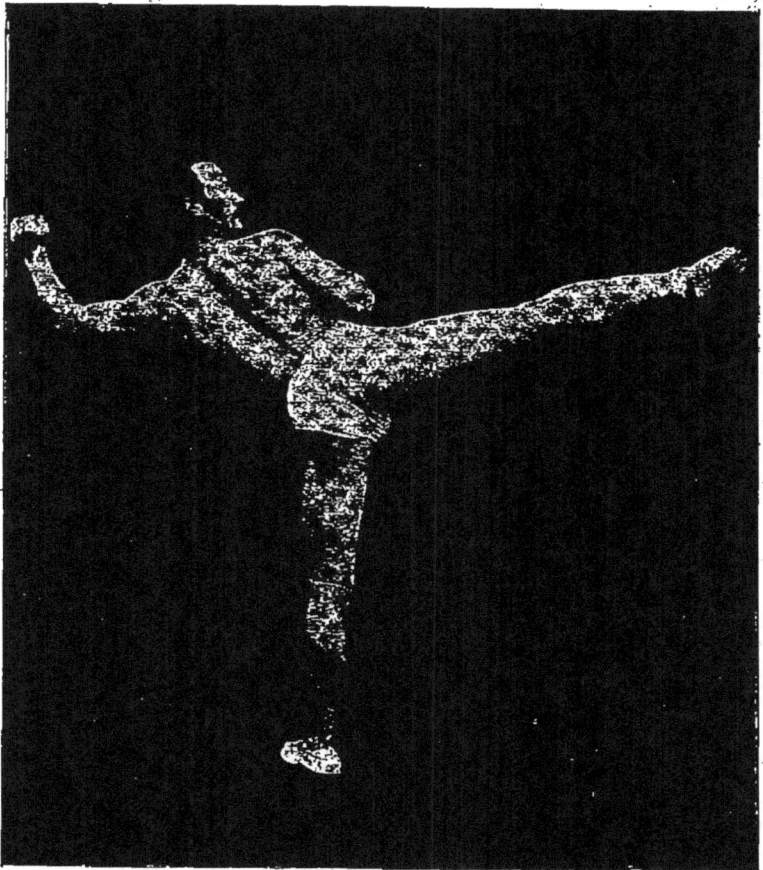

FIG. 62. — *Athlète normal*, attitude de boxe française.
(Communiqué par l'École supérieure d'Éducation physique de Joinville.)

164 LA BEAUTÉ DU CORPS HUMAIN

lippue, au bassin étroit, au mollet peu accusé et au talon saillant; à membres supérieurs allongés, par suite du développement exagéré de l'avant-bras, à ombilic très haut placé, enfin.

Parmi les nègres (négritos et certains négrilles), il en est, au surplus, dont le crâne s'indique remarquablement court.

N. B. — La race rouge dérive du tronc jaune. Aussi bien, les Hindous des basses castes, d'origine pourtant caucasique, sont à peu près noirs, et, quelques Annamites, classés parmi les Mongols, ont la peau foncée ou le crâne allongé (Chinois du Sud).

D'autre part, certains nègres présentent une teinte café au lait comme d'autres une teinte jaune et, pour certains anthropologistes, les Américains, les Malais et les Polynésiens doivent être classés dans des groupes

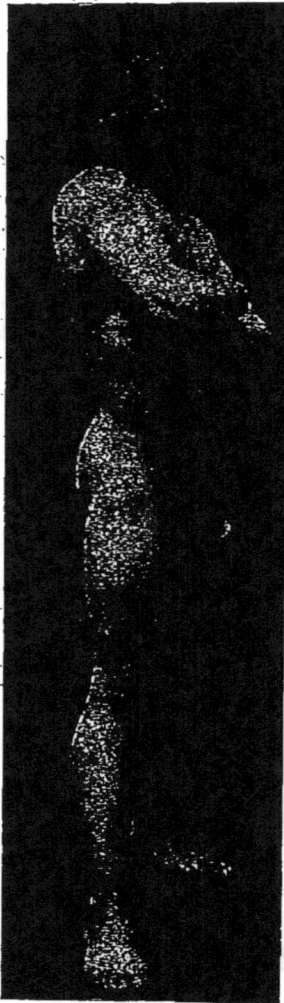

FIG. 63. — *Athlète normal gonflant ses muscles...*

séparés. Toutefois, en dépit du mélange de ces races, mixtes ou issues du croisement, des rapports communs, des affinités, les ramènent à la classification générale précédente.

A propos des cheveux, voici d'autres observations curieuses. Leur couleur offre un caractère ethnologique d'une certaine valeur; les variations individuelles, a-t-on dit, n'infirmant pas complètement cette valeur, attribuables en partie qu'elles sont à la manifestation atavique du croisement.

De la forme du cheveu dépend l'esprit naturel de la chevelure. « ... On peut, sous ce rapport, grouper les races en trois catégories : cheveux cylindriques et par conséquent à chevelure droite et plate (Mongols, Malais, Peaux-Rouges); cheveux à section elliptique, chevelures bouclées (races indo-germaniques, Australiens, Polynésiens); cheveux à section aplatie, chevelure crépue (Nègres, Hottentots).

« Les cheveux sont implantés perpendiculairement au cuir chevelu, chez les Hottentots et les Papous... »

En ce qui concerne notre étude, et pour achever le chapitre de la tête en la parant, nous estimons seulement que la coiffure doit s'adapter à la forme du crâne pour l'avantager ou pour en corriger les défectuosités. Cette intelligence de la coquetterie doit donc commander le port ou la coupe de la barbe, une chevelure longue ou plus ou moins rasée (1), selon qu'il s'agit d'équilibrer un occiput, de diminuer la

---

(1) Chez les Égyptiens, la religion ordonnait de raser les cheveux, par mesure de propreté. Une perruque frisée, longue chez la femme, courte chez l'homme, les remplaça.

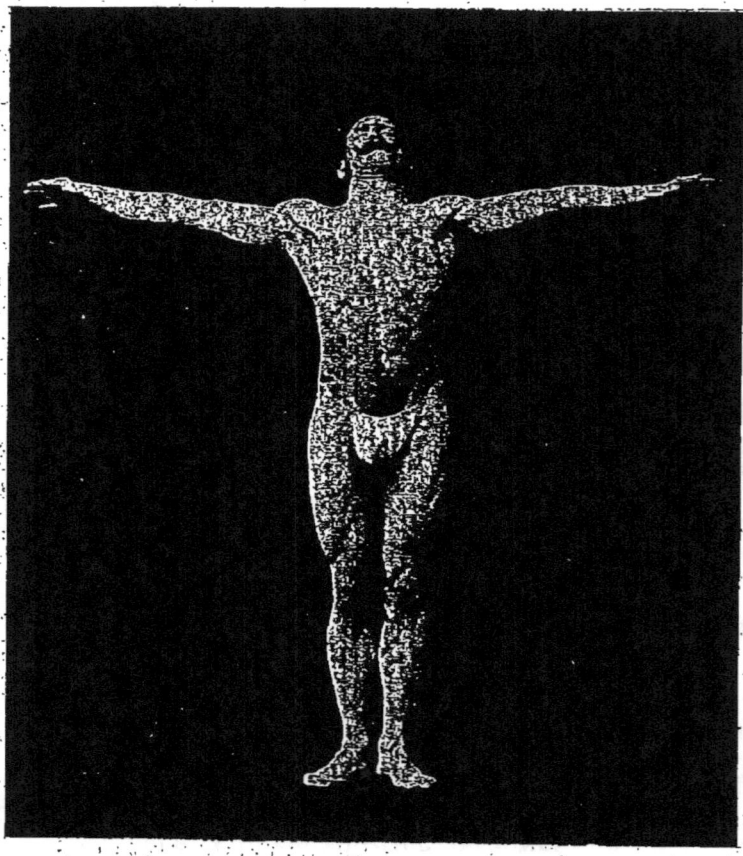

Fig. 64. — *Démonstration d'un exercice éducatif.* (Communiqué par l'École supérieure d'Éducation physique de Joinville.)
Ensemble normal; jambes bien dessinées.

LA NUDITÉ ESTHÉTIQUE DE L'HOMME 167

largeur du masque, d'allonger ou de raccourcir l'ovale du visage, de dégager un front bas ou de faire valoir un menton court.

Il y a des mèches de cheveux fort spirituelles et des originalités capillaires déplorables. Savoir jouer avec sa physionomie correspond à un entendement délicat, car il est plus aisé de desservir un beau visage que d'amender la laideur d'un vilain.

En dehors de ces arrangements artificiels, la nature plante plus ou moins agréablement les cheveux au gré du front, des tempes et des oreilles qu'ils doivent de près

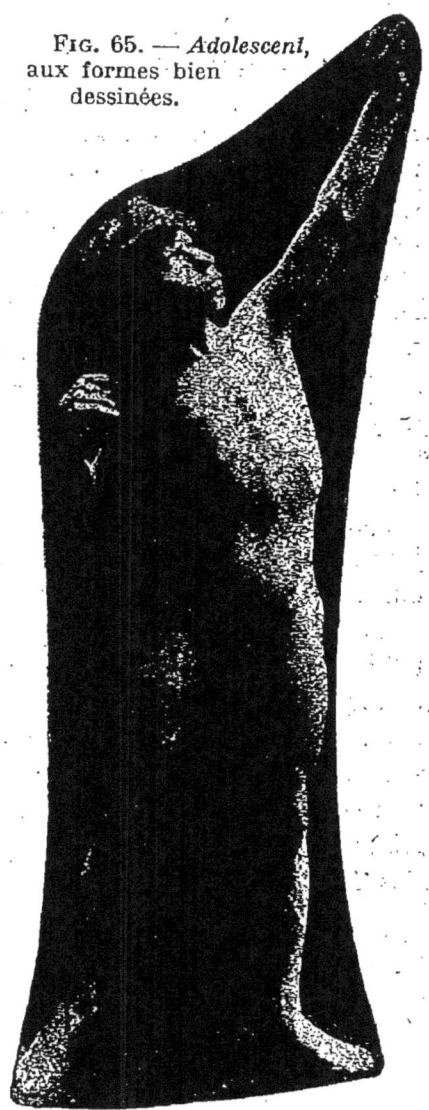

FIG. 65. — *Adolescent*, aux formes bien dessinées.

accompagner. Proche des oreilles, l'amorce des « pattes » qui ramifient les cheveux à la barbe, en haut des joues, doit toujours exister, sans quoi on aurait l'air de porter perruque et, de même, on ne rasera jamais, pour la même raison, les petits cheveux qui succèdent aux grands, à la base de l'occiput, à la naissance du cou.

On a cru devoir médire des cheveux frisant naturellement, qui dénonceraient une intelligence moyenne; toutefois, la mentalité du quidam ayant recours au petit fer nous apparaît autrement douteuse, et, quant aux femmes, elles portent alternativement des cheveux plats ou des ondulations, selon l'intelligence de la mode.

Laissons néanmoins les frisures à Eve pour la joliesse qu'elles lui confèrent et dont Adam n'aura cure.

Les cheveux trop pommadés s'ajoutent encore au reproche de non virilité; les cheveux doivent être libres de leur mouvement, et notons en passant que les israélites hommes sont fréquemment pourvus, sur le dessus de la tête, d'une large mèche moutonneuse, à tendance ascendante, lorsqu'ils ne sont point frisés ou légèrement crépus comme chez la plupart des femmes israélites.

Nous toucherons maintenant un mot de l'erreur esthétique du visage professionnel. Depuis les favoris, autrefois partagés par le magistrat et le domestique, en passant par le collier de barbe cher au marin et le « fer à cheval » du ténor, jusqu'à la face glabre de l'acteur que le groom ou le *leid* lui disputait !

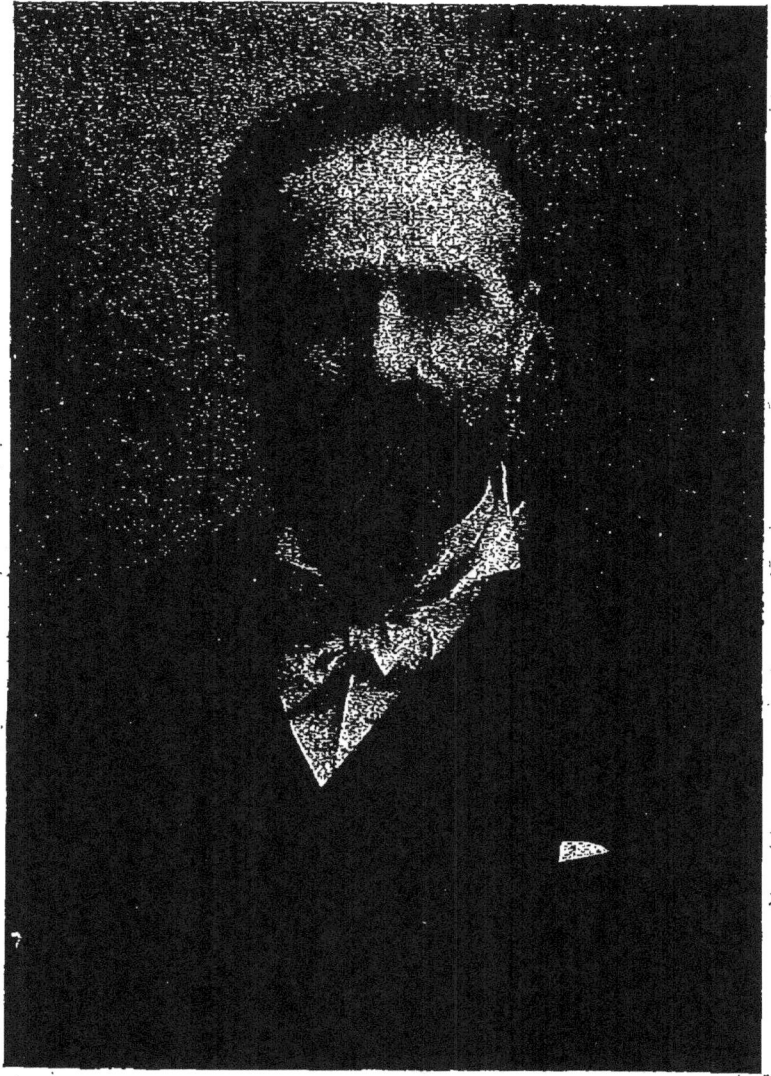

Cliché Nadar.
Fig. 66. — *Photographie composée.*

Un regard en arrière, d'autre part, sur les « côtelettes », sur la « mouche » et l' « impériale », sur la moustache « en chat » de Guillaume II, à laquelle les lèvres ponctuées de quelques minuscules poils « à la Charlot » n'ont rien à envier, de nos jours, en souvenir de Charlie Chaplin.

Il y eut aussi des toupets « à la Louis-Philippe », « à la Mayol », comme des mèches « à la Napoléon », « à la Galipaux », pour mémoire.

Aujourd'hui, la mode américaine a rompu avec la barbe, confondant la personnalité des physionomies dans un « chic » uniforme où l'hygiène seule trouve réellement son compte (avec l'idée inavouée d'échapper au poil blanc), ainsi que certaine conception de la nudité morale... Nous avons dit, effectivement, que l'habitude de contempler Apollon et Achille entièrement rasés, avait vertueusement détourné notre regard de la vérité.

Aussi bien on ne porte plus « toute sa barbe », (qui, d'ailleurs, en augmentant le volume du chef, risque d'écourter les jambes), en dépit des lois naturelles, et sainte Agnès serait de nos jours, qu'elle chercherait vainement sa chevelure pour voiler sa nudité.

Cependant, peu de visages masculins peuvent se targuer d'un profil pur, sinon grec du moins régulier, et la volute élégante d'une moustache, la chute d'une frange de poils accommoderaient miséricordieusement bien des lèvres exagérément épaisses ou des bouches trop fendues. Sans compter tant de fossettes inattendues et de vulgaires cicatrices !

Mais, en matière de barbe ou de cheveux, à moins que l'affligeante calvitie ne porte à son comble la rareté pileuse, depuis que le dernier rapin a rompu avec la chevelure d'Absalon on se coiffe et on arrange sa tête comme tout le monde.

Il reste néanmoins au chauve la consolation de « ... reconquérir de la magnificence s'il laisse la toison de la face lui garantir le type musulman au crâne rasé et à la barbe faciale... » et, de même « ... le personnage étique gagnera du prestige à combler avec du poil les fosses de ses joues, à cacher un cou trop grêle. ».

Autrefois, on se faisait une tête. A son aspect on jugeait l'homme. Maintenant, en dehors de quelques belles têtes de vieillards revenus de la coquetterie, ou d'artistes et de savants indifférents à ses sourires, il n'est que façades à la mode, impersonnelles et banales.

N. B. — Les peuples septentrionaux sont plus chevelus que ceux du Midi et, d'après le docteur Stratz, les cheveux de l'homme (estimés par Virchow moins fournis que ceux de sa compagne) seraient susceptibles aussi de moins de longueur que ceux de la femme. Opinions confirmées par l'exemple des quelques très rares excentriques aux cheveux, voire à la barbe, vierges du ciseau.

Nous parlerons maintenant du cou.

On ne saurait avoir trop de cou, formule Ingres, et, de fait, rien n'est plus disgracieux qu'un petit cou chez l'homme et surtout chez la femme.

De la longueur du cou dépend le dégagement du

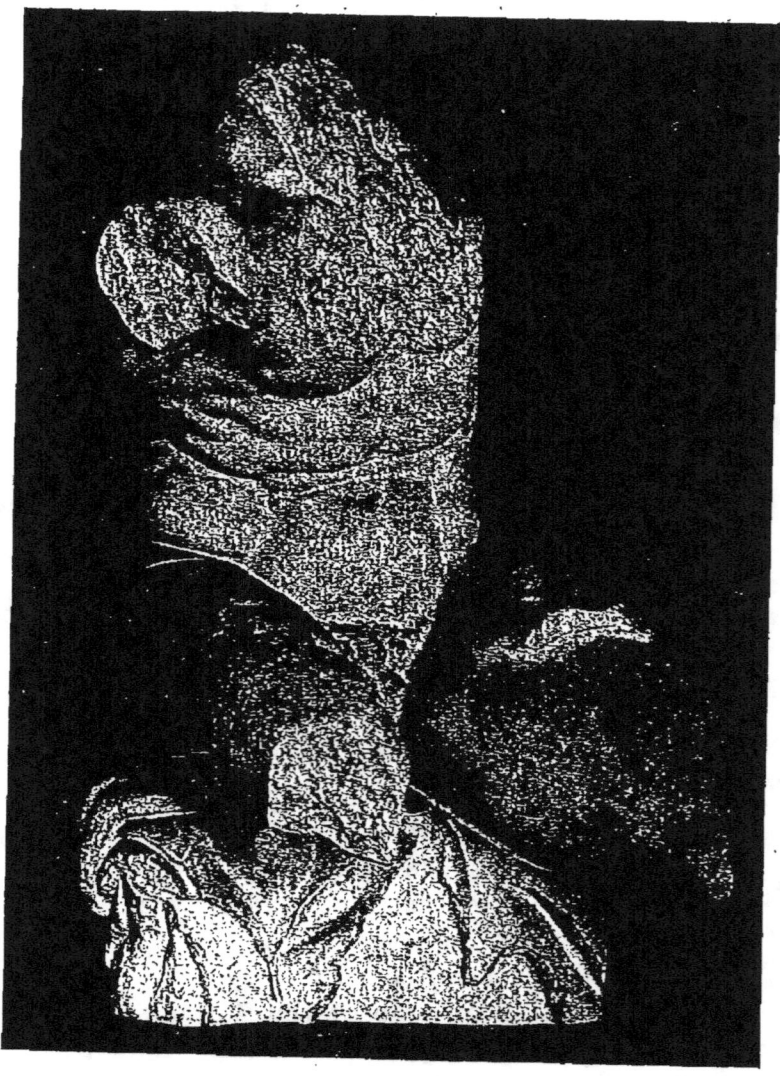

Fig. 67. — *Torse* dit : *du Belvédère*.

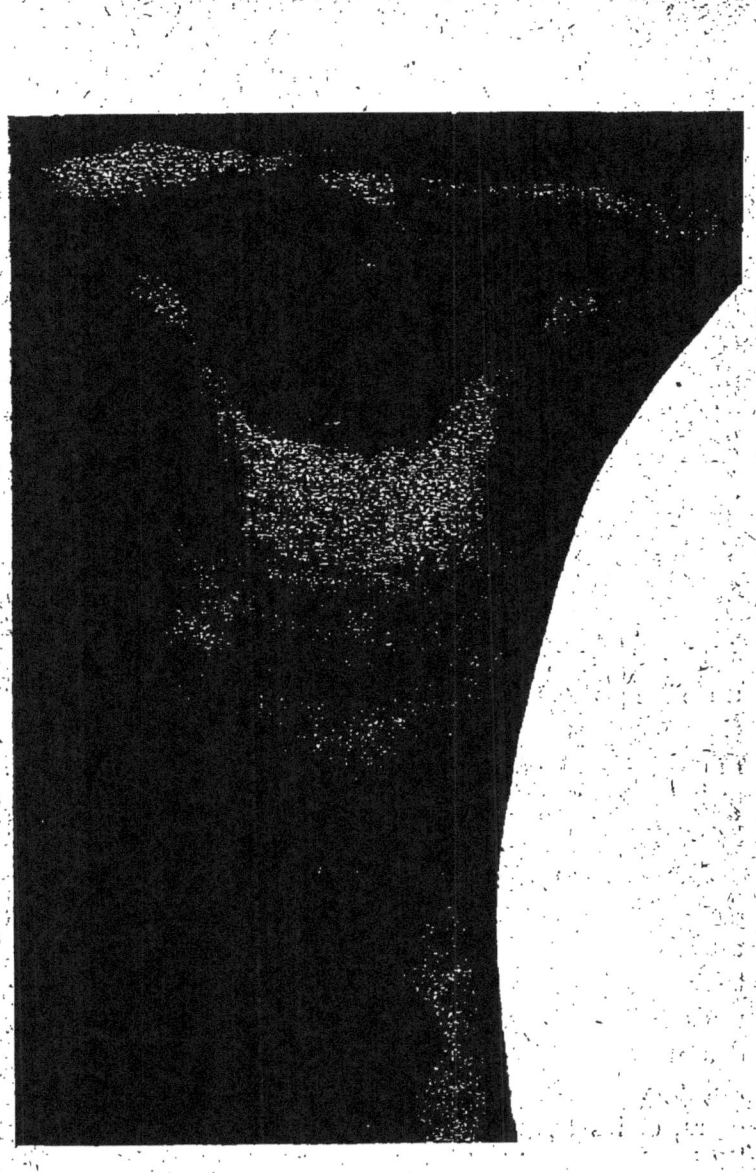

Fig. 68. — *Athlète normal* gonflant son torse.

torse et son rapport harmonieux avec la tête. Enfoui dans les épaules, il répond au caractère « râblé » du modèle, c'est-à-dire à son épaisseur, tandis qu'élancé il détaille et dirige harmonieusement les formes solidaires et leur succession. Le cou, néanmoins, observera, comme toutes les parties du corps entre elles, la juste proportion que la tête détermine d'accord avec le torse qui est un pivot, selon Ingres, encore. De la référence de la tête et du torse dépend l'importance des bras et des jambes. Le cou ne sera point rond, mais construit de méplats solides qui ne dissimuleront pas la saillie musculaire des attaches. Virilement la « pomme d'Adam » saillira sur sa partie antérieure; cette pomme d'Adam destinée à disparaître singulièrement lorsque la vieillesse sonnera.

Un cou ramassé, « dans les épaules », est à la fois un signe de force ou d'embonpoint excessif. Les Grecs ont pourvu Hercule d'un cou exagérément massif, — le cou du taureau, — pour accuser sa puissance physique, mais, au delà de ce symbole, la vérité esthétique ramène l'art à un juste milieu.

Nous avons précédemment parlé du torse (fig. 68), dans l'ensemble du corps humain, nous insisterons maintenant sur l'attache musculaire des bras, à hauteur des épaules, qui ne doit point être en retrait, mais à l'alignement. Le torse observera la symétrie des modelés indispensable à son unité; il ne sera point velu au delà du sternum, très peu d'ailleurs, et les avant-bras, de même que les cuisses et les jambes, ne s'ombreront que légèrement de poils. Surtout point de hideuses « épaulettes » !

On a prétendu que le poil indiquait la force chez l'homme; il semble plutôt que cette végétation, qui n'ajoute rien à la distinction de la forme ni à sa grâce, est question d'individu. Et les bruns sont particulièrement poilus, indifféremment forts ou faibles...

L'importance du nombril, — œil du torse, Ingres toujours, *dixit*, — n'échappera pas au caractère du ventre dont il brusquera et animera la rondeur, et l'attache des cuisses, à la base du bassin, se fera sans heurts, sans bourrelets de chair ni de graisse.

Les bras, de même que les cuisses et les jambes, auront *de la tournure*. Ils ne seront point arqués mais galbés. Les bras, sans s'éloigner du corps, témoigneront de leur ressort, de leur caractère, et non de la veulerie de leur seul poids.

Ni trop longs, ni trop courts, les bras mesurent généralement leur proportion à celle des extrémités inférieures. Cependant, des jambes courtes choquent toujours davantage, et, lorsque les bras, les cuisses et les jambes râblés s'entendent dans leur tassement avec le cou, cette oppression agit fatalement sur l'épanouissement du torse qui, au lieu de se développer en hauteur, s'élargit.

Dans l'action des jambes serrées au talon, de la fourche des cuisses à la partie interne des genoux, on doit pouvoir observer, au milieu, un intervalle sinon régulier, du moins correct, et de même depuis les genoux jusqu'aux talons. La symétrie de la juxtaposition des membres exprime leur qualité esthétique d'équivalence proportionnelle et de construction plus ou moins impeccable. On vérifie de la

Fig. 69. — *Modèle fin* (Italien à peau bistrée).

LA NUDITÉ ESTHÉTIQUE DE L'HOMME

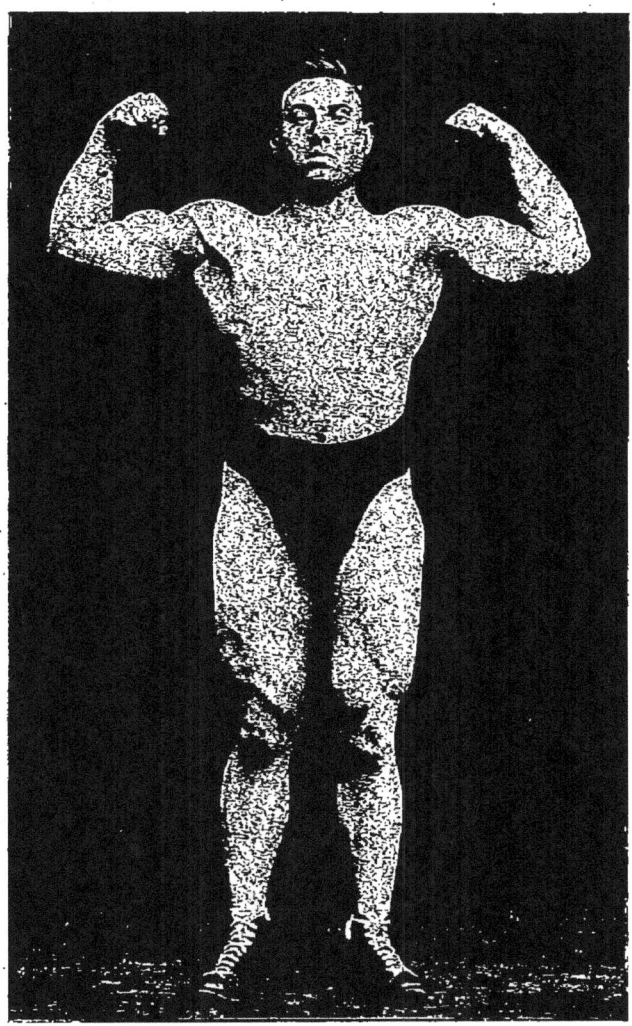

Fig. 70. — *M. Rig..., champion du monde.*
(Communiqué par l'École supérieure d'Éducation physique de Joinville.)

sorte, si un membre ne chevauche pas l'autre en sortant du plan qui lui est assigné. On constate ainsi des jambes cagneuses (rapprochées à la hauteur des genoux et écartées près des pieds) ou des pieds « panards ». (tournés ou à tendance à tourner en dehors). Du développement osseux des genoux à celui, musculaire, des mollets, s'évalue la qualité de distinction des extrémités. Entre les pleins et les déliés de la forme, il doit y avoir des passages sans brusquerie, une ossature comme une musculature excessive aboutissant à des extrêmes heurtés où se révèle la forme « canaille », qu'il ne faut point confondre avec la belle tournure ni avec le galbe.

D'ailleurs, la finesse des attaches (poignets, chevilles) est au prix d'une charpente délicate qui préserve des jointures noueuses ou épaisses, aussi déplorables aux extrémités supérieures qu'inférieures.

Le galbe d'une jambe dépend du ressort de la cuisse, d'accord avec celui du mollet (attaché plutôt haut que bas), le premier plus renflé que le second pour réaliser la ligne ample qui s'évanouit à la base du corps (fig. 64).

On a observé, aux jambes des hommes habitués à aller nus au soleil, des contours simplifiés à cause du tissu adipeux épais qui ne laisse apparaître que légèrement les muscles.

D'une manière générale, les rondeurs, réservées à la femme, déparent la masculinité, et nous verrons à ce propos les muscles fessiers guider la qualité d'un dos d'homme.

Auparavant, examinons les mains, qui ne seront

point petites mais proportionnées à la taille de l'individu. La main, dit la théorie, est égale à trois quarts de tête, c'est-à-dire la longueur de la face. La beauté des mains réside surtout en leur esprit. L'expression « bête comme un pied » est parfaitement juste, car le pied, esclave de la chaussure, ignore le geste et ne participe point à l'éloquence de la pensée, non plus qu'aux délicatesses du toucher.

Au surplus, il s'altère, et seuls les peuples qui marchent pieds nus peuvent donner aujourd'hui une idée de sa forme originelle. Sous la contrainte du cuir, les doigts, défigurés par les cors et les durillons, abdiquent leur expression ; bossués ou chevauchants, ils sont sacrifiés au chic extérieur d'une bottine. Ils n'ont ainsi aucun caractère, et les pieds de la femme, surtout, n'envient presque rien à ceux de l'ancienne Chinoise...

Les mains, en revanche, vivent librement ; elles ne connaissent que la souplesse du gant intermittent, non déformateur. Il y a des mains bêtes (sans que cette bêtise atteigne jamais à celle du pied) comme d'autres, intelligentes. En dehors de leur conformation correcte, de leur rôle différent (l'index pour montrer, l'auriculaire, fluet, au service de l'oreille, etc.) c'est leur empressement général qui les embellit ; le pouce, volontaire et indépendant, dirigeant les autres doigts (tandis que l'orteil est à la remorque de ceux du pied), qui ne s'écartent point tous à la fois, mais par groupes sympathiques. La main ne doit point être trop large, ni trop épaisse, sans quoi elle risquerait d'égaler l'ampleur du poignet, et une

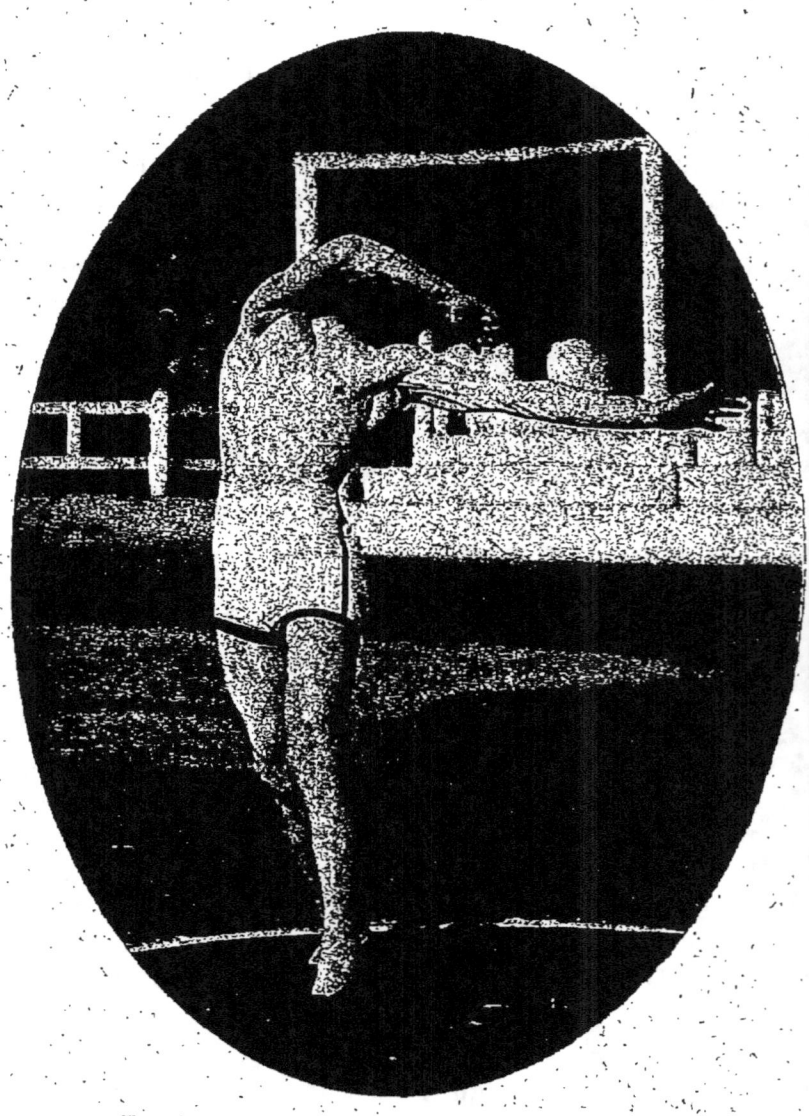

FIG. 71. — *Belle musculature du torse et des bras* (lancement du disque).
(Communiqué par l'École supérieure d'Éducation physique de Joinville.)

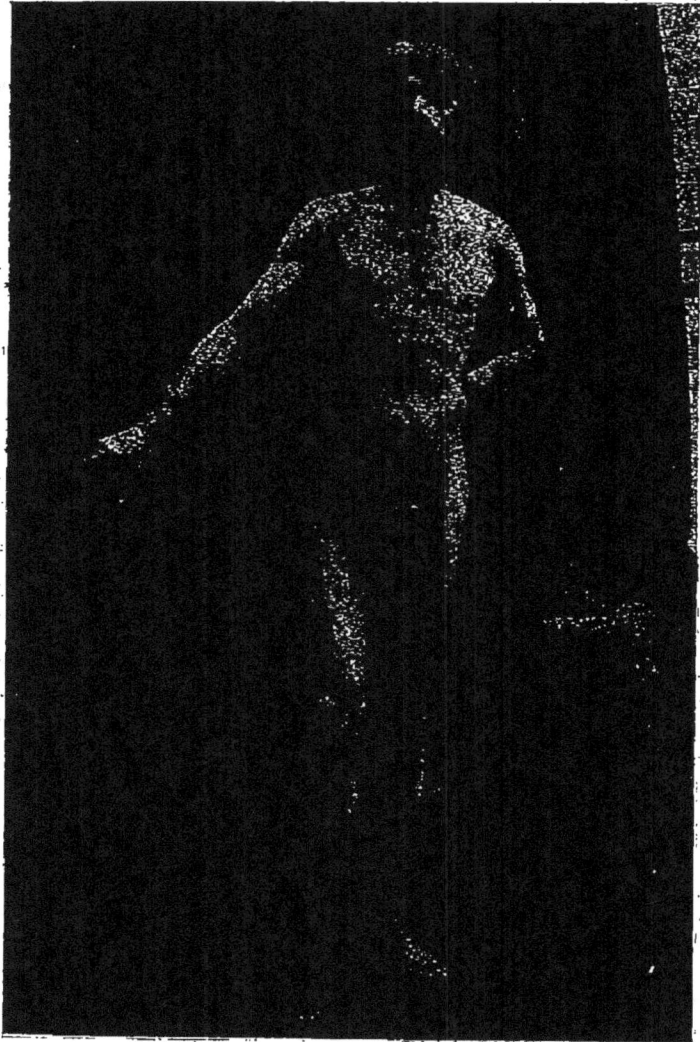

Fig. 72. — *Modèle âgé*. Formes en déchéance, maigreur.

« jolie » main d'homme est déplaisante comme une « jolie » figure. Empiéter sur les prérogatives de la femme constitue l'esthétique la plus condamnable chez l'homme, et il ne faut pas tabler sur des exceptions pour infirmer la règle des dissemblances naturelles, sentimentales et sublimes, qui sacrèrent l'Art et l'Amour dans Apollon et Vénus.

En poursuivant le chapitre de la base humaine, on aperçoit la niaiserie des pieds (1) en dedans et des pieds plats, pour autant de postures gauches, de démarches raides auxquelles ajoutent les pieds en dehors... Un déhanchement défectueux dénonce, de même, une mauvaise structure, une rupture d'équilibre qui correspond, curieusement souvent, à la mentalité de l'individu.

Lorsque vint à Polyclète l'idée de faire hancher les statues, il affranchit la plastique autant de sa rigidité statique que de sa symétrie. Il détermina plus de souplesse et plus de mouvement, au gré de la forme plus ou moins intelligemment servie par le geste.

« ... Dès Phidias, relève André Levinson, la statuaire grecque avait entrepris d'émanciper la forme humaine de ce que Nietzsche appela « l'esprit de pesanteur ». En portant tout le poids du corps sur la jambe d'appui, un Lysippe fit librement jouer

---

(1) Suivant Vitruve, la proportion de l'ordre dorique aurait été inspirée par le pied humain. Pythagore, au dire de Plutarque, détermina la taille d'Hercule d'après le pied de son héros... Sur la foi de ces auteurs on se demande, en vérité, ce qu'il advient du libre génie des Grecs !

l'autre jambe, le genou infléchi, le talon soulevé. Un Praxitèle appuya le coude de sa statue sur une stèle en reportant la fonction de l'aplomb sur la matière inerte tandis que le Silène, ne touchant plus le sol que du bout de ses doigts de pied, croise ses chevilles élégantes... »

L'aisance du geste, la présentation souple semblent donc d'accord avec l'anatomie et l'intelligence.

Examinons maintenant le dos.

Le dos parle autant aux yeux que la face; il possède sa physionomie propre. L'âge l'altère, le mouvement l'anime, et ses modelés ont leur expression sensible.

Bien balancés, symétriques, les muscles du dos trahissent au verso le geste du recto. Ni plat, ni rond, le dos ondule avec la colonne vertébrale — sa ligne médiane, — et le tressaillement de ses reliefs apporte de la vie à cette partie sacrifiée.

Les muscles fessiers seront proéminents sans excès, aboutissant à des rotondités moins parfaites que celles de la femme, et, d'une façon générale, toute la musculature du dos, en conformité avec celle du torse, transparaîtra avec mesure, au point de ne point figurer un « sac de noix ».

Certains dos s'avèrent monstrueusement puissants (fig. 60), d'autres régulièrement forts et ainsi plus esthétiques (fig. 59).

Il n'y a guère dans le corps une partie aussi renouvelée, aussi vivante que celle-là; le dos est un indicateur musculaire, il dit la force de l'individu ou sa grâce, son âge aussi, laissant transparaître

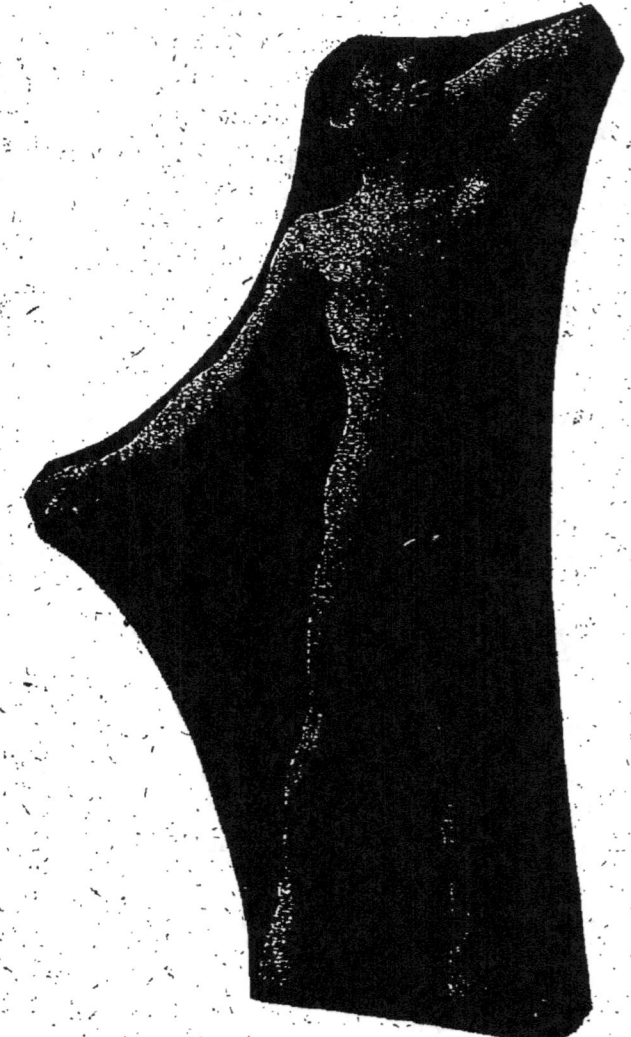

Fig. 72. — *Modèle normal* (pose d'atelier).
Beau torse, jambes courtes (déformation photographique).

son caractère comme ses rouages, à la façon du mécanisme d'une montre.

Aussi bien le tressaillement de la rotule, avec les muscles qui présentent le genou (non pointu et fin), s'apparente à la mobilité expressive du dos.

Avant de quitter l'homme, examinons enfin les recherches d'équilibre entre ses jambes et son torse-pivot, la disposition de ses pieds à peine écartés, la qualité de son port de jambe, de son hanchement, l'allure

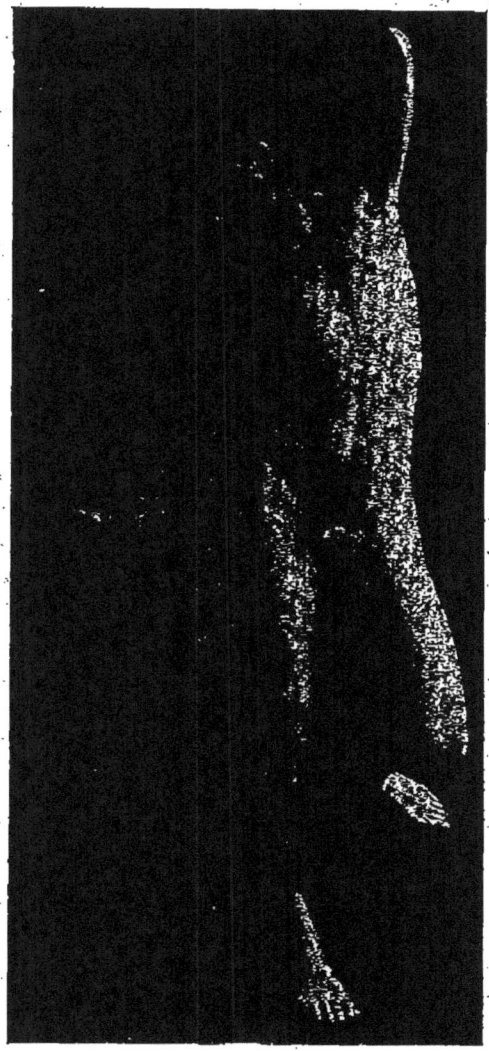

Fig. 74. — *Modèle normal* (pose d'atelier).

générale du mouvement dominé par la tête. Pareillement, le maintien harmonieux des bras vis-à-vis de l'action d'ensemble, leur allure plus ou moins avantageuse, détachée ou gauche, arrêteront notre observation. L'envergure, largeur des deux bras étendus, égale la hauteur du corps, suivant la théorie.

Marcher nu est aussi chose délicate. On perd volontiers contenance faute de pouvoir accrocher son geste, de le motiver dans les poches ou les entournures du costume d'Adam. La nudité, d'ailleurs, extériorise l'être au point de lui prohiber les accessoires de la vie, et il n'en faut pas davantage pour dérouter la main prête à se poser, les reins enclins à s'asseoir; le mouvement prosaïque tout entier disposé à se manifester humainement.

Laissons enfin l'hercule professionnel gonfler ses muscles (fig. 63) et « poitriner » (fig. 68) au nom du sport, tandis que la danseuse, acrobatiquement (fig. 100), esquissera un pas, tandis que l'acteur plastronnera, non moins artificiellement que le modèle instruit exclusivement de la pose académique.

Le goût, a dit Gœthe, ne se forme que par la contemplation de l'excellent, non du passable (ni de l'exceptionnel), et si, pour Lacordaire, la vérité s'arrête à l'intelligence, la beauté pénètre jusqu'au cœur. Mme de Sévigné, enfin, estime que la vérité est à la fois ce qu'il y a de plus sublime, de plus simple, de plus difficile, et cependant de plus naturel.

CHAPITRE VIII

La Nudité esthétique de la Femme.

Après la voix grave, « d'airain pour résister », la voix frêle, « de verre pour gémir ». Deux antipodes constructifs, deux âmes sœurs dans l'échange sexuel.

Lyriquement, Proudhon s'écrie que la Beauté c'est toute la Femme ! et Balzac cadre davantage avec notre sujet lorsqu'il constate que, physiquement, l'homme est plus longtemps homme que la femme n'est femme. La sensibilité, l'émotivité, succédant à la force, la grâce et le charme au caractère, chanteront d'autres formes, d'autant qu'à chaque sexe la nature attribue et son rôle et son but propres.

La fragilité féminine doit surtout être retenue ; elle constitue tout un programme de perfection, la jeunesse étant fonction de cette perfection, avec la santé.

Si la représentation du corps de la femme peut servir de critérium pour apprécier la délicatesse de sentiments et d'esthétique d'un peuple, il faut convenir que la déesse Istar, la Vénus assyrienne, ne répond qu'à sa destination sexuelle, non à la grâce

188 LA BEAUTÉ DU CORPS HUMAIN

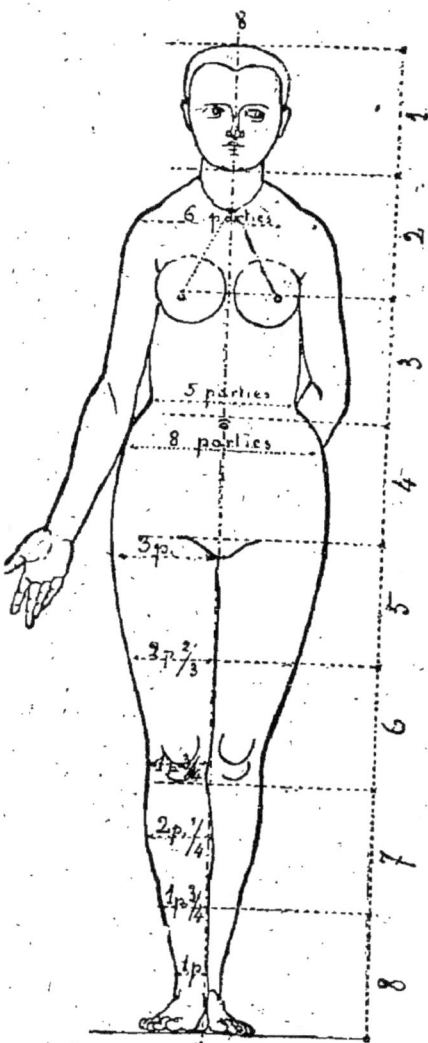

Fig. 75. — *Système proportionnel de Jean Cousin.*

et à la beauté déterminées hautainement par les Grecs.

Quand Schopenhauer parle du sexe « à la taille courte, aux épaules étroites, aux hanches larges et aux jambes petites » et que l'on a coutume d'appeler le « beau sexe », il apparaît moins un connaisseur qu'un misogyne. Entre la définition digne de M. de La Palisse, due à Lairesse, et celle de A. Walker, il y a place, fort heureusement, pour une admiration moins banale et superficielle. Le premier constate naïvement que « la beauté du nu féminin consiste dans la bonne conformation des membres, dans la grâce, la souplesse, la légèreté des mouvements, dans l'éclat et la fraîcheur du teint »; le second envisage trois formes : locomotive, nutritive, « mentale beauty », et donne comme exemple de sa sélection esthétique singulière, pour la première, Diane ; pour la seconde, Vénus ; pour la troisième, Minerve.

D'après Burke, le beau s'abaisserait à n'être que la qualité ou les qualités des corps par lesquels ils produisent l'amour ou une passion semblable, mais Marmontel réclame pour la

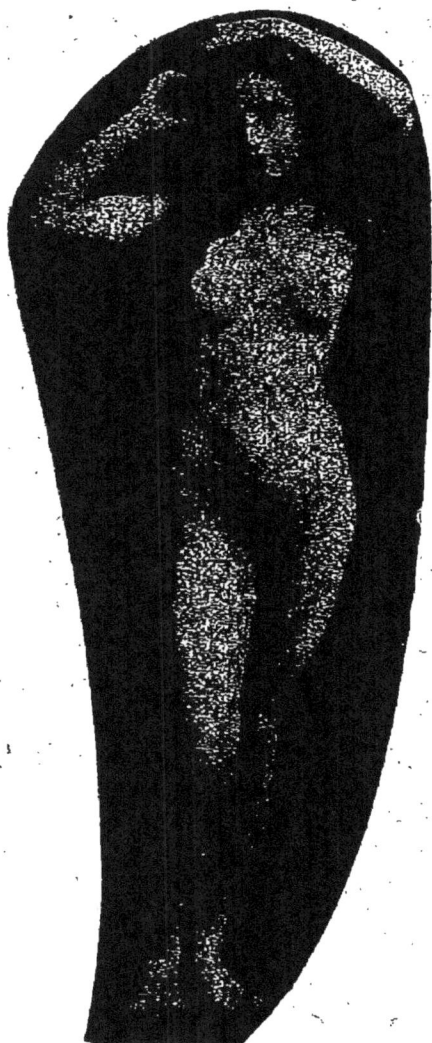

Fig. 76. — *Jeune fille* (ensemble fin et exactement proportionné).

beauté le privilège de la richesse et de la vigueur accouplées à l'intelligence, formule vague dont le mérite, pourtant, est d'associer la matière à l'esprit conformément au geste de la nature, plus ou moins noble, délicat ou expressif.

Voici, initialement, les lois purement élémentaires et théoriques qui fixent les proportions du corps de la femme.

La moitié du corps, de la tête aux pieds, généralement, se trouvera au milieu du pénil, et l'on doit compter en moyenne sept fois et demie, voire huit fois, la tête de la femme dans toute la hauteur de son corps.

Albert Dürer ne craint pas, même, d'indiquer, en dehors de la décoration, des proportions surnaturelles. Il préconise pour les figures jusqu'à neuf et dix têtes, dans un ouvrage d'ailleurs fort nébuleux. Entre parenthèses, l'indécision théorique chez les maîtres de l'art continue à accuser leur trouble et à renforcer l'objection.

Ces canons du néophyte (fig. 75) ne dispensent pas l'expression décorative, surtout, des dimensions fantaisistes du volume de la tête et autres; la perspective, encore, enfreint toutes lois favorables à l'aspect. En art, tout ce qui fait bien a raison, et les Grecs, dans leurs temples, considéraient les statues comme des monuments d'architecture soumis aux règles de l'optique.

C'est ainsi que le spectateur placé au pied d'une immense figure ne devait point être choqué par une disproportion des parties supérieures du corps,

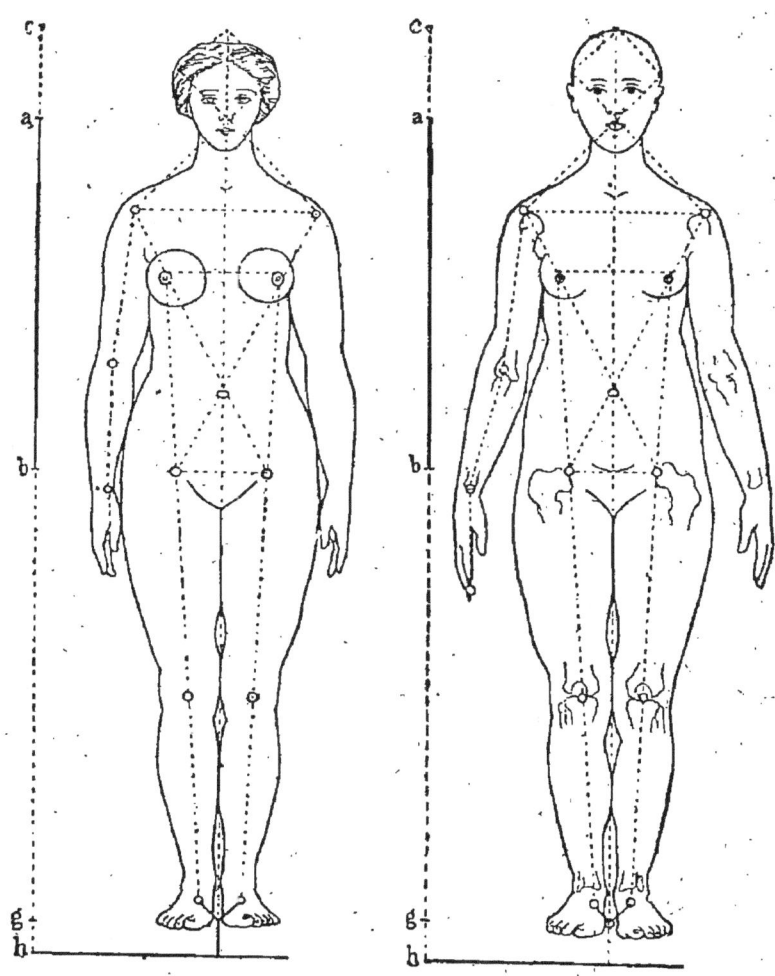

Fig. 77.
Système proportionnel de Hay.

Fig. 78.
Système proportionnel de Thomson

jusqu'à la tête. D'où un truquage des volumes susceptible de rétablir l'effet de leur éloignement. On pourrait multiplier les exemples de ce genre. Aussi bien, le dessin de style aime à s'affranchir du barème proportionnel, et la décoration surtout, répétons-le, à qui tout est permis dans l'ordre imaginatif.

L'homme étant une créature centrale entre les animaux, c'est-à-dire la plus parfaite, qui réunit les traits de tous dans l'abrégé le plus complet, nous réserverons à la femme une élégance supérieure, une finesse qui, déjà, s'indique par la tête, plus petite que celle de l'homme, et par une douceur spécialement réservée à son geste comme à son épiderme.

Pour maintenir l'harmonie des formes féminines dans leur volume essentiel, en dehors de l'emprise de la graisse non moins fatale que la maigreur et, au surplus, à l'abri du muscle saillant qui déprécie la ligne en risquant de développer d'autre part certaines parties du corps à l'égal de celles de l'homme, pour conserver cette harmonie donc, il s'agit d'observer un juste milieu dans la pratique des sports.

Les muscles fatigués consomment sans mesure, et quels fruits faut-il attendre d'efforts mal adaptés aux moyens d'un sexe délicat?

Si, déjà, le sport chez l'homme, — considéré au seul point de vue esthétique, — peut parfois désordonner la ligne en tombant dans l'aberration déformante, combien plus redoutable apparaît la gymnastique excessive et même modérée, seulement habituelle, chez la femme !

Tout ce qui peut nuire à la rondeur de ses membres

LA NUDITÉ ESTHÉTIQUE DE LA FEMME

contrarie, sans aucun doute, sa grâce essentielle. Le poing de la femme n'est point fait pour frapper fort et, même, considéré au seul point de vue de l'esprit de décision, de volonté, d'audace qu'il confère avec l'aplomb, à Vénus, n'apparaît-il point que ces vertus, plutôt anglo-saxonnes et américaines, desservent singulièrement son physique? La carrure des femmes sportives, leur démarche masculine, leurs membres comme leurs mouvements disgracieux de désinvolture, d'assurance, voire d'intrépidité, ne dérivent-ils pas de cet entraînement physique qu'elles disputent au sexe fort?

Essentiellement préoccupé de la forme et de sa santé, nous nous rallions certainement à l'évident « *mens sana...* », mais

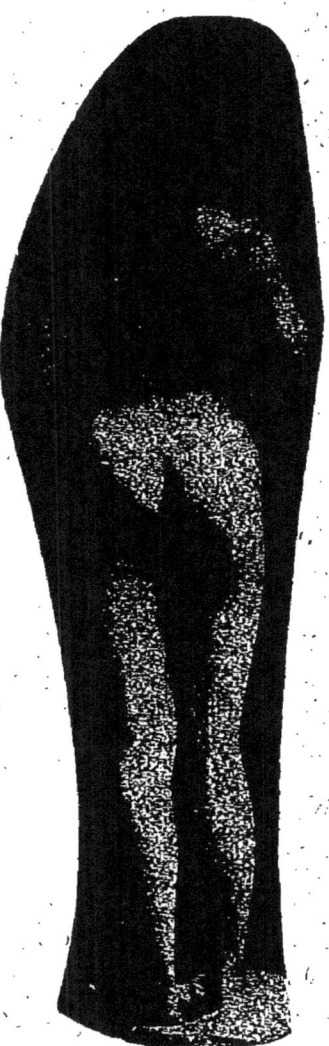
Fig. 79.
Dos joliment proportionné.

encore la santé ne nous concerne-t-elle qu'en dehors de sa luxuriance et de ses belles couleurs qui passent souvent les bornes de l'esthétique, de même que cette robustesse que l'on se plaît à considérer chez les filles de la campagne. Non moins, l'athlète femme déconcerte, et nous ne l'admirons que comme un phénomène, et pareillement préférons le geste de timidité et de naïveté, de modestie et de faiblesse, sans exagération, qui sont le propre de la vraie jeune fille, à celui de sa rivale sportive et délurée, moins femme au demeurant.

Observons maintenant, comparativement à l'homme, les indices constructifs propres à la femme. Épaules légèrement tombantes (au contraire de l'homme et moins larges que les siennes), thorax plus étroit, taille plus fine et plus cintrée, moins basse, étant donné l'épanouissement des hanches (à sa base), significatif du sexe qui nous occupe.

Les épaules représentant la plus grande largeur.

Équilibre proportionnel du torse avec les extrémités inférieures : en parties égales. Les membres développés à l'unisson, à peine musclés, du moins ronds et légèrement nerveux sous la chair.

Ossature délicate, formes pleines, peau fine et lisse, cheveux longs et abondants.

Cette exposition générale suffit, en somme, à établir la contemplation différenciée qui nous occupe, artistiquement, et, pour ce qui concerne les mesures déterminées par la science, nous n'en pouvons guère constater que les divergences ainsi que

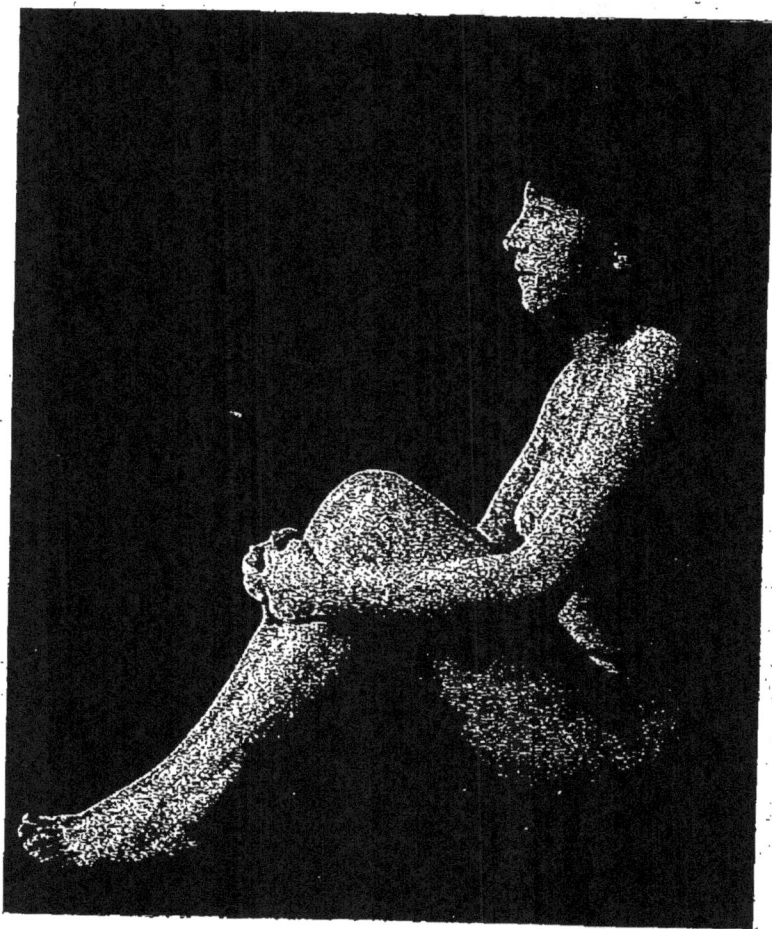

Fig. 80. — *Proportions harmonieuses.*

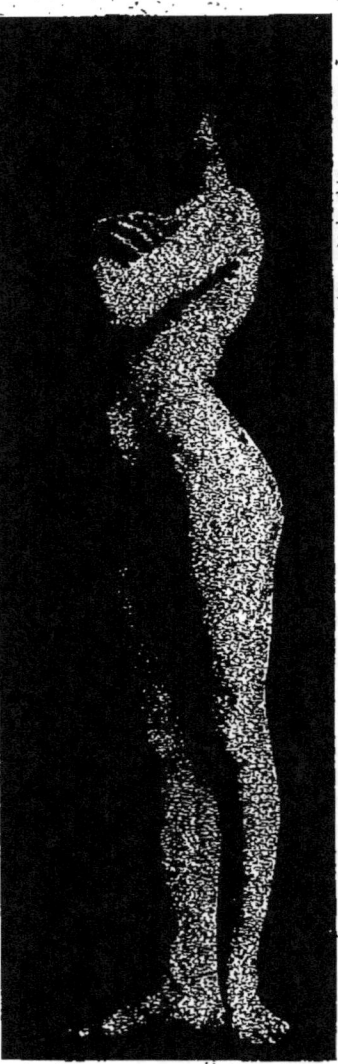

FIG. 81. — *Danseuse* (position professionnelle des jambes).

nous avons salué les canons de la forme sans épouser leurs dogmes contradictoires.

Malgré tout le respect que nous professons à l'égard des études remarquables de Paul Richer, de Hay (fig. 77), Thomson (fig. 78), Merkel, Fritsch, Stratz, etc., et en dépit de l'intérêt de leurs savants rencontres, discussions ou désaccords, le principe même d'une théorie de beauté mathématique échappe à notre entendement. Nous avons cité les dessins anatomiques défectueux ou superbement imaginaires d'un Léonard de Vinci, l'*Écorché* fantaisiste d'un Michel-Ange, et, à côté de ces jeux géniaux, brodés d'ailleurs, sur une connaissance réelle de l'anatomie, nous avouerons que jamais il ne nous a été donné de constater, dans les planches d'un ouvrage d'anatomie artistique ou dans les dessins anatomiques de nos écoles d'art, un rapport entre l'exactitude scientifique et la ligne esthétique qu'elle prétend servir. Généralement, la science anatomique aboutit à de mauvais dessins ! En revanche, le médecin, qui peut donner des noms à la forme, en diagnostiquer les défaillances, en pronostiquer l'hérédité, prend aussitôt le pas sur l'artiste, incompétent devant la maladie, ignorant des imperfections qu'elle occasionne et dont l'objectif abstrait, au reste, s'écarte avec moins d'indifférence que de dégoût.

Le médecin palpe et l'artiste regarde; leur génie s'inquiète différemment de la nature, l'un positivement, l'autre idéalement.

Marcel Prévost a ingénieusement observé, en mathématicien qui se souvient, que « dans géométrique il y a métrique », que « la poésie est science de nombres »; mais encore le rythme machinal n'a-t-il rien de commun avec l'Idée, et cela serait vraiment exagérer que de croire, avec la littérature, que « l'harmonie des sphères s'accorde avec la lyre d'Apollon ».

Après nous être incliné encore une fois devant l'empressement et la curiosité d'une science si précieuse à la conservation de la vie, sinon à l'exercice de l'art, nous reviendrons à la seule expérience de l'œil pour poursuivre les généralités précédentes.

Mais auparavant, laissons errer la pensée à travers les dictons.

198 LA BEAUTÉ DU CORPS HUMAIN

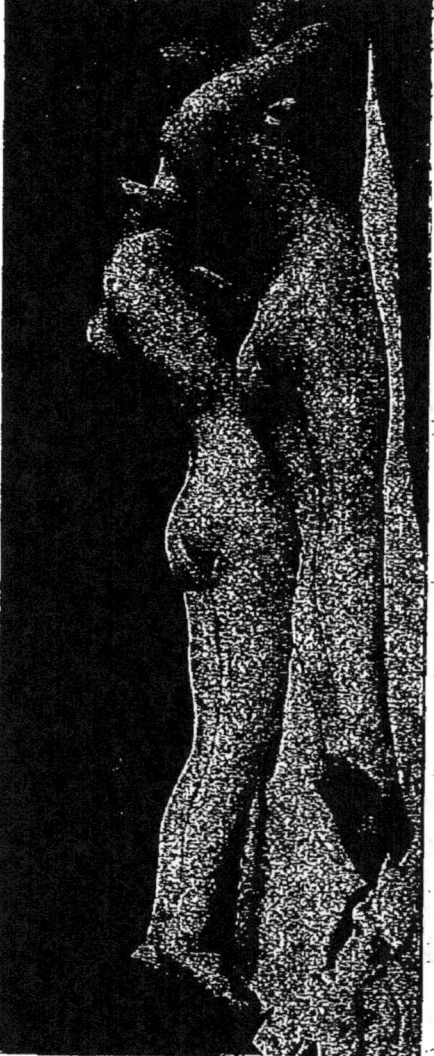

Fig. 82. — *Lignes de dos impeccables.*

On sait quelle importance les Anciens attribuaient au chiffre 3 et à ses multiples ; le chiffre 13 garde également, de nos jours, une signification particulière.

Or, le nombre 4 aurait aussi, dans l'esthétique féminine, son importance !

Effectivement, une sentence arabe veut, pour qu'une femme soit belle, qu'elle ait *quatre choses noires* : les cheveux, les sourcils, les cils et les prunelles ; *quatre blanches* : la peau, le blanc des yeux, les dents et les mains ; *quatre rouges* : la langue, les lèvres, les gencives et les joues ;

quatre longues : le dos, les bras, les doigts, les jambes ; *quatre rondes :* la tête, le cou, le coude et le poignet ; *cinq larges :* le front, la poitrine, les yeux, l'entre-sourcil et les hanches ; *quatre minces :* le nez, les lèvres, les sourcils et les doigts.

Ces différents caractères d'idéal se complètent de l'ordonnance espagnole suivante, qui réclame à la beauté : *trois choses courtes :* la bouche, la ceinture et la taille, l'entrée du pied ; *trois grosses :* le bras, la cuisse et le gras de la jambe ; *trois déliées :* les doigts, les cheveux et les lèvres ; *trois petites :* le bout du sein, le nez et la tête...

A quoi bon discuter ces opinions, d'ailleurs en partie rationnelles chez nous, et puisque les différentes races objectivent diversement la perfection du corps !

« Quand je dis, écrit Roussel, que l'excès d'embonpoint est contraire à la beauté, j'entends aux idées conventionnelles de beauté reçues parmi nous. Car il est des peuples, tels que les Égyptiens, chez lesquels l'embonpoint est un mérite, puisque leurs femmes font tout ce qu'elles peuvent pour se le procurer... »

Au goût des Chinois, somme toute, qu'est-ce qu'un joli pied de femme ? Une mutilation ! Les femmes annamites laquent en noir ces mêmes dents dont nous rêvons la blancheur éclatante ; ce qui ne signifie point, — le bon sens et les chefs-d'œuvre des peuples civilisés l'ont prouvé, — que ces irrégularités, que ces coutumes viennent ébranler le caractère précis de la beauté.

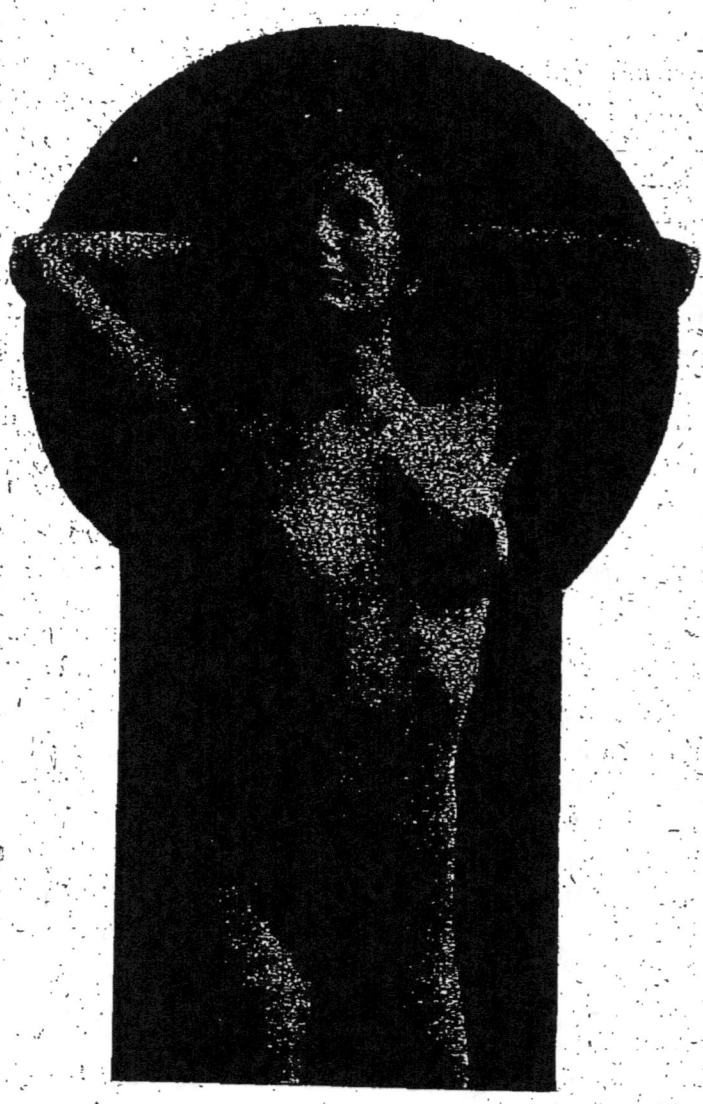

Fig. 83. — *Bras grêles, seins légèrement lourds.*

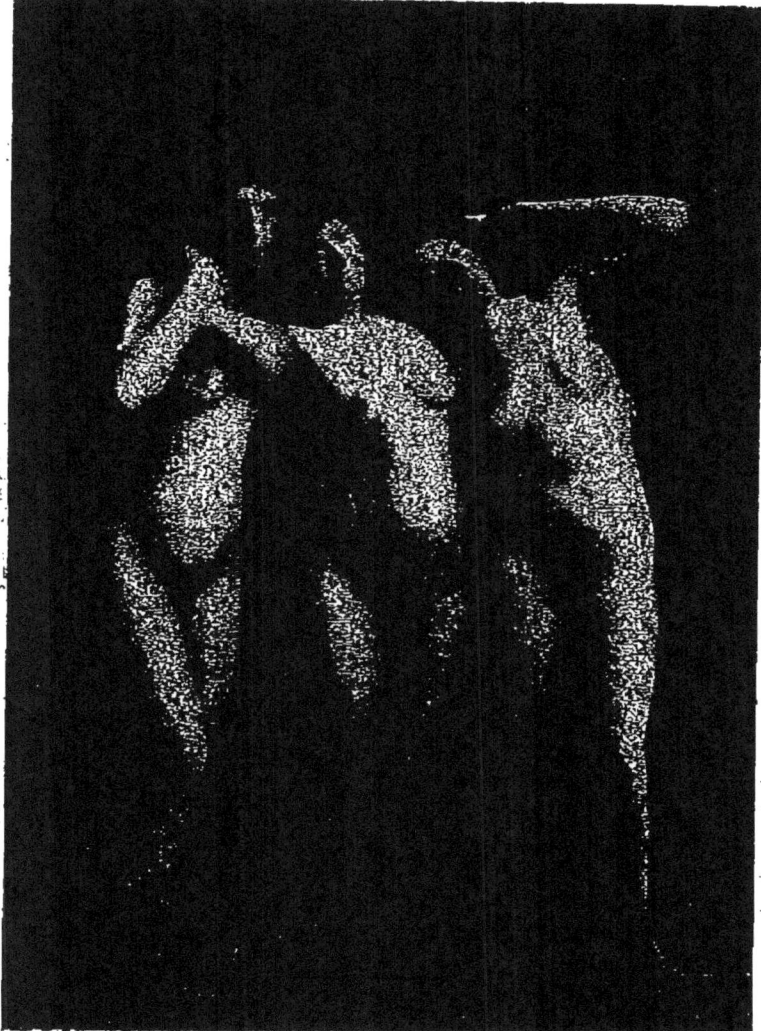

FIG. 84. — *Voir observations-critiques au chapitre* XIII.

En revenant donc à la beauté de chez nous, la détermination de l'ampleur féminine correspond, en principe, à sa taille.

La haute stature doit s'avantager de volumes proportionnés; si, à la rigueur, elle peut se permettre des chairs généreuses qui se répartiront, équilibrées, sur sa charpente imposante, la maigreur lui sera interdite autant que l'engraissement. Le mouvement ne vit que de rondeur; sa grâce est à ce prix dans la dignité, et, chez la femme maigre, le geste s'avère saccadé, bref et sans aménité.

La haute stature, massive et superbe, écrase le regard mais ne l'attendrit pas. Quelque gaucherie, parfois, la dépare; la souplesse, le charme étant généralement le fait de la taille moyenne, sinon de la petite, dont la tare plutôt serait l'affectation. La haute stature de la femme est relative vis-à-vis de l'homme qui, dans le couple idéal, domine de sa taille, comme de son ampleur, sa compagne.

De telle sorte que la taille moyenne s'indique logiquement féminine, comparativement à l'échelle plastique masculine. Cette échelle, d'ailleurs, varie suivant les races, et l'on constate notamment que les Slaves et les Scandinaves tiennent le record de la taille élevée, l'emportant sur les espèces orientales et méridionales, de taille plutôt exiguë.

En abandonnant les influences pathologiques et les tares héréditaires à leurs méfaits, comment jugeons-nous la forme, depuis que la torture du corset a été abolie?

La mode actuelle, à l'exception du fourreau de

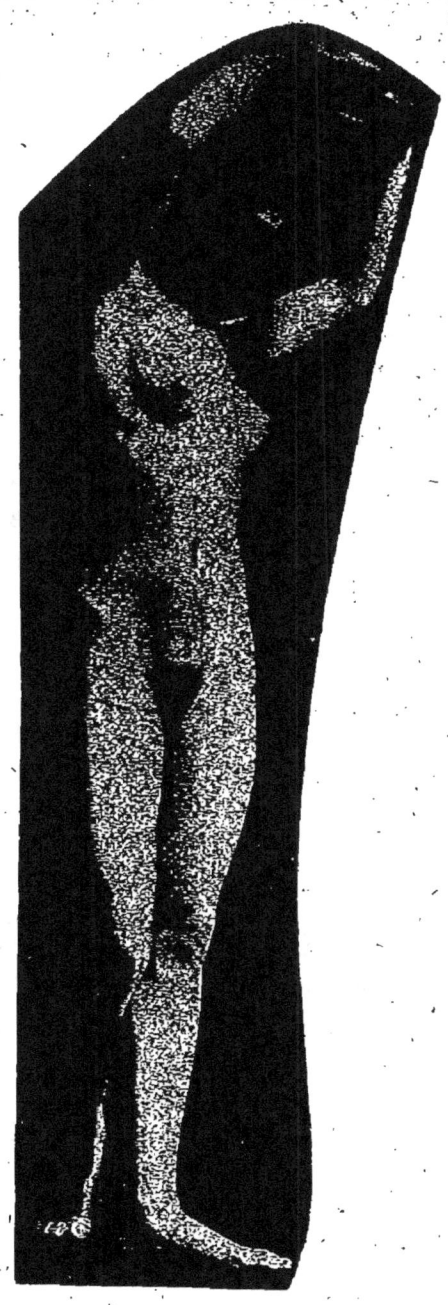

Fig. 85. — *Proportions normales et exemplaires.*

caoutchouc amaigrissant et mortifiant, a rendu au corps sa liberté, et déjà nulle altération ne marque notre génération de jeunes filles. L'éclipse du jupon, des jarretières, au surplus, lui épargnent l'étranglement à la taille et au-dessus du genou. En revanche, nous signalerons, à propos des seins, les inconvénients de n'être plus soutenus. Nous voulons dire, à côté de l'agrément naturel d'un corps indépendant sous le vêtement, l'inélégance d'un torse affaissé, faute de tuteur. La bonne tenue du corps dépend non de sa rigidité mais de sa droite souplesse. Le torse est la partie la plus fragile de la femme; il constitue sa ligne et, faute de garder la verticalité (assurée autrefois par le corset, mais avec inflexibilité), toute sa splendeur s'écroule.

Le manque de tenue, quelque avachissement du corps, même, a été conseillé de nos jours par la mode; nous l'ignorerons ici, malgré que nous ne puissions nous empêcher de souligner l'harmonie de nos « garçonnes. » (fig. 94) avec leur geste abandonné, en attendant que nous critiquions leur démarche.

A propos de la maigreur qu'elles évoquent, de la nudité de leur corsage et de leur tête, l'un vide, l'autre rasée, nous rappellerons qu'un squelette révélé ne saurait être délectable, mais il n'en est pas de même de la minceur.

Un corps mince semble réunir les qualités requises de l'élégance et de la répartition la plus harmonieuse des volumes, entre les deux écueils de la maigreur pénible et de l'embonpoint affligeant; les surprises, chez la fausse maigre, échappant au domaine du regard.

La compensation des belles chairs excuse l'engraissement comme la maternité certaines défaites physiques. Il est bien évident que la jeunesse réalise facilement l'expression de la beauté la plus parfaite, malgré que la plénitude de la femme balance avantageusement, souvent, la virginité.

Une cause de dépréciation singulière résulte des conditions climatériques. C'est ainsi que les pays méridionaux apportant à la femme une nubilité précoce lui confèrent, en retour, une vieillesse prématurée. Une Italienne, par exemple, commence à s'empâter dès sa dix-huitième année, — elle est souvent mère au printemps de sa vie, et, sous des cieux plus ardents, que d'épouses-enfants encore plus précoces! — et, il n'est pas rare qu'elle soit fanée dès ses premières couches.

Pour demeurer belle, il importe que la chair de la femme souffre le moins possible. Merveilleusement tendue sur la charpente osseuse, la peau, avec ses capitons et ses plis naturels, se suffit à la tapisserie du corps; il ne faudrait point même contredire à sa tension par l'amaigrissement, car les chairs, sous la peau détendue, s'écrouleraient alors, provoquant les rides, poches et autres altérations que nous avons dites.

« ... L'exercice est nécessaire; mais la constitution des femmes ne comporte qu'un exercice modéré. Leurs faibles bras ne sauraient supporter des travaux trop rudes et trop longtemps continués, et les

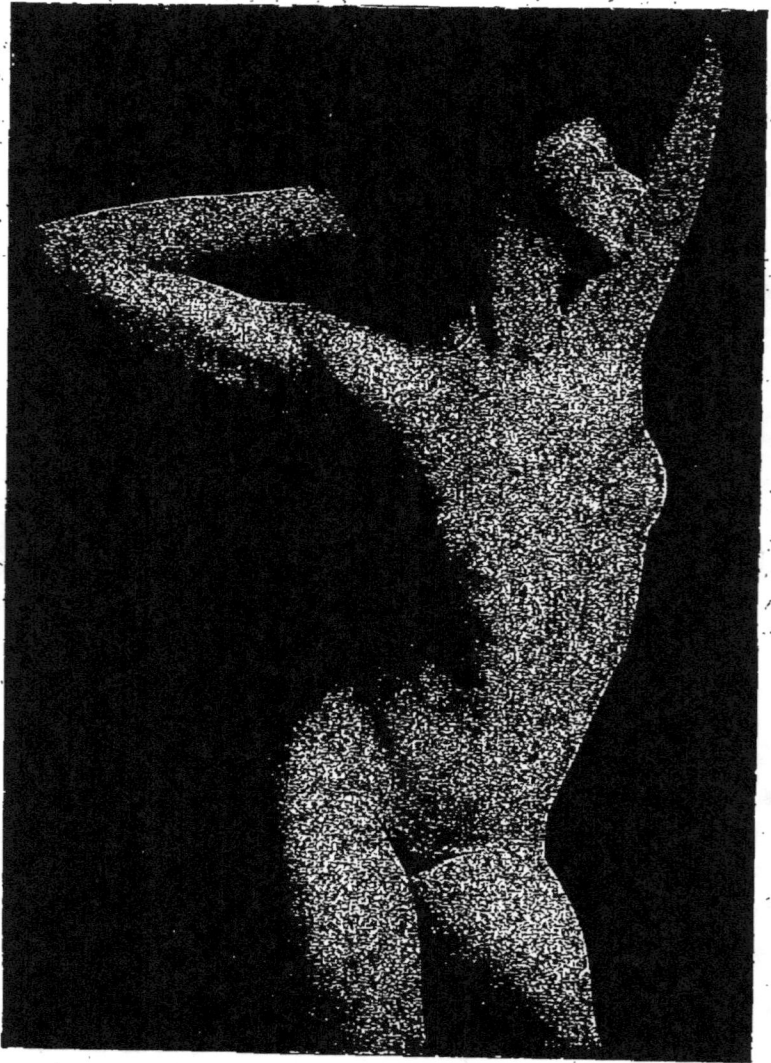

Fig. 86. — *Torse exagérément déhanché.*

LA NUDITÉ ESTHÉTIQUE DE LA FEMME 207

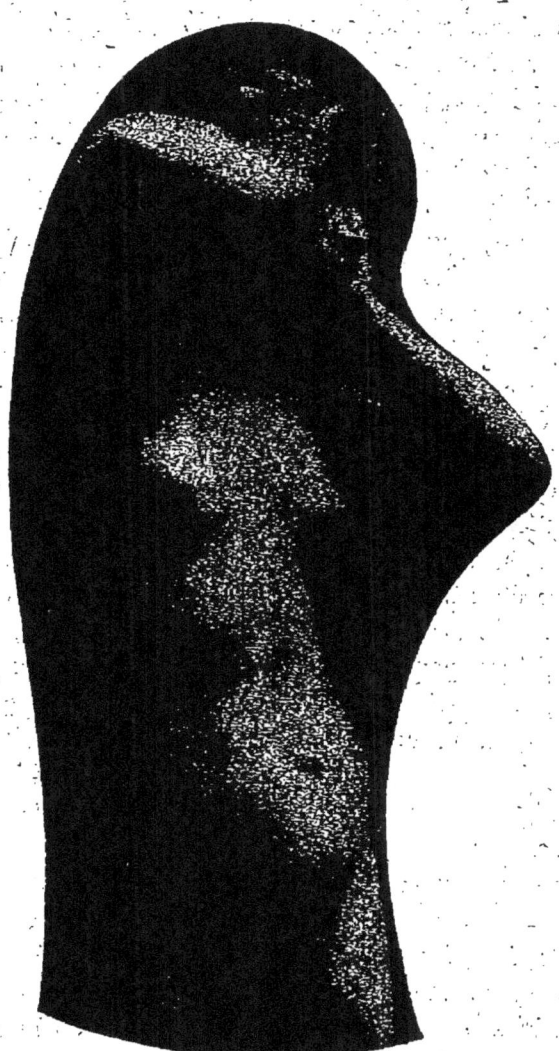

FIG. 87. — *Torse normal de fillette.*

grâces s'accommodent peu de la sueur et du hâle. Un travail excessif maigrit et déforme les organes, en détruisant, par des compressions réitérées, cette substance cellulaire qui contribue à la beauté de leurs contours et de leur coloris... »

Quant à déterminer l'heure critique de la beauté féminine, nous ne nous y risquerons, plus loin, qu'avec la plus rigoureuse précaution, tant d'exceptions, d'une maturité merveilleuse, débordant l'âge assigné au désarmement de plaire.

En revanche, tant de femmes jeunes mentent à leur fraîcheur ! Néanmoins, la femme (davantage que l'homme, dont le corps, moins fragile, subit avec plus d'indulgence et moins d'intérêt l'inquisition et la réquisition de la beauté physique) a l'âge de son corps, vis-à-vis de l'art, du moins.

Pour ce qui est du corps habillé, il relève du chic du couturier, tellement avantageux, souvent, et d'ailleurs si trompeur ! Tant de modestes oripeaux parfois révèlent, aussitôt enlevés, une beauté insoupçonnée ! Cependant, la construction physique renseigne sur les volumes et, en dépit des subterfuges du vêtement, qui prétendent allonger des jambes ou raccourcir un torse, un œil averti ne s'y trompe pas.

Nous voici parvenus à la prolongation de la durée de séduction chez la femme d'aujourd'hui.

Autrefois, à partir de la quarantaine, Vénus abdiquait en se vêtant comme une dame d'âge respectable. Des bandeaux et autres sévérités de la coiffure s'imposaient à sa physionomie, tandis que du violet, du gris ou du noir devaient essentiellement accompagner une prétendue maturité. Aujourd'hui, la coquetterie a reculé les bornes de la convention, et l'on n'a plus logiquement que l'âge que l'on paraît, à condition néanmoins, d'avoir le tact de ne point perdre de vue l'âge que l'on a.

Au reste, l'apparence ne doit jamais atteindre la réalité, et, la sensibilité, avec l'imagination, entretiennent la jeunesse immortelle de l'âme...

Mais ces considérations générales autour de notre objet nous préparent, seulement à en aborder le détail.

CHAPITRE IX

La Nudité esthétique de la Femme *(Suite)*.

La tête de la femme, insistons sur ce point déterminatif de sa dimension esthétique, est petite, allongée et bien équilibrée derrière, par le volume des cheveux, ainsi que nous l'avons dit à propos de l'homme. Le visage sera ovale, ni trop allongé, ni trop large, sans saillie musculaire ni osseuse. Front haut et large, légèrement cintré au milieu; tempes non bombées mais plutôt plates et non dégarnies de cheveux qui, accompagnant le contour de l'oreille, encadreront la partie supérieure du visage sans trop s'éloigner des sourcils, ni sans les avoisiner excessivement. L'ensemble des traits réguliers tenant exactement sa place respective dans le concert de la face. Nous avons vu, chez l'homme, cet accord déterminer la dimension et assigner l'endroit où les yeux, le nez, la bouche, l'oreille, etc., sont susceptibles de composer le mieux un beau visage qu'une fossette au menton et parfois aux joues, dans l'action du sourire et du rire, ornera à la base.

On dit justement de certains visages qu'ils ne

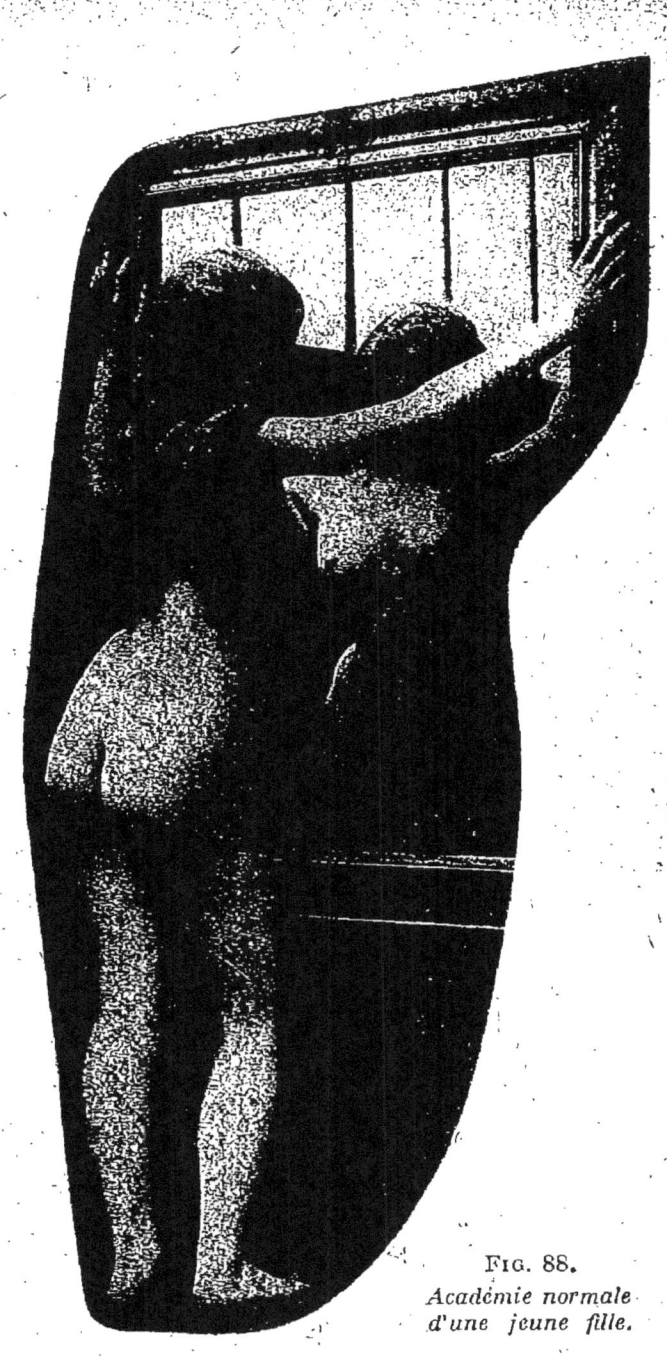

Fig. 88.
Académie normale d'une jeune fille.

« font point honneur » au reste du corps, parce qu'ils sont émaciés ou maigres, comparativement à lui ; or, pour être séduisant, un visage plein, aux chairs fraîches et fermes, lorsqu'il a l'avantage de témoigner d'un corps non moins épanoui, sert davantage l'aspect florissant général. L'aisance de l'expression des traits dépendant de la souplesse de la peau dont le velouté s'altérerait, dont le coloris (aux joues) perdrait de l'éclat, au contraire, sous l'action des tissus étirés, susceptibles, en perdant ainsi de leur épaisseur naturelle, de découvrir les muscles et les os, une construction enfin, plus proche de la mort que de la vie. Il faut remarquer, au surplus, que la peau du visage n'est point de couleur uniforme et que la maigreur, comme l'engraissement, se disputent la peau, soit pour la friper ou la dessécher, soit pour la distendre. Dans ce dernier cas, adipeux et lourds, les tissus succombent aussi fâcheusement à la graisse que la maigreur aux bosses et cavités osseuses, avec la différence, en faveur de l'embonpoint, même excessif, des fraîches couleurs vivantes.

D'autre part, les belles chairs risquent d'amender le visage maigre, tandis que la maigreur survenant après l'embonpoint n'accumule que ruines. Nous avons déjà eu l'occasion de signaler cette anomalie; nous serons obligé d'y revenir, de même qu'il sied de répéter que la beauté vit de mesures longues plutôt que courtes, de chair plutôt que d'os ; les rondeurs étant réservées à la femme, dont les avantages physiques sont diamétralement opposés à ceux

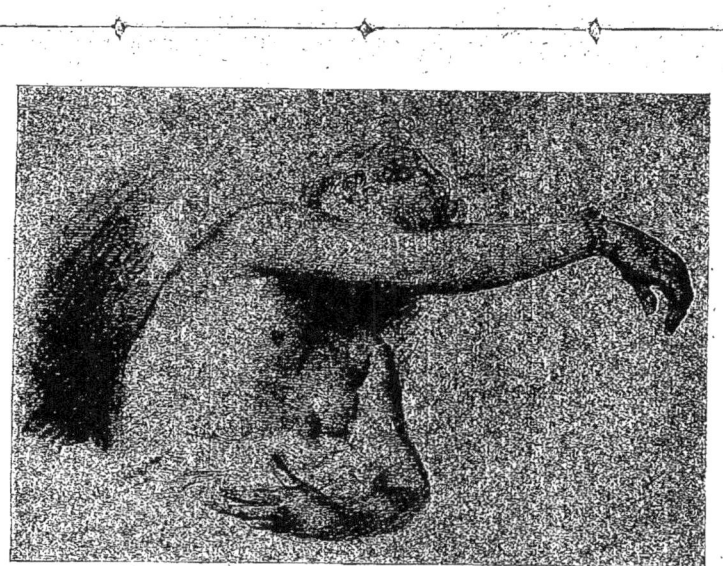

FIG. 89. — *Torse de femme*, par J.-A. Watteau (XVIIIᵉ s.).

de l'homme ; ce dernier devant peser régulièrement davantage que sa compagne.

Entre le front et la racine du nez, point de passage violent ; nez long et mince à sa base, aux narines plutôt ouvertes, au profil sans brusquerie, contrairement à celui de l'homme, qui doit présenter du caractère. Large, le nez féminin n'est pas moins détestable qu'en « lame de couteau », et, court, nous savons qu'il manque à tous les devoirs de l'esthétique. Busqué (comme celui de la race rouge), aquilin, tombant, bourbonien, il vaudra toujours mieux enfin (à condition d'esquisser seulement ces formes), que camard, épaté ou retroussé. Ne concluons pas trop vite à la révélation d'un profil. Beaucoup de types sont non seulement de même famille, mais se rencontrent dans plusieurs races !

Ainsi, de notre temps, à l'École des Beaux-Arts, un modèle nommé Gélon posait invariablement les Gaulois, aux logistes du concours de Rome, tandis qu'un certain Nézérino, autre modèle, figurait *ne varietur* les Romains. Or, malgré le type « caractéristique » de leur emploi, le premier de ces modèles était Italien et le second Suisse. Que de Transtévérines, encore, représentèrent des déesses de l'Attique parce qu'elles en possédaient étrangement la grâce et le caractère ! Au reste, que de pauvres hères furent le Christ !

Les sourcils tendront leur arc, ni trop haut ni trop bas, sur l'arcade qu'ils ornent ; ils n'empiéteront pas sur la racine du nez (ni ne se rejoindront) où ils s'épanouiront, en éventail ; et ils iront en s'amincissant vers les tempes. Les sourcils trop épais, parfois broussailleux, s'excusent seulement chez la beauté mâle, pour l'attrait pittoresque. Ils accompagnent l'œil dans son expression, et par conséquent sont solidaires de sa volonté et de sa mobilité.

Yeux bien fendus (ne saillissant point hors la cavité où ils s'ombrent), aux orbites larges, dont la pupille sera largement bordée par l'iris, richement coloré sur une cornée très claire.

N. B. — Les races noires et créoles, notamment, ont une cornée striée de jaune, parfois sanguinolente, qui s'harmonise parfaitement avec la couleur de leur peau.

On notera que les Anciens ont volontiers incrusté les yeux de leurs statues avec du métal, de la pâte de verre, de la faïence et des pierres dures, les Égyptiens notamment. On a découvert, d'autre part, à Herculanum, des figurines de bronze ornées d'yeux en argent, mais la recherche du mode d'expression le plus vivant du regard, à travers les réalisations statuaires, nous intéresse plutôt ici que cette manière d'enjolivement. Les Grecs et les Romains, plus généralement, s'en tinrent à la simple représentation du lobe oculaire, gravant parfois aussi légèrement sur ces lobes, — plutôt atones, — une pupille et un iris. Nombre d'yeux, entièrement crevés, s'aperçoivent d'autre part, sur leurs statues, et le sculpteur moderne s'est le plus souvent rallié à cette dernière manière ainsi qu'à celle qui consiste à crever la pupille dans laquelle l'iris reste en relief, la cornée demeurant pleine, comme dans la nature. Il semble

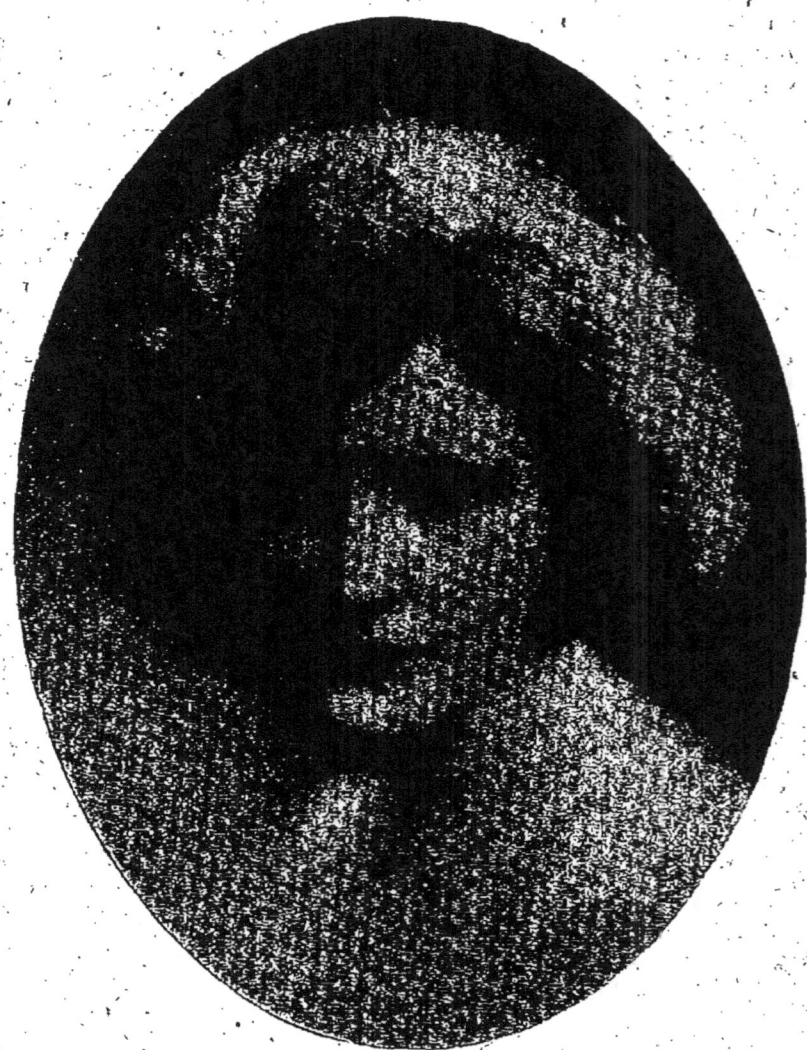

Studio G.-L. Manuel Frères.

FIG. 90. — *Étude.*

Studio G.-L. Manuel Frères.

FIG. 91. — *Étude*

que l'expression du regard présente, de la sorte, plus de vie et de couleur comparativement à la vérité, mais encore l'artiste varie-t-il ces moyens suivant la qualité, l'esprit du regard.

A Dédale reviendrait l'idée première des yeux ouverts, dans la sculpture.

Pour revenir aux yeux du modèle vivant, nous avons signalé la loi régissant leur accord avec les cheveux, mais aussi l'exception savoureuse des yeux bleus avec des cheveux noirs ainsi que des yeux noirs avec des cheveux blonds; les sourcils demeurant plus flatteurs s'ils sont foncés; puisqu'ils risqueraient de manquer leur accent nécessaire en étant peu marqués, trop blonds, par exemple.

Une paupière légère, bien dessinée et ourlée, semée de longs cils recourbés en dehors, ajoutera à l'ombre propice du regard noyé mystérieusement, d'autant que la peau de la paupière, ainsi que celle qui reçoit les cils inférieurs, est délicatement ambrée. Aucune trace autre sous les yeux qu'une légère teinte bistrée; point de peau bleuie ni veinée; aucun gonflement.

Lorsque l'émail de l'iris apparaît comme lumineux sous le voile estompé de la paupière et des cils, un charme délicat se dégage. Émail d'azur tout ensoleillé, semé de paillettes d'or ou de points orangés, etc. Surtout que l'axe des yeux soit symétrique, et d'ailleurs il faut insister sur la parité de chacun des organes du corps humain qui, presque toujours, s'indiquent par deux. On compte deux oreilles, deux yeux, deux narines, deux bras, deux seins ou deux pectoraux, deux jambes, et la beauté réside en le balancement harmonieux de ces parties doublés avec la ligne médiane du corps.

Au cours d'une étude où il examine les deux habitudes de classification : classique et romantique, M. S. Fumet reconnaît que l'ordre du beau n'a jamais été esclave de la symétrie, et il estime comme nous que « le corps humain est plutôt équilibré que symétrique. De même que tout ce qu'enfante la nature ».

En arrivant à l'examen de la bouche, nous nous rappellerons l'importance de sa dimension avec la taille de l'individu. Ni trop grande, ni trop petite; moyenne. La voici particulièrement jolie, en « chapeau de gendarme » ou « en cœur »; plutôt charnue, bien rouge et brillante.

La lèvre supérieure, nettement convexe, dominant un peu la lèvre inférieure; le maxillaire inférieur se devinant étroit et bas, les dents verticales et plantées régulièrement. Larges incisives antérieures.

Mais toute la beauté de la bouche réside en le sourire qui apporte la preuve de sa conformation la plus parfaite. Dans l'action du sourire, les commissures doivent toujours se relever et les lèvres s'écarter sur les dents qu'elles découvrent. Les yeux prendront toujours part au sourire, voire les sourcils, les narines étant invitées à palpiter, une fossette au bas des joues concourant à la lumière joyeuse épandue sur le visage tout entier.

Pendant que la Mona Lisa posait, on raconte que des virtuoses exécutaient des concertos dans l'atelier de Léonard de Vinci; désirant retenir sur ces belles

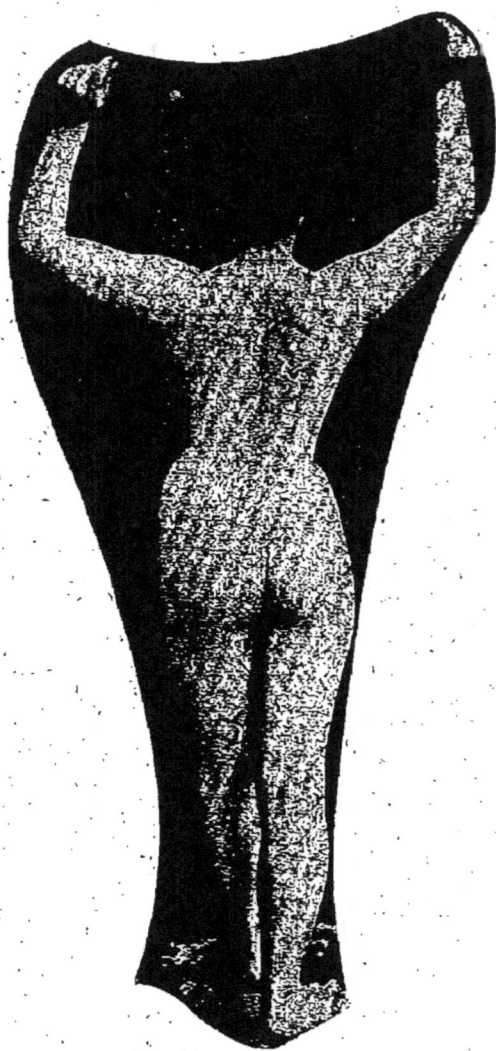

Fig. 92. — Bel ensemble, malgré quelque lourdeur.

LA NUDITÉ ESTHÉTIQUE DE LA FEMME 221

lèvres, par la musique et les gais propos, le sourire prêt à s'envoler.

Certes, il est des nuances dans le sourire, plus ou

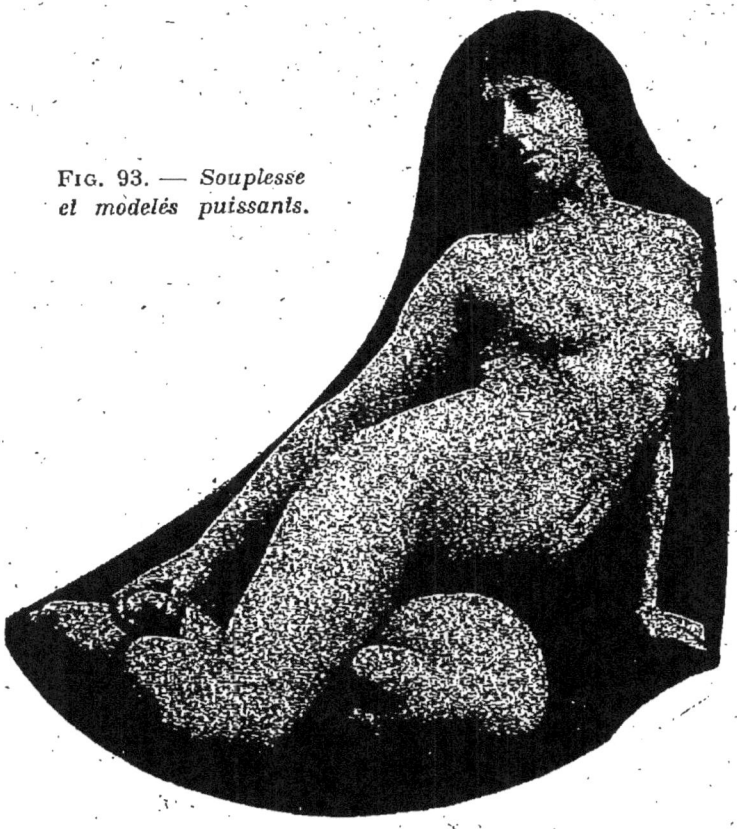

Fig. 93. — *Souplesse et modelés puissants.*

moins ouvert, discret ou énigmatique comme celui de la *Joconde* de Vinci (fig. 34), largement professionnel chez les actrices, ou pincé, car la bouche parle aussi, au point que les sourds lisent la parole sur les lèvres. Des sourires « de coin », une moue, sont autant de révélations des sentiments intimes et, mordre sa lèvre, pour ne point parler, accuse encore une éloquence muette.

On rit à cœur joie, à gorge déployée ; on rit finement ou lourdement ; on rit jaune... Plus ou moins aisément et joliment, suivant la qualité de conformation de la mâchoire, de la bouche, des lèvres et des dents.

Sans compter que la physiognomonie prétend qu'aux lèvres épanouies revient le privilège de la bonté, tandis que lèvres minces prouveraient le contraire.

Une fossette au menton (qui sera simple et non double) termine l'agrément du visage ; menton rond, point court ni en retrait, surtout.

Quant aux oreilles, pour plus de grâce elles seront petites, bien ourlées et point plates ; l'habitude de les percer en a malheureusement altéré le lobe, à sa base. Leur position dans la face, naturellement, est la même que chez l'homme ; cette position détermine leur longueur.

Les frères Carrache estimaient que les oreilles sont la partie du corps la moins aisée à rendre ! Augustin en avait modelé une en plâtre plus grande que nature et la tenait dans un endroit saillant de son atelier pour l'étudier sans cesse. Le critique italien Malvasia soutint, à ce propos, que pour reconnaître le degré de science d'un peintre, il n'y a qu'à regarder si les oreilles sont bien dessinées ! Hélas ! les ateliers

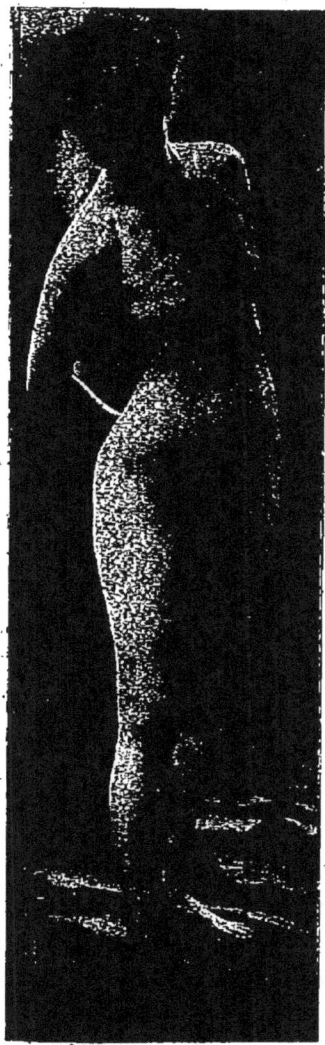

Fig. 94.
Jeune fille moderne.

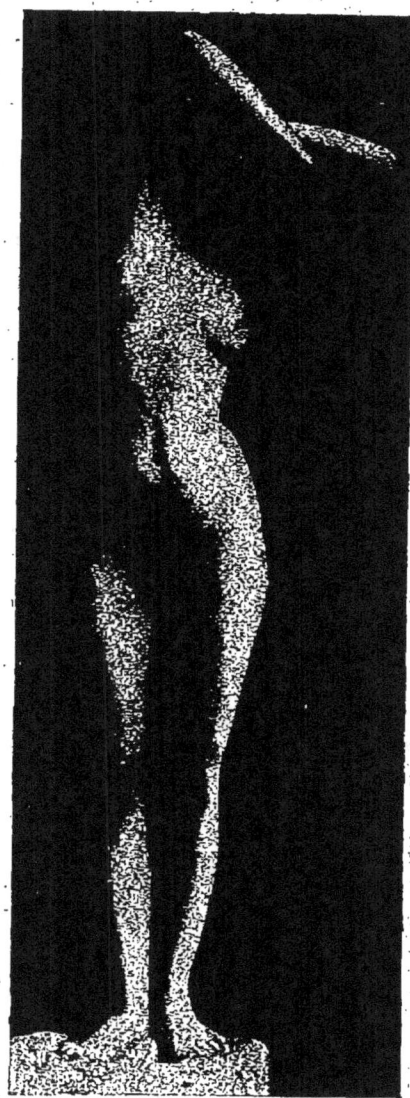

Fig. 95.
Ensemble harmonieux.

de Guide et Carrache avaient leurs petits paradoxes comme les nôtres !

De même que chez l'homme, la racine des cheveux féminins sertira l'oreille (sans renflement derrière), ni de trop près, ni de trop loin.

Avant de quitter cet organe, nous indiquerons qu'il varie suivant les races et les individus, et l'anthropologie nous apprend que le rapport entre la largeur et la longueur multiplié par 100, constitue l'indice auriculaire, lequel très faible chez les jaunes, un peu plus grand chez les blancs, est très élevé chez les nègres.

Avec les cheveux, nous touchons à l'ornement capital du visage féminin. Longs, fins, abondants, souples et brillants (point gras), s'ils sont noirs ils empruntent au reflet bleu des ailes du corbeau; parfois aussi, ce sont des lueurs rousses qui les illuminent. Très blonds, un or pâle les ensoleille, et, roux, du feu les incendie. Les cheveux châtains, d'autre part, connaissent des luisants flatteurs.

Nous rappellerons qu'un rapport naturel étroit existe entre les cheveux et la qualité de la peau, démontré par l'erreur des teintures et décolorations subversives.

Par ailleurs, la peau de la femme rousse, particulièrement fine, connaît le plus souvent la tare des taches de rousseur. Dans ce chapitre de l'épiderme, on observe chez telle brune, la belle matité inconnue à telle autre dont les cheveux gras pareraient, au contraire, un teint luisant parce qu'aussi gras. Après le velouté, privilège encore, de certaines peaux brunes, la finesse de la peau de la blonde (moindre que celle de la rousse) séduira autant, avec une douceur souvent d'un autre charme aussi que celui de la brune, d'ordre moins visuel. Tandis que la peau de la blonde rosit, aux divers degrés de sa finesse, celle de la brune prend une tonalité d'une chaleur particulière, due précisément à sa matité, comme ambrée.

A la blonde l'avantage d'un système pileux moins développé que chez la brune, dont d'ailleurs la caricature est la « virago ». Nous avons déjà signalé, au reste, le soupçon de duvet fort bien venu chez la brune pour dissimuler, parfois, une lèvre supérieure trop longue, et ce duvet, dont nous ne discuterons pas le charme, semble l'amorce de la moustache, apanage du mâle.

D'où l'on pourrait conclure que la blonde, — moins belle aux lumières que la brune, au visage fréquemment chiffonné en raison de sa finesse, — réalise davantage l'idéal féminin, aux côtés du type masculin : brun.

Mais la couperose guette la peau des blondes, trop fragile, qui risque de rejoindre ces faciès montés en couleur auxquels les Anglo-Saxons, au nez court, aux yeux bleus et aux cheveux de miel, se distinguent.

Plantés non loin des tempes, les cheveux ont un mouvement, même lorsqu'ils ne sont pas frisés, qui témoigne de leur intelligence. Or, nous avons dit que les frisures naturelles étaient dépréciées pour la raison contraire; préjugé au demeurant sans fondement chez la femme, en tout cas. Les ondulations (comme les frisures) mettant chacun d'accord sur

15

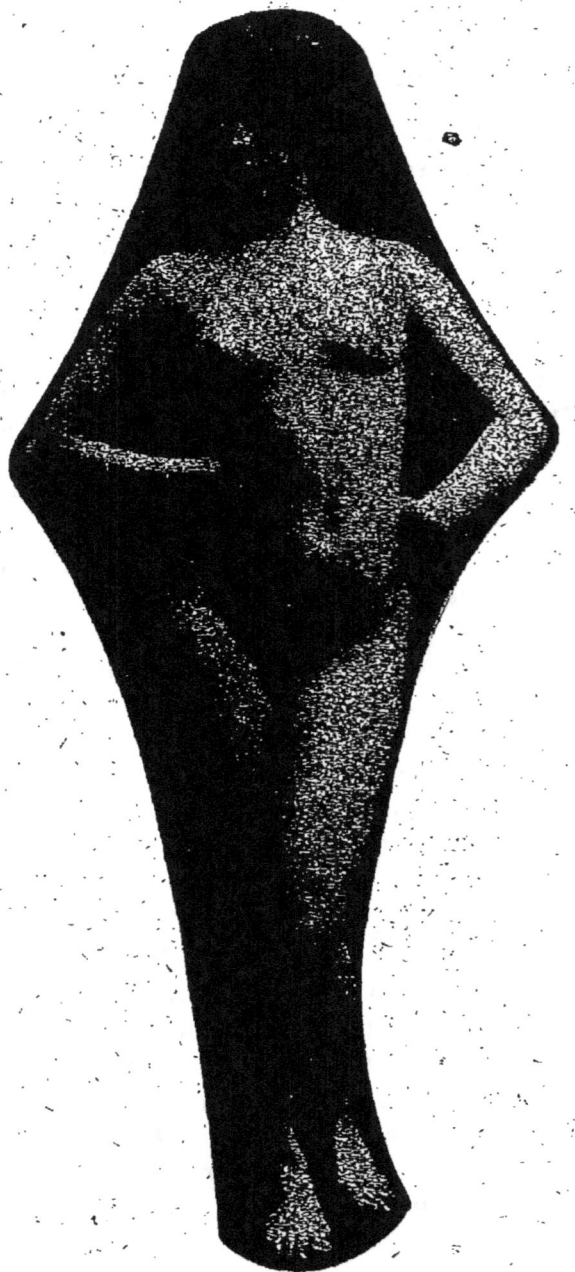

Fig. 96. — *Hanchement régulier*

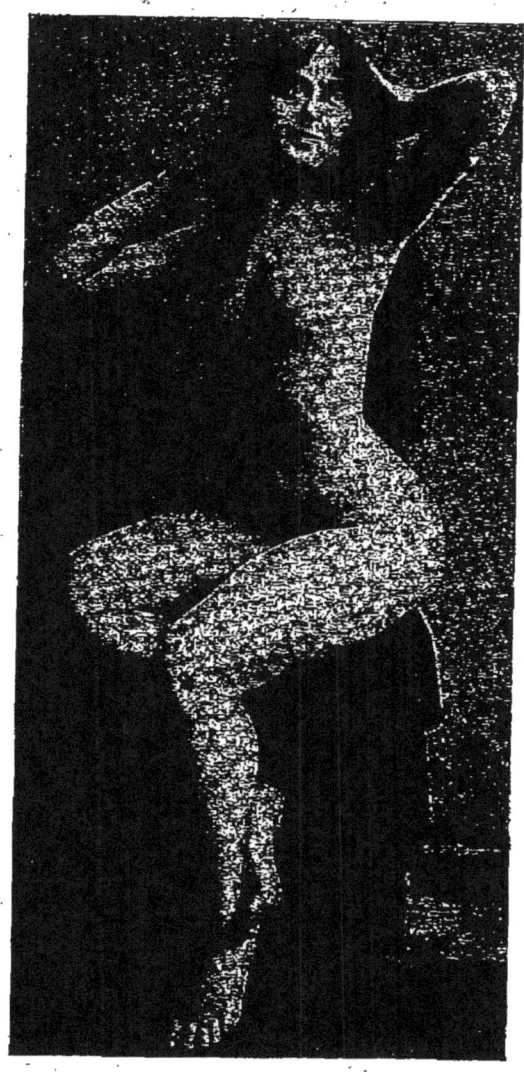

Fig. 97. — *Ensellement exagéré, mais rapport du torse et des jambes, régulier, n'était la déformation photographique de ces dernières (grossissement).*

la ressource d'une coquetterie toujours plus spirituelle que tels bandeaux plats, par exemple, sur un profil défectueux ! Car cette dernière coiffure réclame une pureté, une régularité des traits dont, en supprimant soudain les frisettes et frisons sur tant de visages chiffonnés, on aurait seulement une idée ! Les atours capillaires, savamment ramenés sur des tempes dénudées, sur des fronts courts, illusionnant fort souvent, sur une beauté absente; le charme agissant seul, là, sous le miracle d'un type que l'on se donne. Et puis, à côté des chevelures souples, il en est de serpentines, indomptables, comme il en est de crépues, tellement denses parfois qu'elles forment un casque, mais les négresses et les mulâtresses arborent seules ce dernier, laissant au démêloir de leurs sœurs blanches, des israélites fréquemment, une tâche moins ardue.

Entre les cheveux fous et les cheveux calmes sous la pommade, il y a toute la différence de la mousse du champagne à la platitude d'un gros vin; l'avantage, cependant, reste acquis, esthétiquement parlant, à la chevelure bornée au rôle d'encadrer un profil noble ou sévère, se suffisant à soi-même.

Suivant Pline, ce fut Pythagore qui précéda les artistes dans le soin d'exprimer les cheveux, les veines et les muscles.

Majestueuse en sa haute taille, la Vénus de Milo porte des bandeaux ondulés, ces mêmes bandeaux que la Diane de Gabies, de stature plus charmante et mignonne, lui dispute avec les Junons et autres déesses de l'Olympe. La statuaire grecque a dominé solennellement la coquetterie et, pour cette raison, jamais ses modèles, subordonnés à une discipline de beauté, ne seront démodés, au sens étroit de notre goût capricieux moderne, parce que Phidias, parce que Praxitèle ont réalisé la pureté dans un idéal de sélection, avec la volonté de servir leur art comme leurs dieux, éternellement.

Autrefois, la nudité n'était certainement pas plus admirable en Grèce que chez nous et de nos jours, mais un choix rigoureux du modèle admis à l'honneur du marbre, semble avoir présidé à l'œuvre, tandis que beaucoup plus nombreux, nos artistes ont souvent rompu, obligatoirement, avec leur sacerdoce.

Les oscillations de la mode, au surplus, apportèrent tant de flatteries, d'ailleurs contradictoires, que l'on perdit la notion d'une beauté rythmique, cristallisée.

N'était le soupçon mortel qui ruine un art dominé par la théorie, on rendrait volontiers responsables les canons d'avoir résolu l'impassibilité dans la vision systématique. Et pour une fois, ils auraient eu raison; pourtant, chez les Grecs, à côté du frigide Achille, de l'Apollon du Belvédère inconsistant, rayonne, d'une vie intense, la Victoire de Samothrace, libérée de tout dogme.

Mariette fait cette curieuse observation que l'on rencontre encore en Nubie des femmes qui, la tête ornée de la même coiffure, prennent la même pose et se servent des mêmes ustensiles pour accomplir la même opération que telles femmes représentées

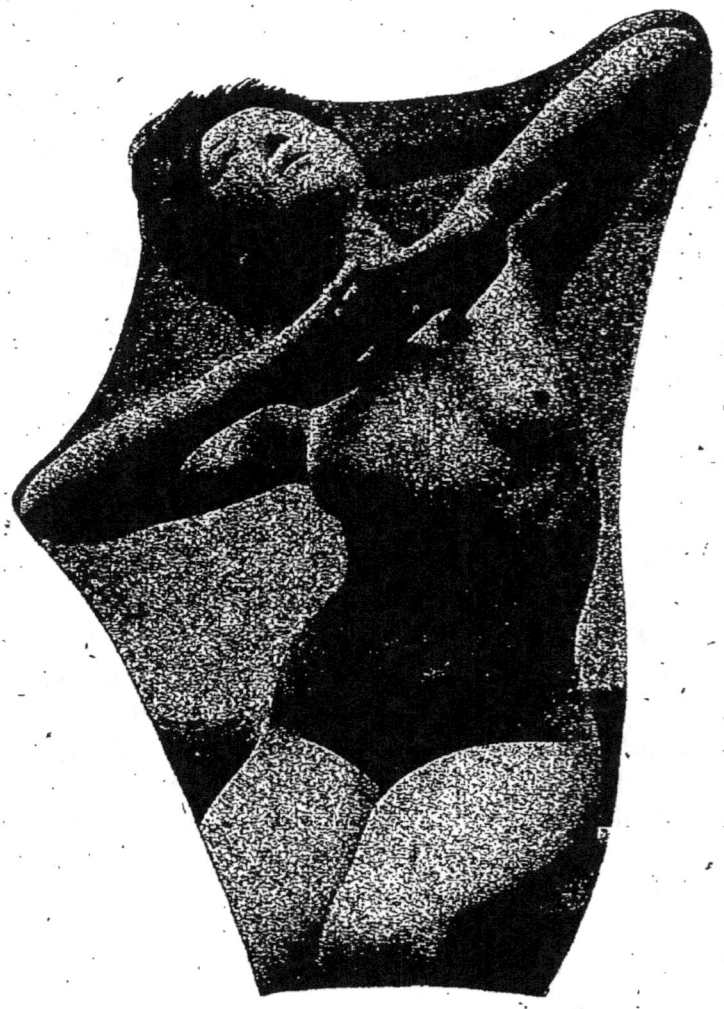

Fig. 98. — *Torse harmonieusement souple* (jeune fille).

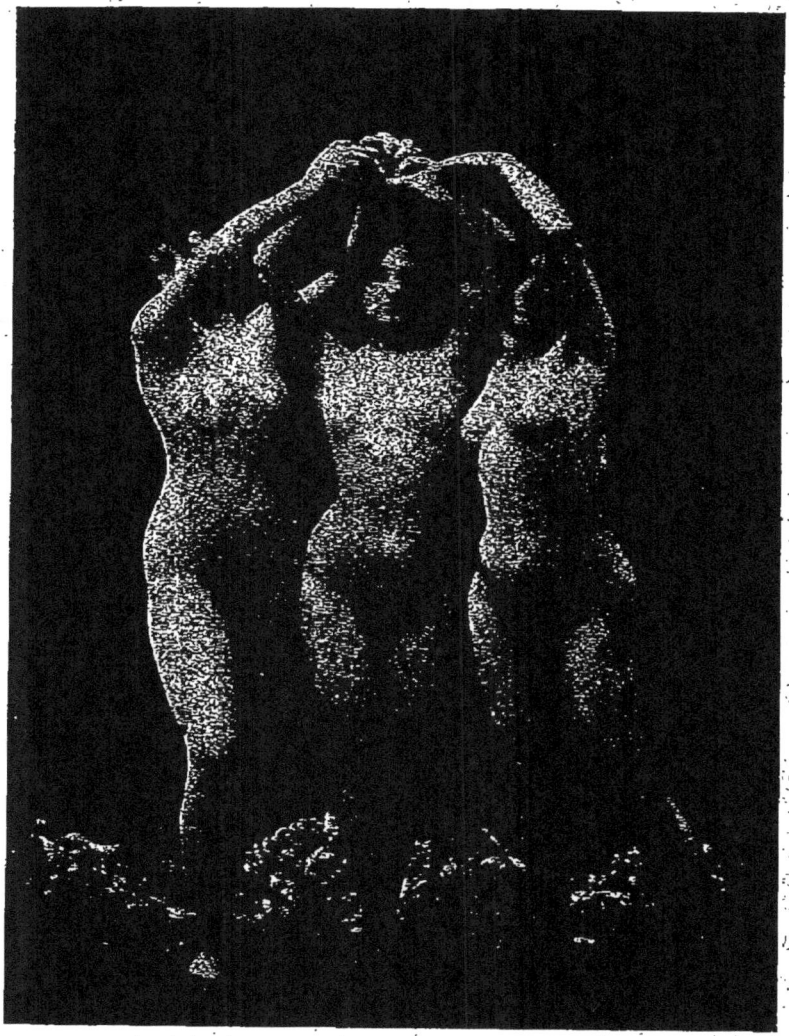

Fig. 99. — *Voir observations-critiques au chapitre XIII.*

sur les plus antiques bas-reliefs, en train de pétrir le pain. « Étrange pays, conclut le savant égyptologue, où, depuis quatre mille ans, les femmes paraissent ignorer qu'il y a quelque chose qui s'appelle la mode ! » Mais les Grecs avaient, nous le savons, un tel respect de la nudité divine qu'ils désiraient ne point la perdre de vue sous le vêtement, et les plis de la chlamyde épousaient la ligne que la tunique de lin laissait transparaître, de même que les draperies en lesquelles s'enveloppait précieusement le corps. Fidèles ainsi à la conception d'un costume, ils durent n'en varier que la manière d'enveloppement parce que, pour conserver intactes les formes et les mettre en valeur esthétiquement, on n'en pouvait rêver de plus accessoire.

« Ne date-t-on pas avec quelque précision un marbre grec d'après le genre des plis de sa draperie, un buste d'impératrice romaine d'après la coiffure de la saison? observe M. Ch. Lalo, dans l'*Art et la Vie sociale*. »

« Votre Majesté peut montrer son front à toute la terre », dit un jour le Bernin à Louis XIV, comme pour se faire pardonner la liberté qu'il avait prise d'écarter de dessus le front de son modèle une boucle de cheveux qui le recouvrait. Ce mot fit fortune, et la mode créa *la coiffure à la Bernin*. Par contre, si durant les séances où Pajou modelait le buste de la Du Barry, il s'oubliait à rouler les cheveux de la favorite, « cheveux les plus fins et les plus doux que l'on pût imaginer », il n'en résulta que ce renseignement pour l'histoire.

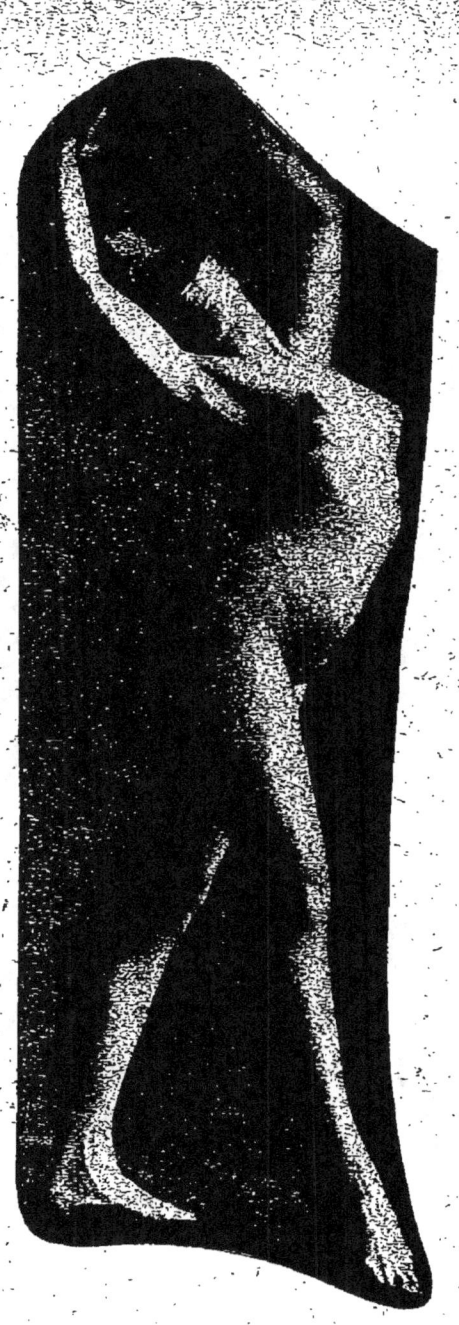

Fig. 100. — *Danseuse* (déhanchement professionnel).

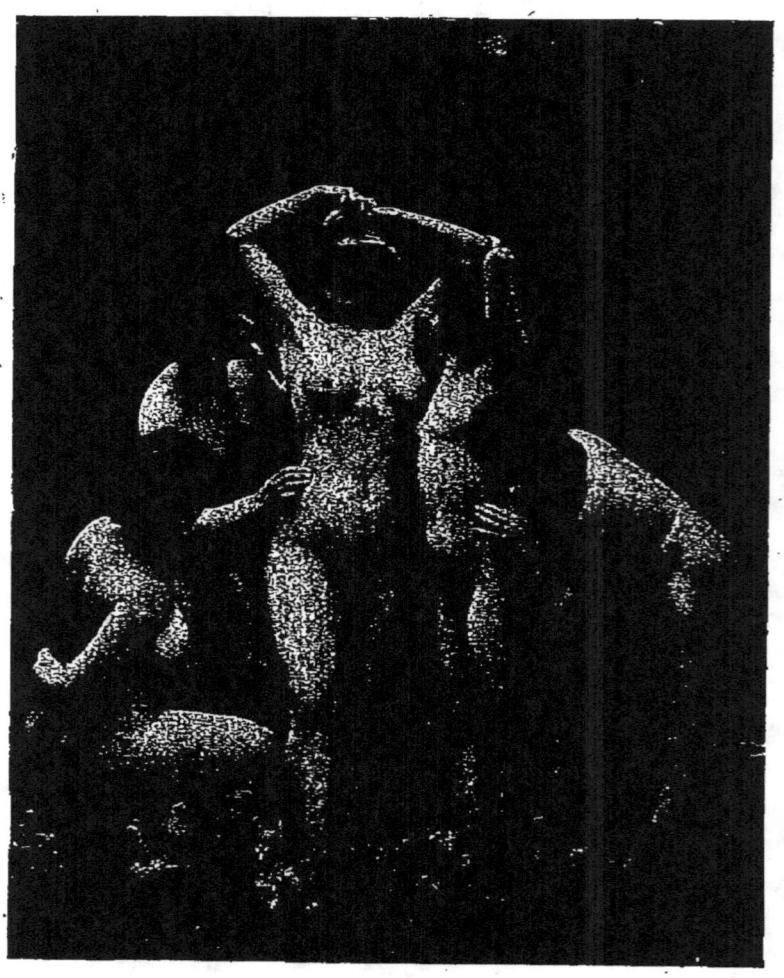

FIG. 101. — *Voir explications-critiques au chapitre* XIII.

Le génie plastique, chez les Grecs, semble découler de cette vision continue de la nudité, de son étude sans cesse entretenue, approfondie, châtiée, magnifiée et déduite à travers l'exemple permanent.

En admettant qu'une Laïs ait apporté parfois à l'art de se draper la fantaisie de son goût propre, toujours elle subordonna ses voiles à ses charmes physiques. La *fascia*, qui soutenait ses seins tandis que la *zona* maintenait ses hanches, ne portait aucune atteinte aux formes de son torse non plus que le cothurne n'altérait la grâce de son pied.

Les courtisanes grecques, d'ailleurs, encourageaient le mouvement artistique. On avait pour elles la considération qu'imposait la majesté de leurs lignes, plus audacieusement révélées. Elles avaient érigé la luxure à la hauteur d'un monument que couronnait leur perfection classique, d'accord avec la richesse rédemptrice de leur geste.

L'histoire prétend qu'Alexandre fit présent de la belle Campana à Apelle, parce que, disait-il, personne ne pouvait comprendre la beauté exquise de cette femme aussi bien que le plus grand peintre de la Grèce, et Zeuxis ne fut pas moins avantagé. Attiré à prix d'or par les habitants de Crotone pour décorer leur temple de Junon, cet autre célèbre peintre de l'Hellade demanda quelques belles filles existant en ville qui lui pussent servir de modèles pour une Hélène, et le conseil aussitôt ordonna que toutes les jeunes filles fussent assemblées en un même lieu, afin que Zeuxis daignât choisir...

Pour nous en tenir à la coiffure, une école existait

à Athènes pour en diriger l'essor, sous la conduite des plus grands artistes. Ses adeptes étaient les *pescas*, à qui les patriciennes romaines, selon Juvénal, leur défenseur, en firent cruellement voir lorsque leur miroir ne les flattait point suffisamment.

En terminant ce chapitre de la tête et du visage esthétiques de la femme, nous n'insisterons pas sur les nævi et autres signes promus singulièrement « grains de beauté »! Sous Louis XV, les mouches *assassines* firent fureur, et encore ne s'agissait-il que de parodier la nature...

CHAPITRE X

La Nudité esthétique de la Femme *(Suite)*.

« Admirez la pudeur des femmes, constate naïvement A. d'Houdetot; elles s'habillent de manière à ôter à leur corps toute forme humaine. » On ne saurait mieux fustiger la mode et la convertir à l'hypocrisie. Liminaire, cette observation, que nous voudrions interpréter dans le sens de la raillerie, sert l'étude de la radieuse et chaste beauté des formes nues que nous allons poursuivre.

Le charme de la tête se continue par la tige élancée du cou. Plutôt long que court, rond et assez gras, le cou succédera à la tête sans brusquerie. Il y a des ports de tête majestueux, d'autres nonchalants, comme il en est de dégingandés. Du port de la tête dépend donc la tenue générale du corps, sa présentation digne et harmonieuse.

Un « collier de Vénus » ornera sa splendeur lisse et rebondie, c'est-à-dire plusieurs gracieux sillons circulaires dont l'âge, hélas ! dénaturera la délicatesse en incrustations fâcheuses. Mêmes signes aux aines.

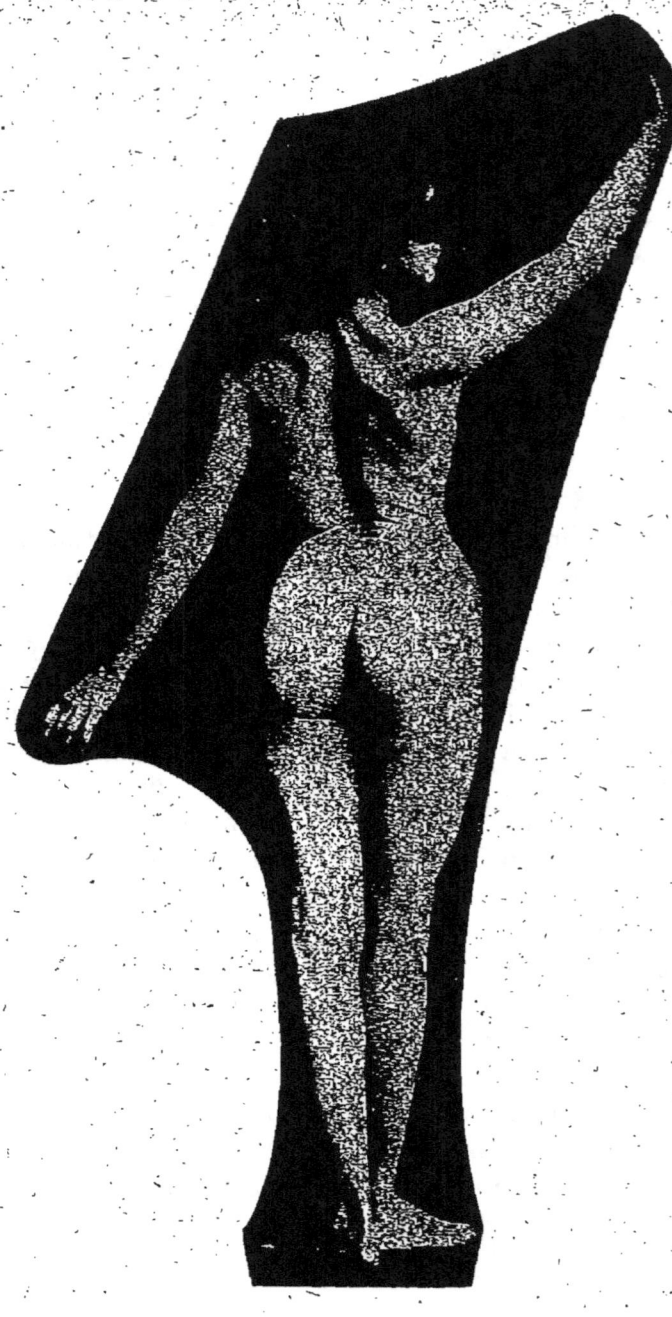

Fig. 102. — *Danseuse* (corps bien équilibré).

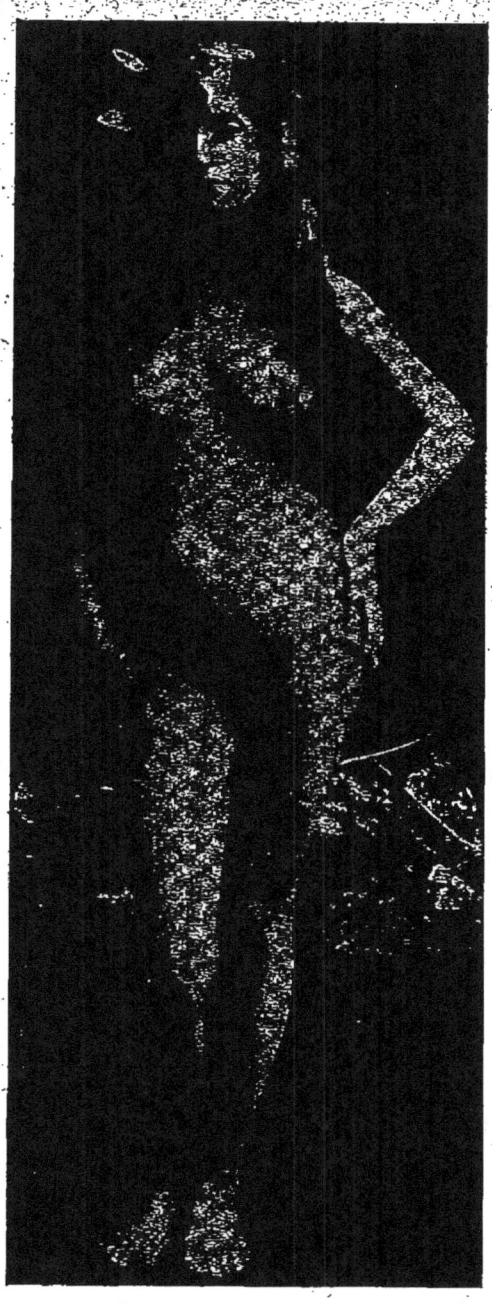

Fig. 103. — *Jeune fille* (corps bien équilibré).

L'enrobage adipeux garantit esthétiquement contre les saillies musculaires. Sans excès, il doit accompagner le mouvement et en pallier l'effort, de même qu'il dissimulera les attaches ou les intervalles musculaires. Les creux aux clavicules, ou « salières », dans ce dernier cas, seront évitées.

En revanche, une tare du cou adipeux se trahit au bas de la nuque. Un bourrelet graisseux, convexe, l'empâte, altérant sa longueur en un cou bestial, dit de taureau. Les hommes n'échappent pas à ce développement du trapèze, mais lorsqu'ils sont exagérément musclés, et, ce qui s'explique ou s'excuse chez le mâle, apparaît d'autant plus détestable chez la femme.

Dans une statuette ironiquement intitulée *Danseuse* [au musée de Tours] (fig. 112), F. Sicard s'est amusé à chanter la plastique adipeuse. Il y a réussi d'une manière horrifique !

N. B. — Brucke réfute cette opinion que le diamètre du cou et celui du mollet doivent être égaux ; il a établi au contraire que, dans le cas d'un développement normal, le mollet est toujours plus gros que le cou. D'ailleurs, nous ne reviendrons pas sur les contradictions de la nature, qui portent un défi aux plus éminentes mensurations. Une méthode universitaire de dessin, heureusement abolie, alla bien jusqu'à préconiser le dessin « diété » !...

Les épaules, légèrement tombantes, un peu moins larges que les hanches, seront rondes ; les clavicules, fines et droites, étant à peine visibles. Quant aux seins, haut attachés, ils seront droits, ronds, fermes et point trop volumineux (fig. 96).

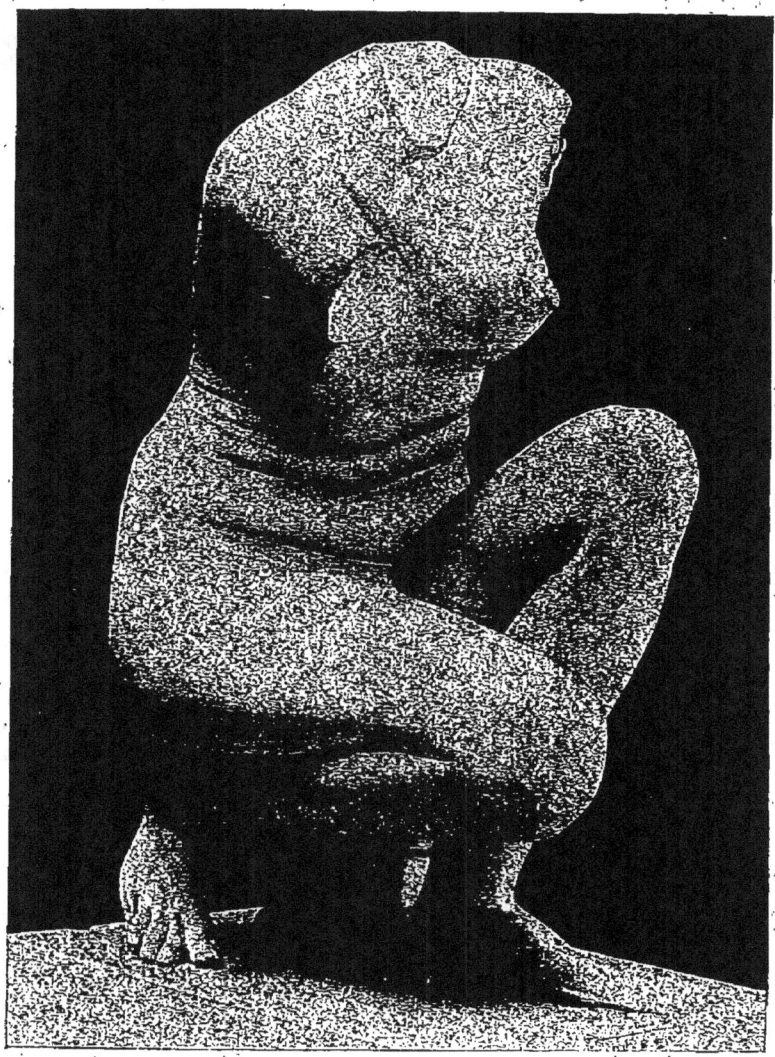

FIG. 104. — *La Vénus dite de Vienne.*

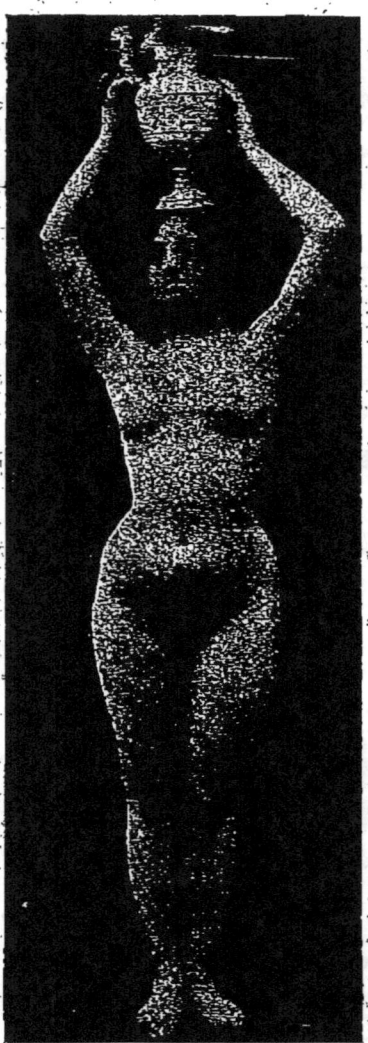 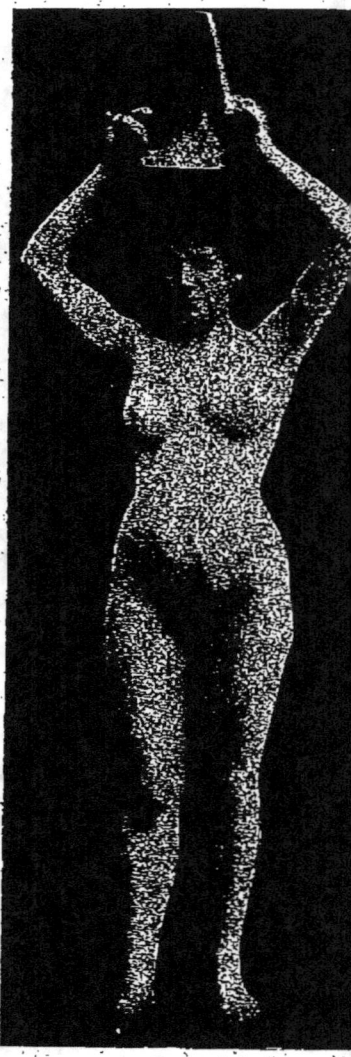

Fig. 105.   Fig. 106.
Modèles comparatifs de belle (à gauche) et de défectueuse statique.

Sous leur lourdeur, les muscles qui les soutiennent succomberaient : d'où les seins tombants et, par conséquent, l'avantage des seins menus, triomphant aisément des ligaments suspenseurs. La fragilité des seins, — partie la plus plastiquement délicate de la femme, — correspond à celle des fesses, susceptibles également de fléchir. Ces dernières, moins sensibles, mais curieusement solidaires aussi de leur soutien musculaire.

Les seins sont fonction de la jeunesse et de la santé. Ils répercutent à l'extrême la fatigue du corps comme celle de la tension. D'où l'intérêt du soutien-gorge allégeant leur poids et assurant leur maintien. La maternité, aussi bien, attente à leur fermeté, mais pour une joie et un devoir largement compensateurs. Les seins volumineux, d'ailleurs, sont toujours les plus exposés, de même qu'un petit ventre risque moins d'être fané qu'un gros, en raison du poids encore.

Au sein rose de la blonde et de la rousse revient le suffrage de la couleur; celui de la brune s'altérant, au bout, d'une auréole sombre que l'allaitement développe.

Les seins « en poire » n'offrent rien de plaisant à l'esthétique; ils affectent surtout cette forme à l'état embryonnaire et sont plutôt ceux de la femme noire; quant aux seins plats, ils ne sauraient donner satisfaction davantage aux rondeurs généreuses de la poitrine et, pour être conformes à la beauté, leur partie supérieure ne sera point incurvée, mais bombée au contraire, et, un pli accusant les

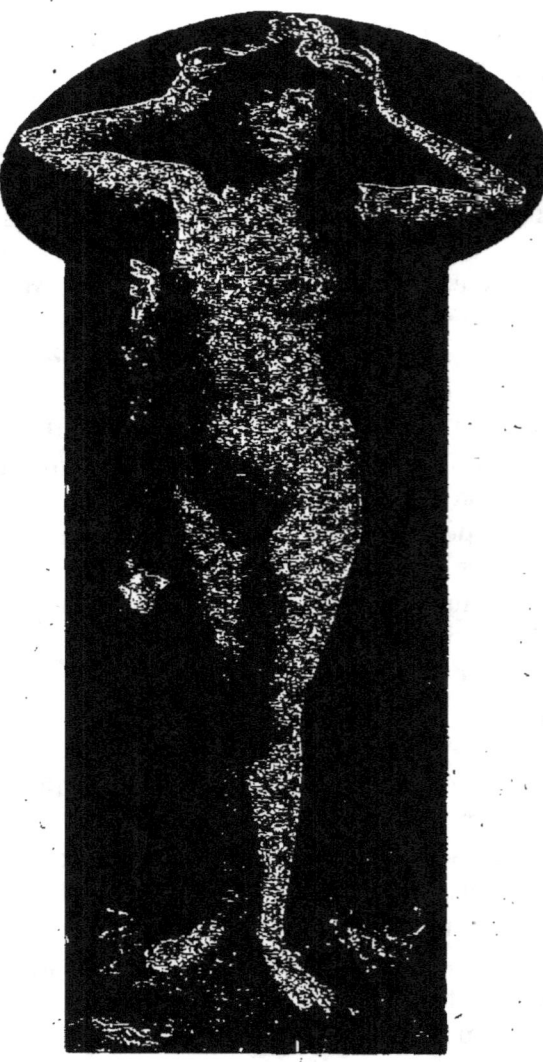

Fig. 107. — *Extrémités défectueuses.*

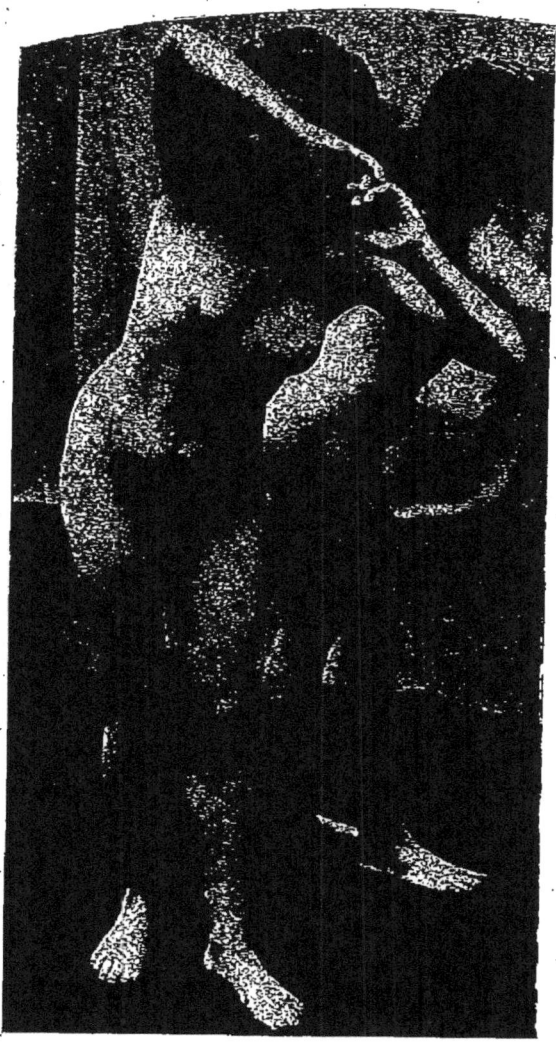

Fig. 108. — *Ensemble de défectuosités.*

tissus lâches, ne s'indiquera pas à leur partie inférieure.

N. B. — La peau qui recouvre la poitrine de la femme est généralement la plus rose (avec celle des fesses) ou la plus claire, comparativement aux autres parties du corps, et particulièrement ambrée lorsqu'elle n'est point exposée à la lumière.

Nous avons dit que l'abdomen se devait à une juste mesure dans sa proéminence, faute de tomber ou de plisser. Il sera arrondi, absolument lisse et tendu; le ressort des cuisses, volumineuses, l'emportant sur l'importance de son relief.

Les volumes du corps, comme sa couleur, sont volontiers brusqués dans la nature. C'est le « collier de Vénus » interrompant, « amusant » le jet du cou; c'est le mamelon et l'auréole roses réveillant la pâleur du sein; c'est l'accent de la touffe pileuse des aisselles délassant de la longueur de la ligne qui s'étend de la taille, de la courbe même des hanches, jusqu'à la main dans le geste du bras levé; c'est le capiton du nombril, pour l'abdomen, et le triangle sexuel qui l'ombre. Point de monotonie de surface à surface, d'organe à organe, de passage à passage dans les modelés. Aussi bien le ventre est ambré tandis que la poitrine est rose ainsi que les cuisses, alors que les jambes sont légèrement duvetées (chez les brunes particulièrement), de même que les avant-bras.

Partout l'œil se repose d'une courbe dans un méplat, d'une saillie dans une cavité, d'une partie mince dans une épaisseur, mais, avec davantage de

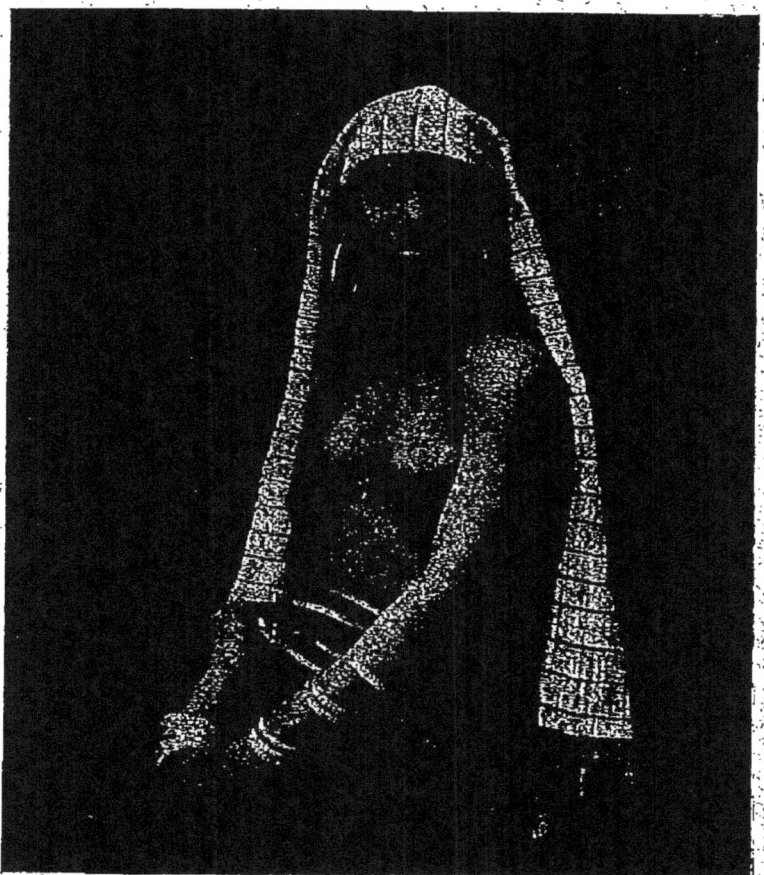

Fig. 109. — *Jeune fille égyptienne.*

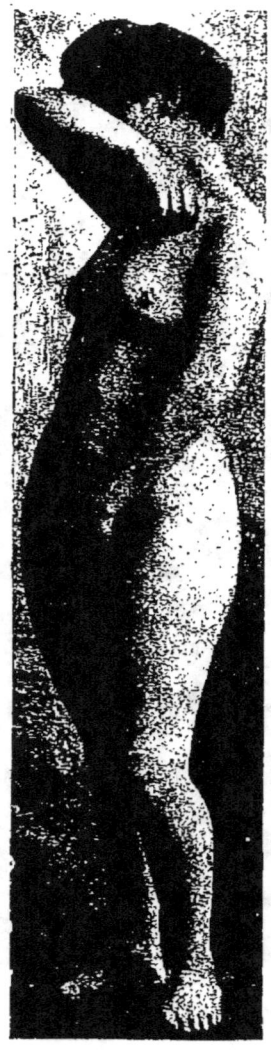

Fig. 110.
Corps légèrement adipeux.

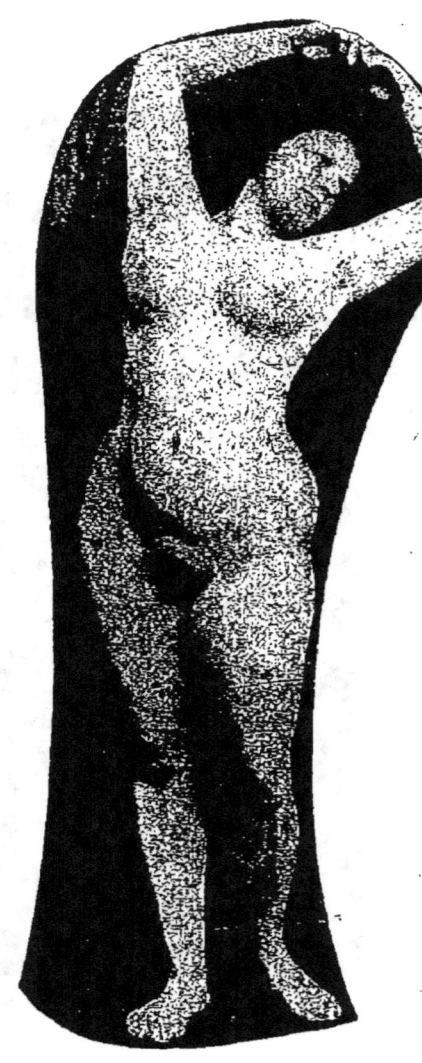

Fig. 111.
Corps adipeux.

souplesse, une ligne sinueuse sépare les seins et l'abdomen pour gagner le nombril et se perdre plus bas, indiquant un étroit parallélisme des deux parties.

Développées et saillantes seront ensuite les hanches, correspondant dans la dimension déjà indiquée, avec l'ampleur des épaules, et concourant à l'élégance du dos comme à la minceur de la taille.

Le rétrécissement du thorax, à sa base, situe la *taille* à peu près où se cambre la colonne vertébrale. Cette cambrure, d'autant plus svelte qu'elle se termine par l'évasement des hanches, ne doit point aller jusqu'à l'ensellement produit par le corset; elle existe également chez l'homme, mais moins accentuée.

De la convexité de la poitrine dépend aussi une taille « bien prise ». La saillie du sternum, plus ou moins marquée, relevant plus ou moins le volume des seins, au point que des seins menus apparaissent plutôt volumineux sur un sternum saillant et, dans le cas contraire, une poitrine opulente se trouvant diminuée.

La riche courbe des hanches fait valoir cette minceur de la taille que le corset d'hier avait convertie en étranglement et que la mode du jour tend à unifier avec la taille, dans une maigreur vraie ou simulée. C'est-à-dire que la ligne séparant les hanches du torse doit s'accuser, dans la nature, avec d'autant plus d'intérêt que la souplesse du corps en dépend tout entière.

La liberté du torse (depuis les épaules) avec les hanches et les reins assure seul le balancement contrarié, l'ondulation déliée de ces parties entre elles,

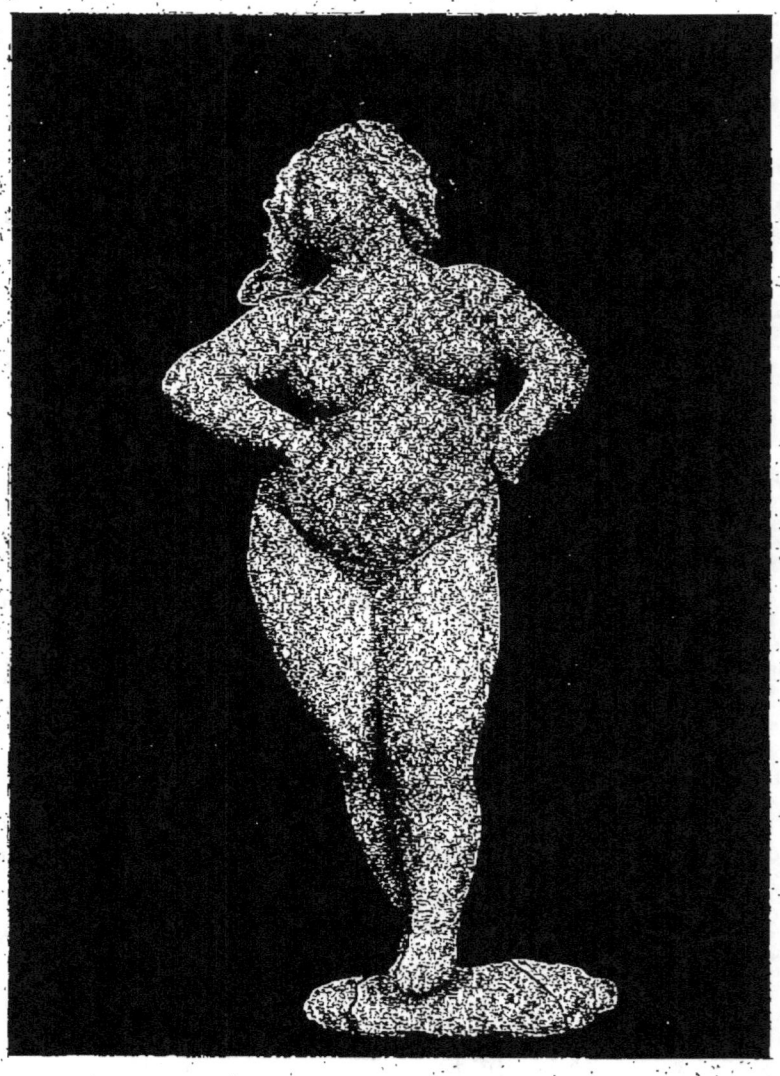

Fig. 112. — *Une danseuse...* (béatification spirituelle des formes adipeuses), par François Sicard.

qui expriment toute la flexibilité du geste féminin.
Dans l'action de la marche, on observe de dos cette
frappante divergence, source d'une allure serpentine

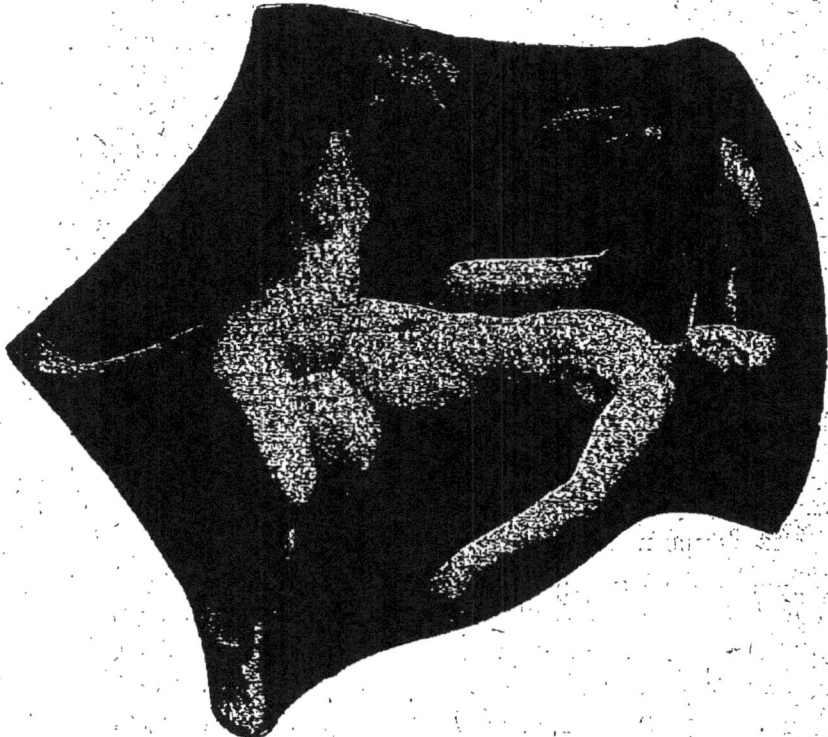

FIG. 113. — *Voir les explications-critiques au chapitre* XIII.

inséparable de la grâce et sur laquelle l'homme ne
saurait illusionner, à moins qu'avec artifice et de
manière équivoque, étant donné sa musculature dont
la puissance entrave davantage les oscillations
physiques.

L'action de hancher, qui déclanche l'équilibre régulier du corps, n'est pas moins rigoureusement dénonciatrice du mécanisme, plus ou moins parfait dans la souplesse des parties du corps entre elles.

Le point culminant du ventre est le nombril, plutôt haut et creux. A sa base, le mont de Vénus doit se limiter horizontalement, avec netteté.

La démarcation la plus délicate d'une forme à une autre se lit, chez la femme, entre le tronc et les cuisses (fig. 105). La matière adipeuse insiste là, souvent, d'une manière déplorable (fig. 111), empâtant une sinuosité nécessaire et agréable, coupant au surplus la ligne gracieuse qui descend du creux de l'aisselle jusqu'au pied.

Du ressort ample et solide des cuisses dépend la finesse du genou que ne doit trahir aucun étranglement. Genou rond et légèrement rose. Jambes longues et droites, ayant de la tournure, mais sans heurts comme celles de l'homme.

Nous avons, à propos de l'homme, indiqué le contrôle de la régularité des jambes par l'interstice ou vide qui les sépare. Ici cette vérification sera encore efficace, malgré que la fourche des cuisses marque un intervalle un peu plus grand chez la femme (ses hanches étant plus développées), d'où un départ différent dont il faut tenir compte. D'ailleurs, ce départ est fort souvent, hélas, souligné par des cuisses arquées se rejoignant étroitement aux genoux pour s'en séparer largement. Ce sont là les regrettables jambes en X, autrement dit : cagneuses.

Au théâtre, beaucoup de travestis échouent ainsi,

LA NUDITÉ ESTHÉTIQUE DE LA FEMME

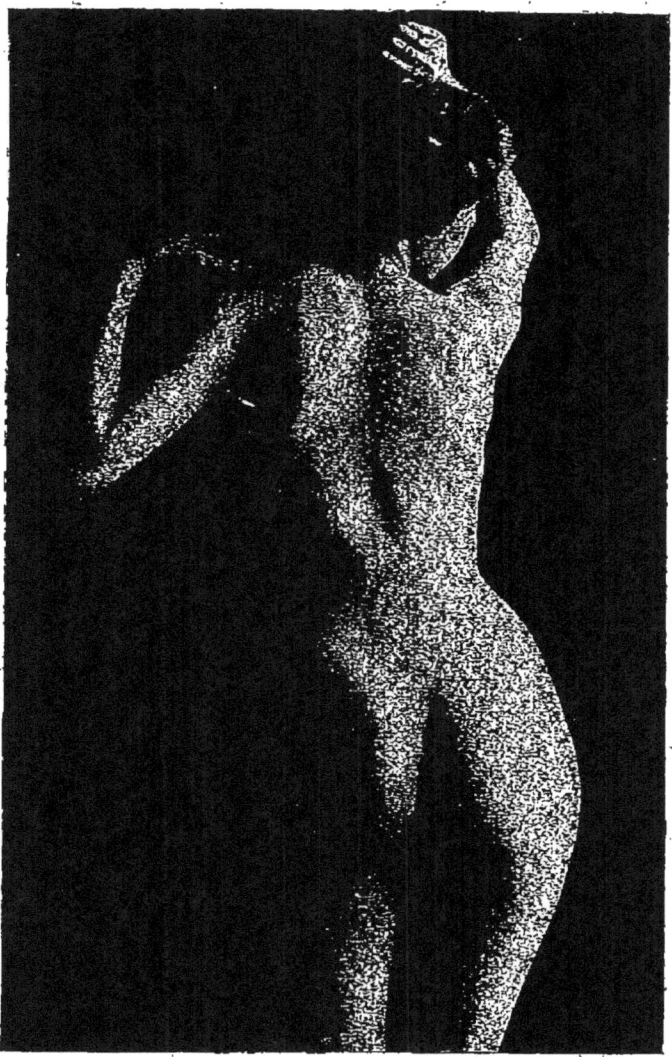

Fig. 114. — *Dos normal.*

254   LA BEAUTÉ DU CORPS HUMAIN

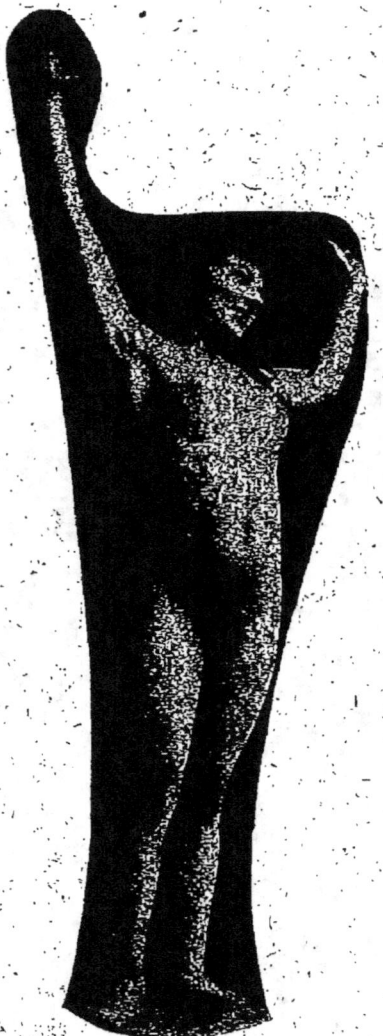

FIG. 115. — *Bonne mensuration des bras et des jambes.*

à leur base, devant l'esthétique. Les « petites femmes » de nos revues permettent de juger tout au moins de l'indication de cette tare à laquelle le plus grand nombre des femmes n'échappe pas.

Il est rare, d'ailleurs de ne point voir, dans l'attitude des talons réunis, une jambe récalcitrante chevaucher légèrement l'autre et l'on ne compte plus l'irrégularité des deux pieds, ou d'un seul, plus ou moins tournés en dehors ou en dedans. On observera donc, pour la conformation harmonieuse des jambes réunies, quatre points de contact : au tiers supérieur de la cuisse, au genou, au mollet et aux chevilles. Rémy de Gourmont a délicatement exprimé, à propos d'un

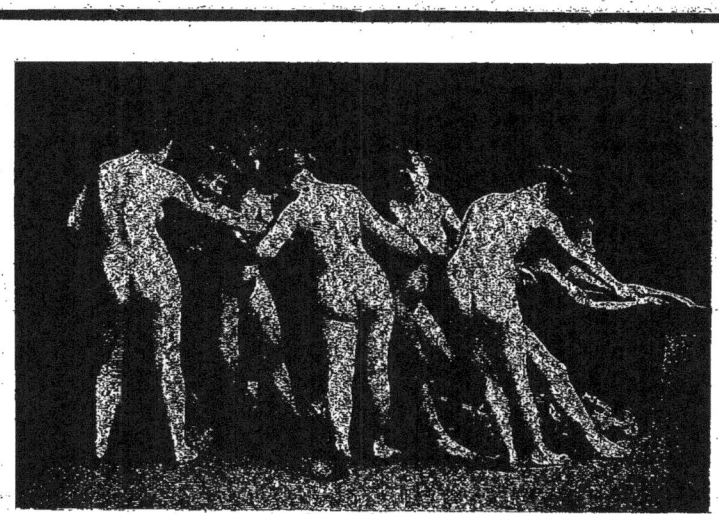
Fig. 116. — *Ensemble harmonieux de natures différentes.*

artiste qui ne se renouvelle pas, « qu'il est une fleur et non point un bouquet », et, de la nature, on pourrait dire qu'elle forme un bouquet dont les fleurs ne sont point toutes aussi belles.

C'est la bonne conformation de la cuisse et du genou, leurs attaches régulièrement dans l'axe, qui dirigent la jambe et le pied normaux, et, de l'accord des parties du corps entre elles, dépend la marche équilibrée, souple et bien rythmée. Le pied, dont la plante sera cintrée, l'aidant de son ressort contrairement au pied plat, cette dernière imperfection fréquente chez les Anglo-Saxonnes (victimes du talon dit *bottier*), au coup de pied de peu de relief sur un pied trop long (sans préjudice d'un mollet trop haut attaché). Ce mollet qui, pour être agréable (nerveux et rebondi, afin de faire valoir la minceur de la cheville, le galbe de la jambe tout entière), apparaîtra à mi-jambe, ni trop haut, ni trop bas.

Jambes ni empâtées, ni d'une seule venue ; sans dépression marquée en aboutissant à la cheville.

D'une manière générale, les pieds de la femme régissant les jambes et leur partie supérieure ne doivent point être écartés, et les pieds, encore, réunis au talon, ne seront ni trop ouverts, ni trop en dedans surtout ; ensemble ou séparément. La saillie de leur articulation s'enveloppant dans la chair pour l'atténuer. Le pied, mince, au cou-de-pied bombé, sans exagération des orteils ; le deuxième étant long et court le cinquième.

On doit à Dédale d'avoir séparé les bras et les jambes des statues en ronde bosse (1400 avant l'ère

LA NUDITÉ ESTHÉTIQUE DE LA FEMME

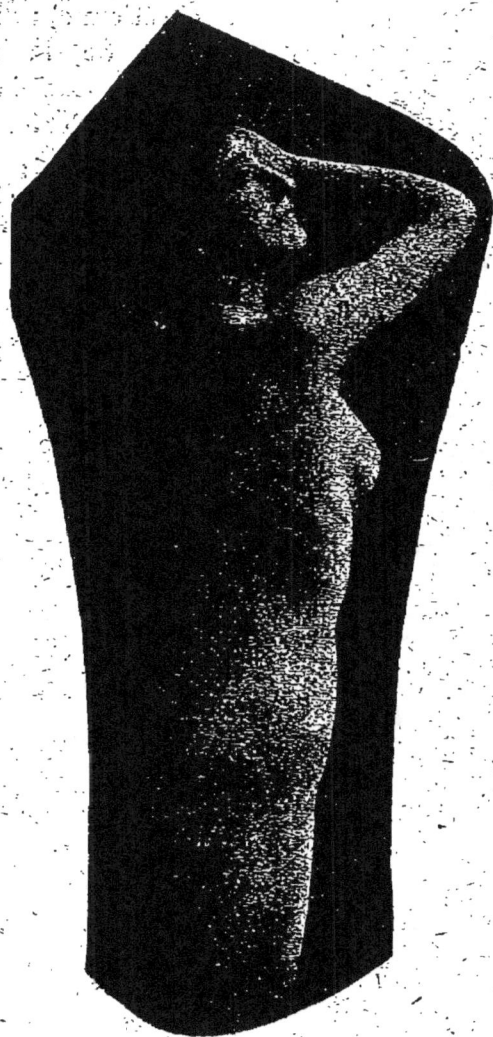

Fig. 117. — *Forme élégante.*

258   LA BEAUTÉ DU CORPS HUMAIN

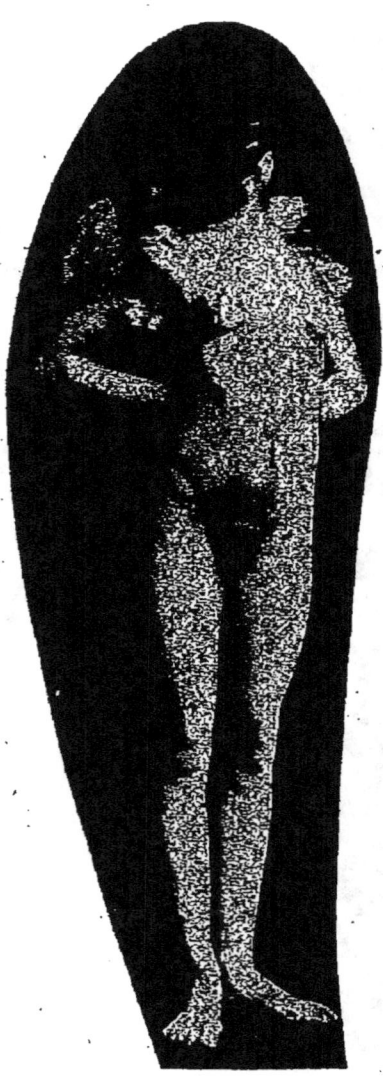

Fig. 118. — *Ensemble normal.*

chrétienne) ; cette audace de la matière ajourée dans la masse, après le calcul de sa résistance, révolutionna la vérité plastique.

Nous avons précédemment établi les différences d'expression du pied et de la main et nous n'y reviendrons point, non plus que sur la difficulté de rencontrer aujourd'hui un pied normal depuis les méfaits de la chaussure. Toutefois, la hauteur du talon féminin, particulièrement exagérée, apporte dans l'action de la marche (singulièrement révélatrice, avons-nous précédemment noté, des tares constructives natives), qui retiendra notre attention d'autant qu'elle a sa répercussion sur la statique générale du corps.

Chassant le buste en avant, accusant le ressort de la croupe, le talon haut, dont la base cintrée, au surplus, porte sous la plante du pied et non sous son talon, déplace, fausse ainsi l'équilibre et contredit à l'accord simultané du torse avec le bassin, du bassin avec les jambes.

Du mécanisme altéré de la marche normale résulte, — en dehors de la déformation coutumière des extrémités, — une rigidité du corps, parce que contrarié dans la coordination logique de ses souplesses.

« ... Cette marche de canard (celle de nos actuelles mondaines, fig. 124) a été mise à la mode par la haute couture, pour que la croupe balance bien la robe. Le malheur est qu'elle exige un talon haut, démesurément haut. Du pied humain, si miraculeusement articulé sur un jeu d'osselets, le talon Louis XXXV fait une seule boule de chair à saucisse, tassée au fond du soulier. Celui-ci est charmant. Ce qu'il y a dedans doit l'être beaucoup moins.

« Sans doute, anathémise Maurice de Waleffe, les marquises de Louis XV portaient déjà ce petit coquin de soulier-là. Et quand la Pompadour recevait ses adorateurs, à son petit lever, le pied nu coquettement allongé, tel un coquillage précieux, sur un socle de velours, on doit croire qu'elle ne leur exhibait pas des orteils en boudin.

« Mais les grandes dames du XVIIIe siècle ne sortaient guère qu'en chaise à porteurs. Quand elles suivaient les chasses, c'était à cheval ou en carrosse. Ces déesses marchaient sur les nuages.

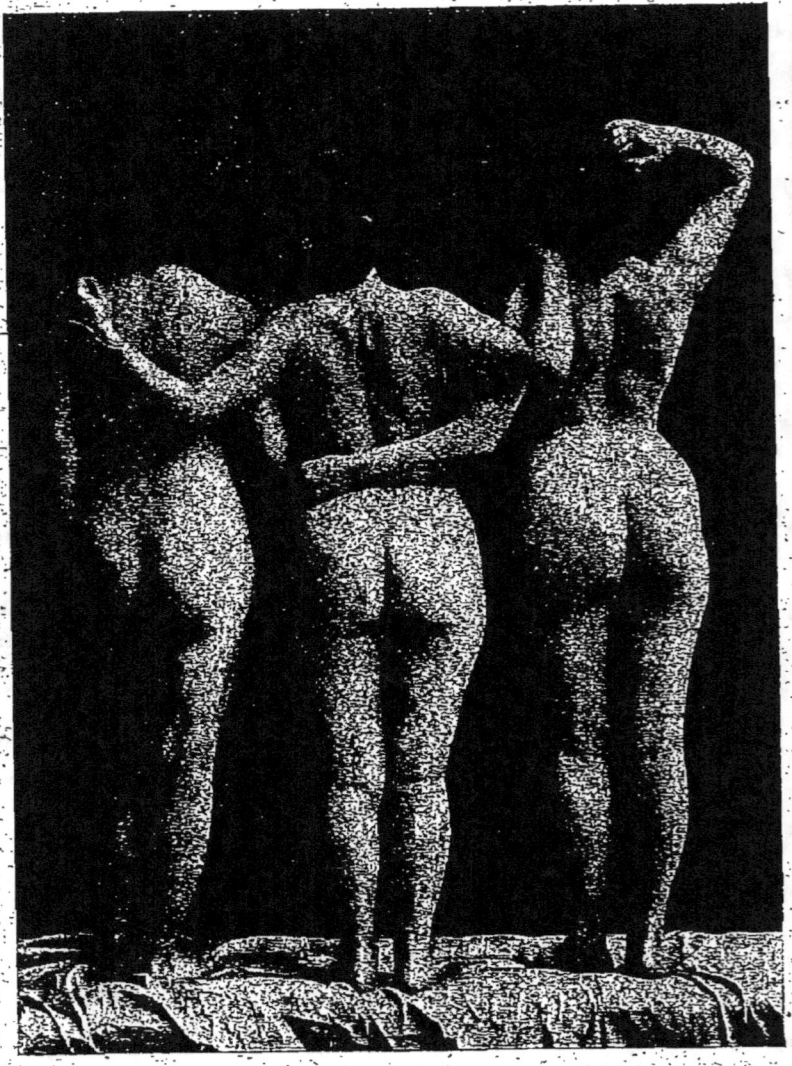

FIG. 119. — *Voir explications-critiques, au chapitre* XIII.

« Le pédicure, qui est admis à voir aujourd'hui nos jolies femmes dans la pose où la Pompadour se montrait à tous, nous en raconterait bien d'autres ! »

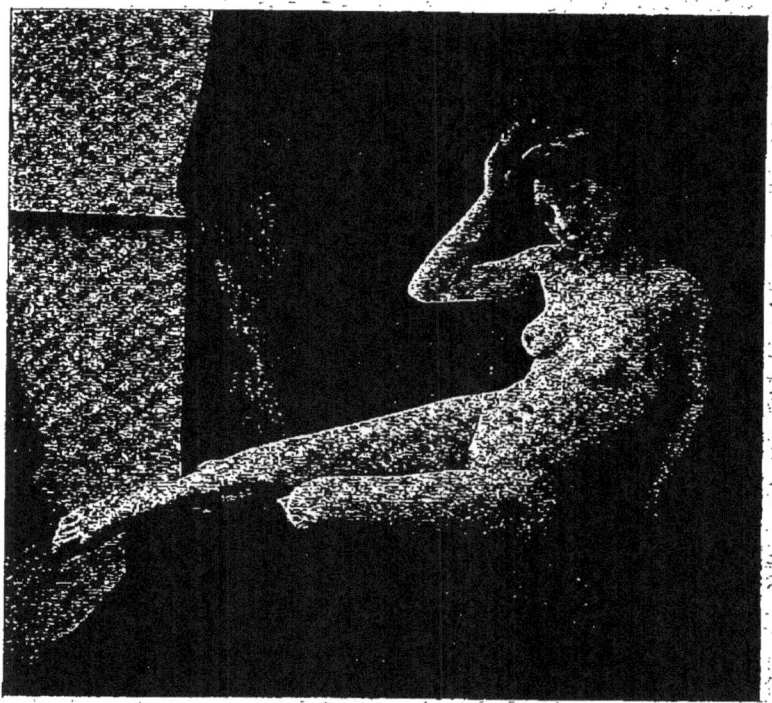

Fig. 120. — *Modèle gracieux*, dont la photographie augmenta le volume de la tête.

Il ne s'agit pas de proscrire le talon légèrement cambré, dont la courbure est trop liée à la courbe du corps féminin tout entier pour que notre œil puisse se réhabituer à la sandale plate, mais, poursuit

Fig. 121.
Modèle (jeune fille) *normal*.

notre auteur: «... nous la chicanerons (la Parisienne) sur des talons de cinq, de six, de sept centimètres; comme on commence à le voir chez des malheureuses qui croient se grandir en marchant voûtées, les genoux cagneux, les épaules rentrées, titubant comme des Chinoises sur deux moignons. Et pour aller où? Chez le chirurgien! Car on ne déplace pas impunément le centre de gravité des organes abdominaux ».

Nous avons dit combien il était malaisé de marcher nu, en raison des habitudes qui règlent le geste comme le mouvement tout entier. Or, certainement, la crinoline obligea la femme à un équilibre spécial, de même que la rigide vasquine, les amples vertugadins, paniers et autres accessoires réclamés auparavant par la parure capricieuse et il s'avère normal que la mode du soulier excessivement surhaussé, ait régi sa déambulation « en canard ».

On imagine ainsi combien risque d'échapper toujours plus à l'idéal de l'art, à travers les aberrations de la

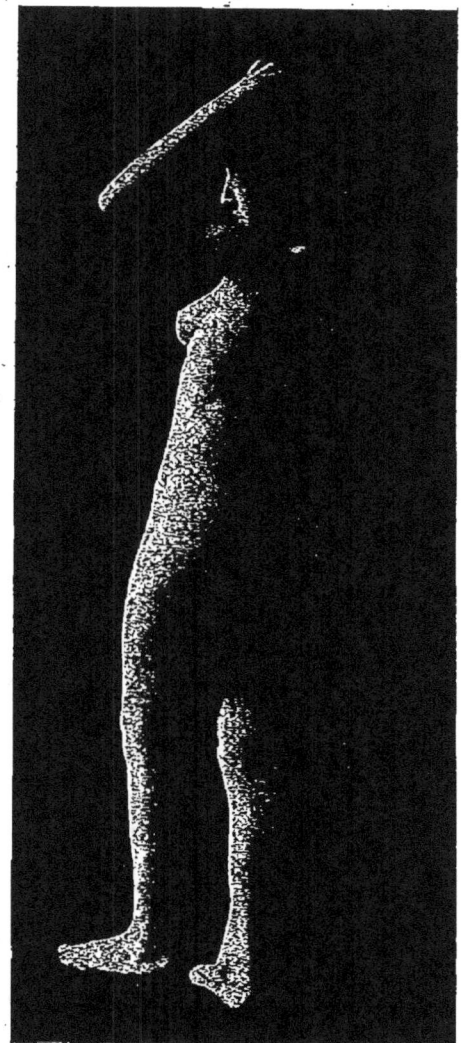

Fig. 122. — *Ensemble normal.*

mode, la beauté du mouvement, tel que la nature du moins, le créa !

Et cependant, depuis qu'il existe des modèles, en dépit de la mode et de ses tyrannies successives, la nudité choisie ne fut jamais décevante aux diverses générations. Ainsi, sans doute, la forme esthétique évolue-t-elle au gré de l'habitude de voir, et, à force d'admirer le plastique de Vénus, dans la vie, telle que le couturier, d'accord avec le bottier et la modiste, la façonna, on n'eut aucune surprise à la contempler nue. De telle sorte que recule sans cesse le critérium de la beauté, toujours d'autant séduisante, d'autant irréfutablement vraie, qu'elle répond au goût du temps qui la célèbre.

Reste la juste mesure comparative à observer, sinon à décrire la curiosité du développement de la beauté sur le thème éternel. Et les malfaçons humaines n'aboutiront jamais, quoiqu'elles fassent, au monstre qu'elles méritent, non plus que les artifices de l'horticulture n'arriveront à détourner une fleur de son parfum.

Nous parlerons maintenant des bras. Ceux-ci, plutôt longs que courts, auront moins de tournure mais autant de galbe que les jambes. Renflés à leur partie supérieure, « en gigot », ils écourteraient fâcheusement le membre antérieur, en épaississant son attache près de l'épaule, et l'avant-bras ne sera pas moins allongé, avec des rotondités harmonieusement réparties aboutissant à l'attache fine du poignet. Point de bras rouges, ni marbrés, ni rugueux de « chair de poule ». On notera, pour la grâce de l'avant-bras, le léger pli qui l'orne près de la saignée. La particularité inélégante des membres courts résulte de l'avortement de leur ressort sur un espace restreint. Les volumes trapus, des jambes et des bras, concluent à la forme « canaille » contrairement à la forme élancée.

Le geste étriqué n'est pas moins disgracieux que

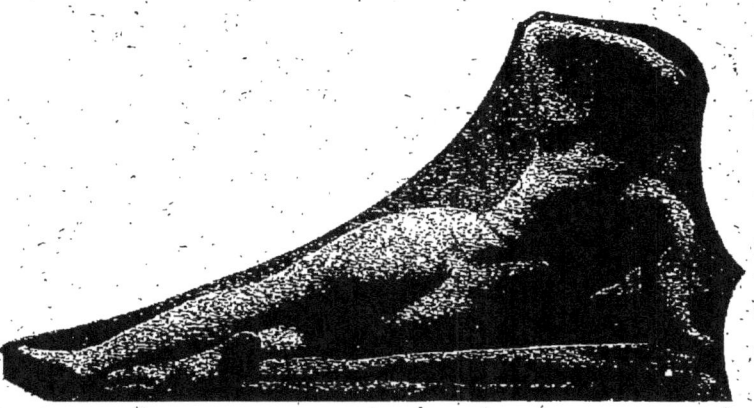

Fig. 123. — *Dos robuste.*

la forme courte; l'un dérivant souvent de l'autre, malgré que les petites jambes n'aient point toujours, cependant, le monopole du pas menu. Point de règle absolue; voici pourquoi les mensurations les plus savantes nous apparaissent bien téméraires et, plutôt que de décréter, par exemple, que le coude doit, dans sa longueur type, atteindre la hauteur de la taille et le poignet celle du pénil, nous consulterons l'artiste qui, sur la seule foi de son œil exercé, renseignera sur la juste dimension à déterminer d'après la taille de l'individu, d'après un ensemble, enfin, variable et mathématiquement indescriptible.

On a fait à Carmen, au théâtre, un casque indélébile de cheveux noirs; elle personnifie, dans la vision invétérée, l'Espagnole ardente aux ténébreux accroche-cœur, et pourtant, au pays de Velasquez, que de Carmens blondes !

Mais revenons aux bras, dont les muscles, sans saillie, dessineront la grâce. Coude rond ; une légère transition, de la plénitude à la ténuité, préparant l'abord du poignet. Quant à la main, plutôt petite (mais surtout bien proportionnée à la taille du modèle),

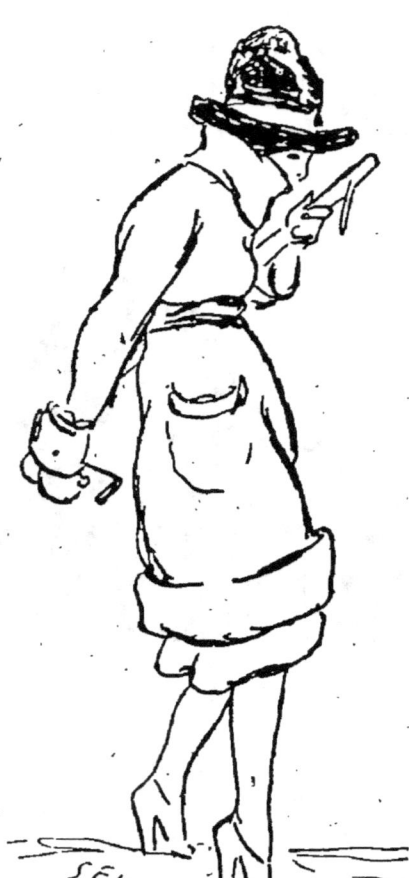

Fig. 124. — *Influence des hauts talons sur la démarche de la femme*, d'après un croquis de Sem.

étroite, longue et point épaisse, elle s'avantagera de doigts longs et légèrement relevés à leur extrémité, d'un index dépassant l'annulaire, d'ongles longs et bombés.

De même que les jambes, les bras concourreront à cette unanimité potelée, exprimant, comparativement à l'homme, la faiblesse dans la grâce, la douceur dans la souplesse, la délectation dans l'harmonie des volumes juxtaposés.

En examinant ensuite, de dos, notre modèle, nous apercevons la parure abondante et soyeuse de ses cheveux. On évalue, scientifiquement, la longueur moyenne des cheveux féminins à 0 m. 75 et leur plus longue dimension à 1 m. 50 et plus...

Après avoir simplement évalué, en dehors d'ailleurs, de toute relativité avec les proportions générales du corps, la mesure riche de son développement, nous rejetterons la chevelure, en avant, sur l'épaule, pour découvrir la nuque.

Celle-ci ne sera point laidement dénudée, mais au contraire pourvue de petits cheveux frisant plutôt un peu bas que trop hauts. La nuque sera fine et point large, sans saillie musculaire; elle est généralement ambrée, ainsi que nous l'avons dit pour toutes les parties voilées de la chair, qui, au surplus, sont particulièrement fines et douces, comme les plantes cultivées en serre.

Quoique plutôt épaisse pour être belle, la peau de la femme varie dans les divers degrés de son élasticité, sa transparence, et la qualité du grain de l'épiderme ajoute à des sensibilités où l'œil se satis-

Fig. 125. — Une Vieille (La Vieille Haulmière), par A. Rodin.

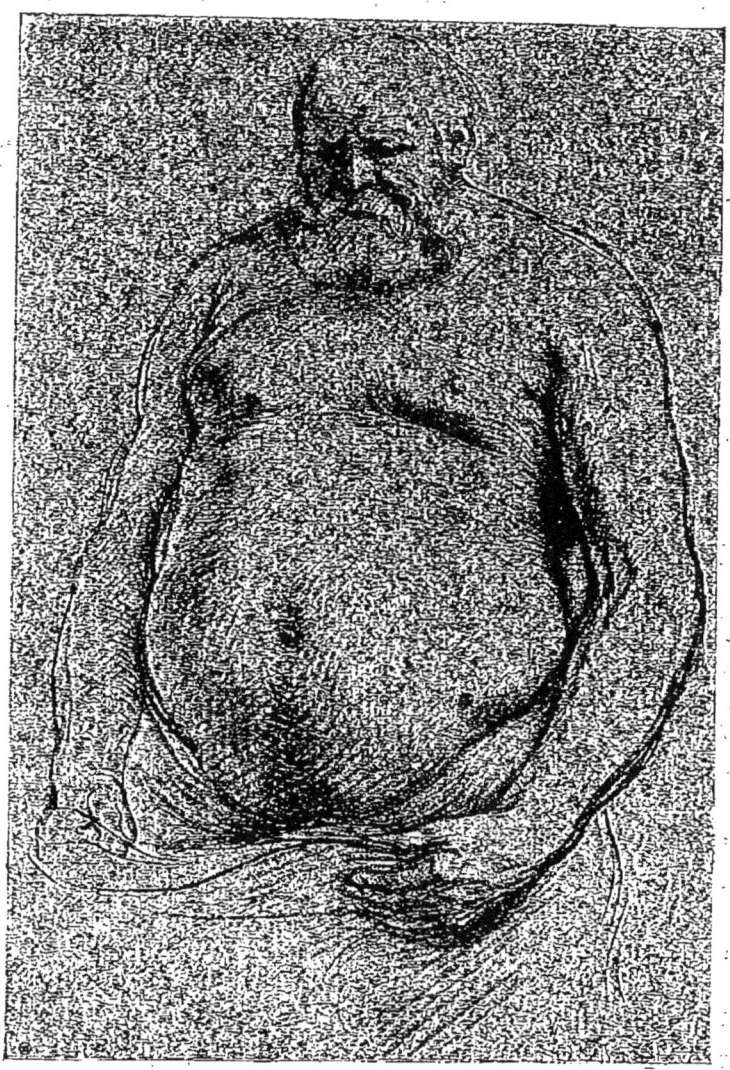

Fig. 126. — *Un vieillard (dessin)*, par J. Jordaens.

fait de tonalités multiples et délicates. Irriguée par un système veineux beaucoup moins apparent que chez l'homme, dont elle ne saurait envier davantage la myologie exubérante, la peau d'Eve, autrement parfumée que celle d'Adam, aux pores, d'autre part, moins ouverts, ajoute la caresse de la soie au strict soupçon musculaire.

Le Bernin, à qui l'on demandait quelles étaient les plus belles des Italiennes et des Françaises, répondit que sous la peau des Italiennes on voyait du sang, et du lait sous celle des Françaises. Cela fait image esthétiquement, étant donné que chacune des parties du corps féminin, principalement, varie sa texture, et par conséquent suivant la forme, aux divers modelés.

Précisément, l'étude du dos s'offre au contrôle des modelés fondus qui, de chaque côté d'une colonne vertébrale bien droite et convexe, apparaissent calmes et aimablement balancés (fig. 102 et 119). Alors que, chez l'homme, dans l'action du mouvement, voire du moindre effort, le jeu des muscles anime son revers, alors que le moindre tressaillement fait vivre cavités et bosses dans les alternatives de l'ombre et de la lumière; le dos de la femme demeure onctueusement impassible, l'onde du moins, de sa substance nerveuse, roulant à peine sous la chair.

S'enthousiasmant sur certaines parties du corps humain où le squelette indique sous la peau des modelés caractéristiques de la forme et du mouvement, Cellini conseille un de ses disciples : « Tu dessineras dit-il, notamment, l'os placé entre les deux hanches; il est très beau et s'appelle croupion ou sacrum. » Mais Luca Signorelli dépassa les bornes, lorsqu'ayant perdu un fils bien-aimé il en fit dépouiller le cadavre et en dessina minutieusement tous les muscles, *parce qu'ils étaient pour lui l'essentiel de l'homme et qu'il imprimait dans sa mémoire ceux de son enfant!...*

Ici reparaît l'exagération dont firent preuve tant d'artistes illuminés de la Renaissance, plus avides de raisonner que de sentir, et, suivant Barthélemy-Saint-Hilaire, la raison a eu son enfance comme les autres arts. Les artistes du passé, au surplus, ignoraient l'étroite évidence du document photographique qui ramène l'idéal au concret, mais en éclairant supérieurement sur la vie et son mécanisme, sans nuire à l'interprétation du rêve.

Après cette diversion, nous reprendrons l'examen du dos féminin. A la cambrure de la taille aux reins, où se perçoivent des fossettes lombaires, parce que, toujours, la nature songe à meubler les surfaces, succèdent les fesses, développées, fermes et saillantes (davantage que celles de l'homme), harmonisées au surplus, avec l'ampleur des épaules, l'élégance du buste et de la taille.

La Vénus dite *Callipyge*, du Louvre, ne pouvait que répondre exemplairement à cette perfection.

Le savant anthropologiste italien, Mantegazza, prétend que les fesses rebondies ont été données à la femme afin qu'elle fût particulièrement bien assise...

Du ressort des reins (fig. 114) dépend la richesse de

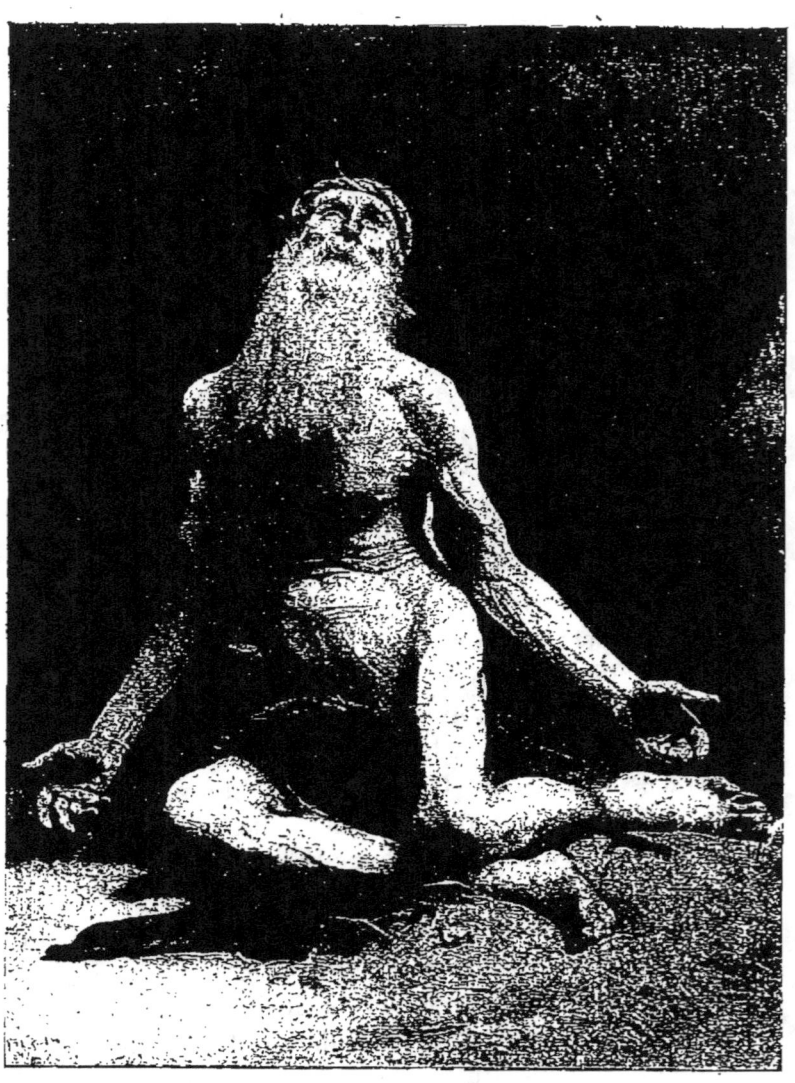

Fig. 127. — *Un vieillard (Job)*, par Léon Bonnat.

la saillie des fesses qui assure, d'accord avec la protubérance des seins et l'épanouissement des hanches, l'harmonie du corps féminin, son balancement régulier plus ou moins réussi. La finesse des jambes, enfin, demeure solidaire de l'opulence des cuisses, subordonnées, elles, dans leur volume, à la masse des hanches et de la taille.

De telle sorte que la base du corps féminin s'achève en légèreté et en finesse; la résistance des pieds accusant l'arc des mollets; de la solidité du cou et de la fixation des omoplates en arrière résultant un torse bombé, tandis que se redresse la colonne vertébrale et s'efface l'abdomen, dans la souplesse articulaire des côtes, des jambes et du bassin, solidaires.

Quand on songe que l'art magnifia jusqu'aux tares physiques! Mais c'est le fait du caractère dont le rôle hybride consiste à accuser les lignes de la beauté comme à dégager la puissance de la laideur. Car les Velasquez, les Goya ont su dominer leurs modèles par l'accent de leur art et Rodin, avec ses académies pitoyables de vieilles (fig. 125), ne réussit pas moins à atteindre au chef-d'œuvre. Et, tant de vues de fortifications, de gares, entre autres lieux tristes et pauvres, inspirèrent encore si merveilleusement!

Le but de l'art n'est pas seulement d'imiter la nature mais d'exprimer un sentiment, un frisson au delà de la vie et de la vérité même. « Le chien d'Eumée reconnaissant, après tant d'années d'absence, Ulysse que personne ne reconnaît n'offre-t-il pas à l'art (c'est Lamennais qui parle) un genre de beauté indépendant de la forme? Quelle distance, quant à l'expression, du cheval des Pampas au cheval de Job, et plus encore à celui que Virgile dépeint associant son deuil au deuil paternel, et versant de grandes larmes en suivant le cercueil de Pallante. »

Le *Job* (fig. 127) de Bonnat ne nous montre-t-il point un beau vieillard, tel du moins que la décrépitude le tolère, artistiquement béatifié? Et avant lui, un Jordaens (fig. 126) parmi tant de maîtres du passé! Pourtant, à l'homme était particulièrement réservée cette concession, en raison de sa fragilité moindre, car la déchéance de la forme féminine est particulièrement pénible. Noblesse obiige, et l'idée de la Mère impose le respect des voiles. « A mon âge, disait spirituellement l'actrice Madeleine Brohan parvenue à un âge avancé, on ne s'habille plus, on se couvre. »

CHAPITRE XI

La Nudité esthétique de l'Enfant.

Après l'étude des sexes nettement déterminés, aux formes opposées d'expression et de but, le goût nous vient, avant de parler de l'enfant issu de l'homme et de la femme qui viennent d'être exposés en beauté normale, de réviser, pour sa curiosité esthétique, l'hybridité plastique.

La fable grecque n'a pas craint de réunir les deux sexes en un seul, et Pline prétend que le peuple imaginaire des Androgynes habitait une contrée de l'Afrique... Platon attribuant d'ailleurs, à cette unité que nous aurions perdue, le penchant à se rechercher, l'attraction des sexes aujourd'hui séparés.

En vérité, aucun agrément d'art ne résultait de cet accouplement, et la statuaire antique a préféré s'abstenir de l'immortaliser. En revanche, Polyclès d'Athènes figura l'*Hermaphrodile*, et les peintures de Pompéi, conservées au musée de Naples, édifient d'autre part sur une conception bellement imaginative.

Alors que l'Androgyne possédait deux corps, l'un

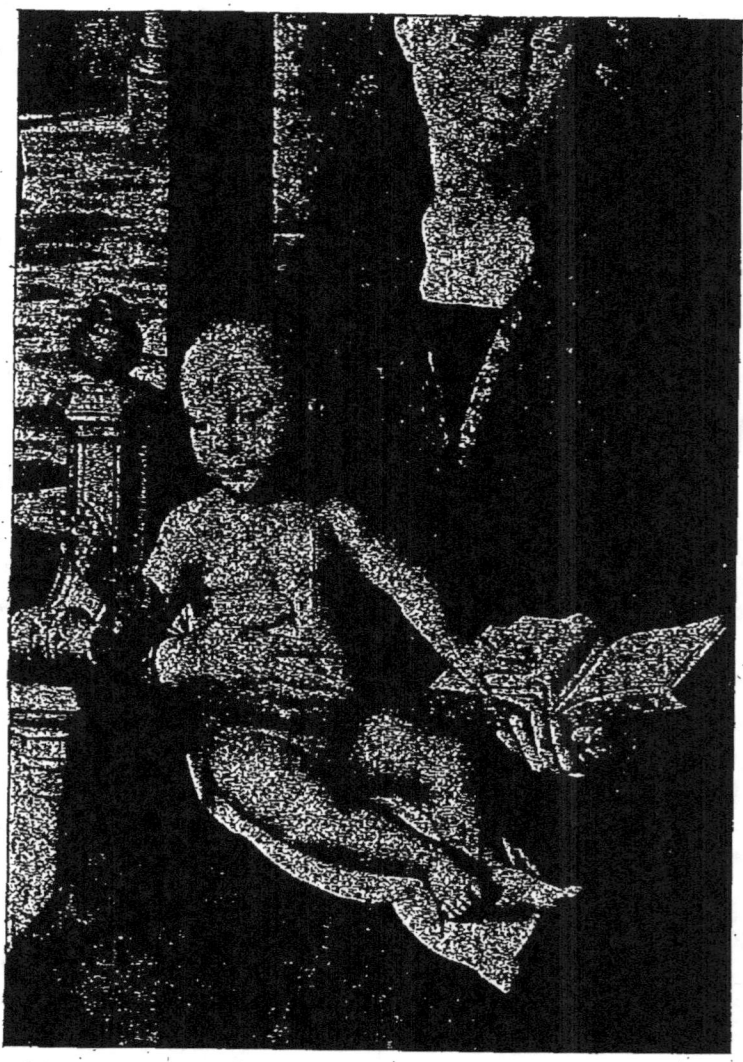

Fig. 128. — *L'Enfant Jésus*, de Memling (fragment).

masculin, l'autre féminin et, par conséquent, quatre bras, quatre jambes, deux visages opposés sur une seule tête (pourvue de quatre oreilles), montée sur un cou unique, etc.; alors que le Vichnou hindou, décorativement arbore deux paires de bras, ses incarnations animales contredisent encore l'aspect humain, et les dieux de l'Olympe se fussent offensés de n'être point tout simplement des hommes. C'est ainsi que lorsque la fable créa un fils d'Hermès et d'Aphrodite, d'une merveilleuse beauté plastique malgré qu'elle demandât aux deux sexes réunis cette repré-

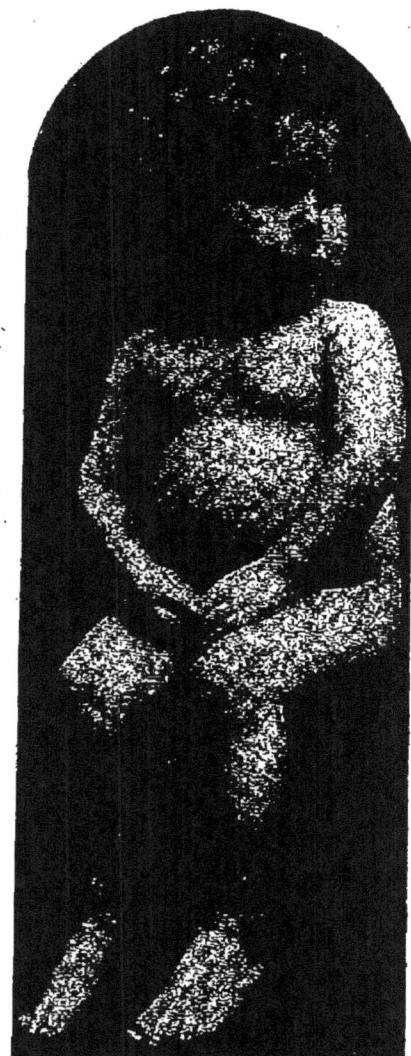

Fig. 129. — *Développement exagéré de l'abdomen, chez l'enfant.*

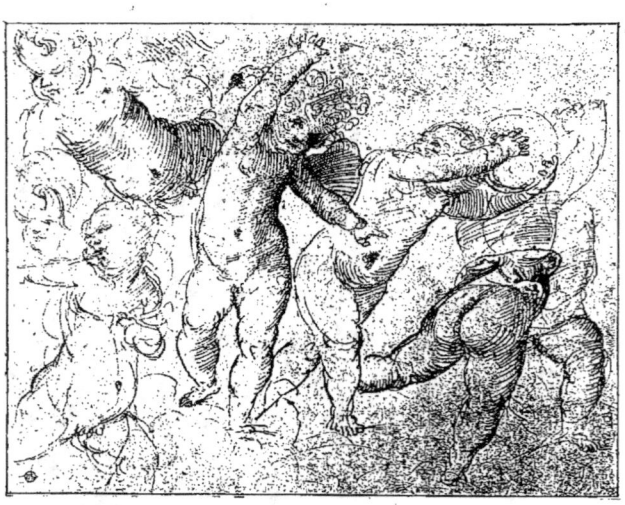

Fig. 130. — *Amours*, par Titien.

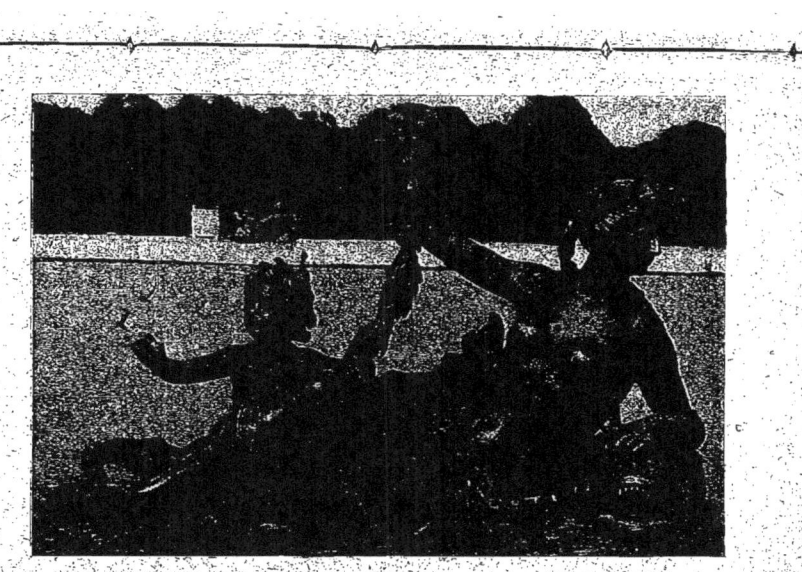

Fig. 131. — *Nymphe et Amour*, du xviie siècle. (Palais de Versailles.)

sentation, l'homme-femme n'attira point les foudres de l'Olympe, puisque la grâce de l'éphèbe s'animait sous cette forme efféminée (1), conformément à l'adolescente vérité.

Les mœurs d'Athènes, d'ailleurs, de Sapho à Socrate le Cynique, ne s'opposaient guère à l'interversion des sexes, surtout lorsqu'elles étaient susceptibles de magnifier la beauté sur l'autel de la passion, de surenchérir même sur la splendeur des formes.

Le charme équivoque d'Hermaphrodite, pourtant, ne nous retiendra qu'autant qu'il évoque, en la personne de l'éphèbe, cette grâce naturelle du jeune mâle, aux lignes efféminées, inhérentes à la seule jeunesse physique en voie de maturité virile. Mais, en dehors d'Hermaphrodite, type fictif et tendancieux, mais en dehors du pur adolescent, nous verrons s'élargir le champ troublant du sexe visuellement indéterminable.

Du moins, Pouchet prétend-il n'avoir pu distinguer l'homme de la femme chez les Arabes de Haute-Nubie et en Annam, par exemple; tandis que Pruner-Bey déclare que chez les Druses les différences entre sexes sont minimes.

---

(1) L'ordre religieux des femmes, fondé par saint Dominique, fournit à l'école florentine un représentant féminin : sœur Plautilla Neri, prieure d'un couvent.
Le seul défaut qui ait été reproché aux tableaux de cette sœur est le manque de virilité de ses personnages, mais la règle de l'ordre était très sévère et ne permettait pas à sœur Plautilla d'autres modèles que les religieuses de son couvent...

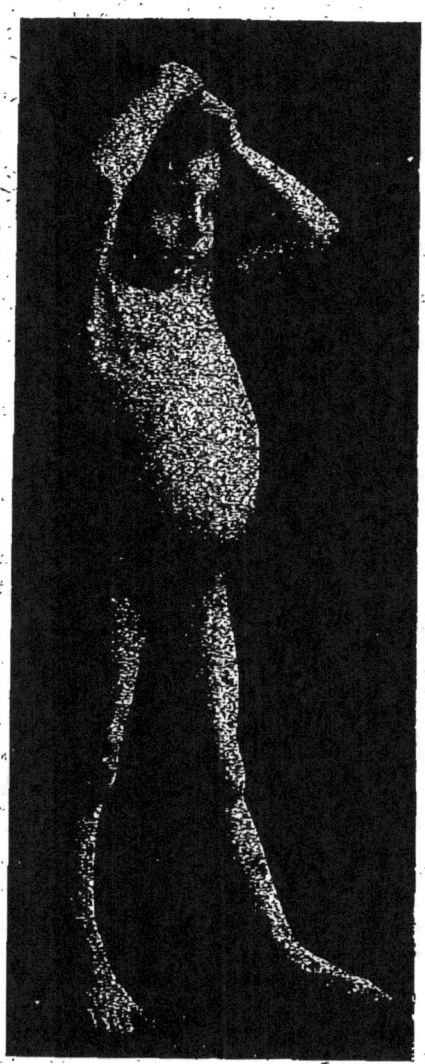

Fig. 132. — *Voir explications-critiques, au chapitre* XIII.

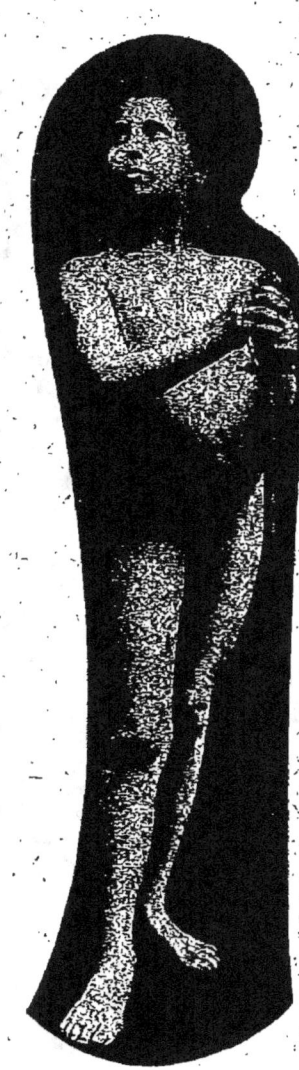

Fig. 133. — *Fillette* (proportions normales).

Studio G. L. Manuel Frères
Fig. 134 — *Étude*.

Chez plusieurs races, une femme très jeune risquerait même d'être confondue avec un homme peu barbu. Somme toute, quand la référence du costume échappe, déterminatif du sexe, à l'européenne, et que le mâle est à peine musclé, on pourrait se méprendre sur une gracilité, sur des déhanchements, d'autant que, chez les nègres, le visage de l'homme et de la femme sont similaires et que les cheveux des deux étant crépus, la chevelure, ornement distinctif supérieur chez la femme, manque.

Le corps du nègre, particulièrement souple, aux jambes souvent grêles, ajoute encore à l'imprécision du premier abord, et l'on ne pense point toujours à contrôler, chez une négresse, l'allongement sensible de son avant-bras et de sa jambe, comparativement à son bras et à sa cuisse; son bassin étroit, enfin, se rapprochant de celui de l'homme !

Lorsque les Cingalais furent exhibés à Paris, au jardin d'Acclimatation (il y a une quarantaine d'années), il nous souvient de la déconvenue du peintre « arrivé » qui nous accompagnait dans l'enceinte réservée à ces insulaires. S'étant arrêté devant une superbe Cingalaise, il en détaillait doctement la beauté. Mais je n'étais point d'accord avec notre artiste sur le sexe même de la Vénus en question, d'où l'indignation de notre connaisseur, impitoyable pour notre jeune inexpérience. Il fallut que, pour nous départager, la soi-disant Cingalaise, fort compréhensive de nos gestes et de la curiosité qu'elle suscitait, arrachât soudain, en éclatant de rire, les ornements coniques qui ornaient ses... pectoraux !

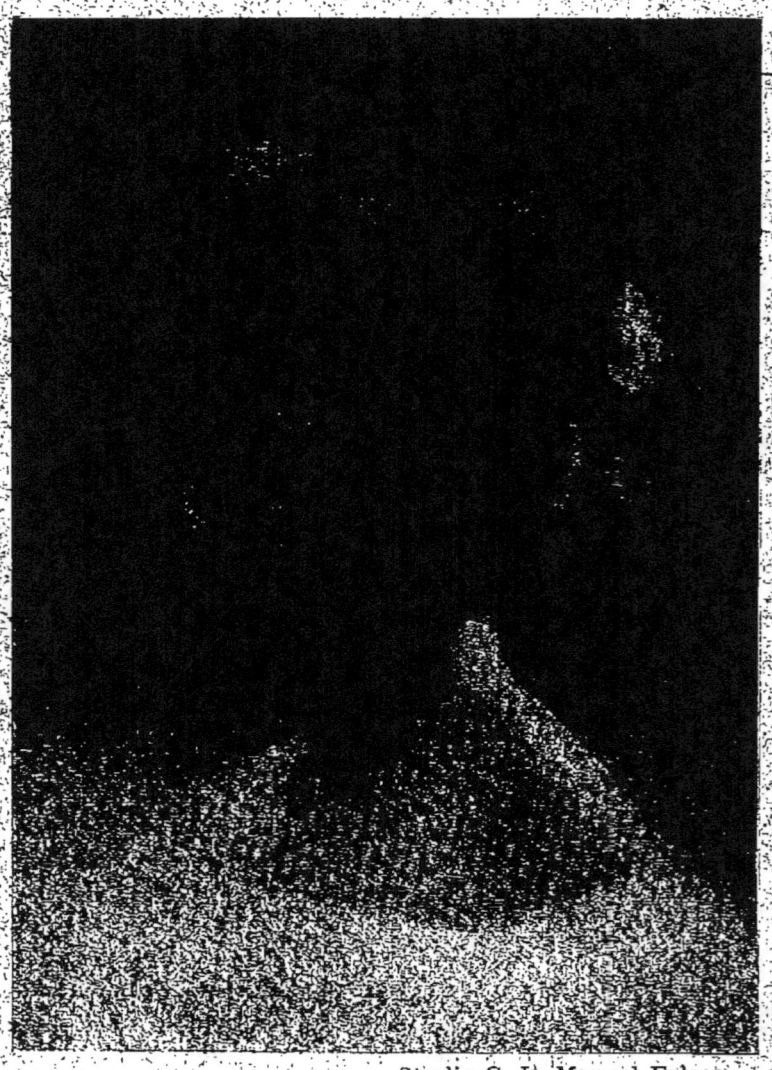

Studio G.-L. Manuel Frères.
Fig. 135. — *Etude*.

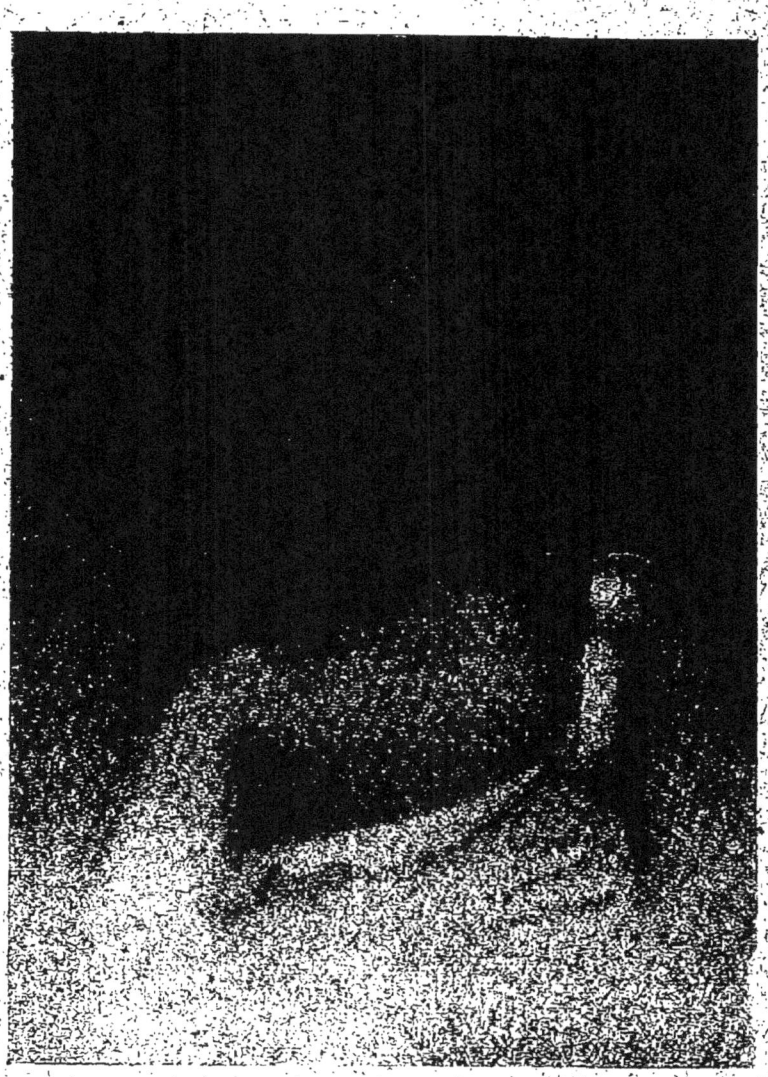

Studio G.-L. Manuel Frères.
FIG. 136. — *Etude.*

Pourtant, du développement du bassin de la femme résulte une démarche spéciale. Mais notre sujet demeurait immobile, et la finesse de son appareil musculaire ainsi que la délicatesse de ses os étaient singulièrement trompeuses; l'ensellure lombaire résultant du corset, d'autre part, échappant à la vérification, chez des naturels ignorants de cette cangue.

L'épreuve que nous allons dire ne pouvait non plus être tentée, faute d'une robe, et parce que l'état de nudité ou de quasi-nudité libère les mouvements de cette contrainte qui, précisément, risque de les révéler propres à tel ou tel autre sexe.

On sait, en effet, à l'aide de quel subterfuge les religieux de la Trappe (?) démasquent les hommes revêtus de vêtements féminins pour tenter d'enfreindre les règlements interdisant leur accès au couvent. Ils leur jettent soudainement une balle. Or, s'il s'agit d'une femme, celle-ci, habituée à porter jupe, ne manquera pas, instinctivement, d'ouvrir les jambes pour recevoir la balle, tandis que l'homme, non moins naturellement, fermera les siennes.

La méprise des sexes souligne enfin, simplement, des anomalies, car la virilité masculine ne saurait être normalement confondue avec la grâce féminine; d'où résultent essentiellement (anatomiquement et musculairement, moralement aussi) les nettes différences que nous avons exposées.

Dans le chapitre du geste, — sans parler de la voix, d'autre part tellement édifiante, — on pourrait encore trouver tant d'intéressantes particularités déterminatives des sexes !

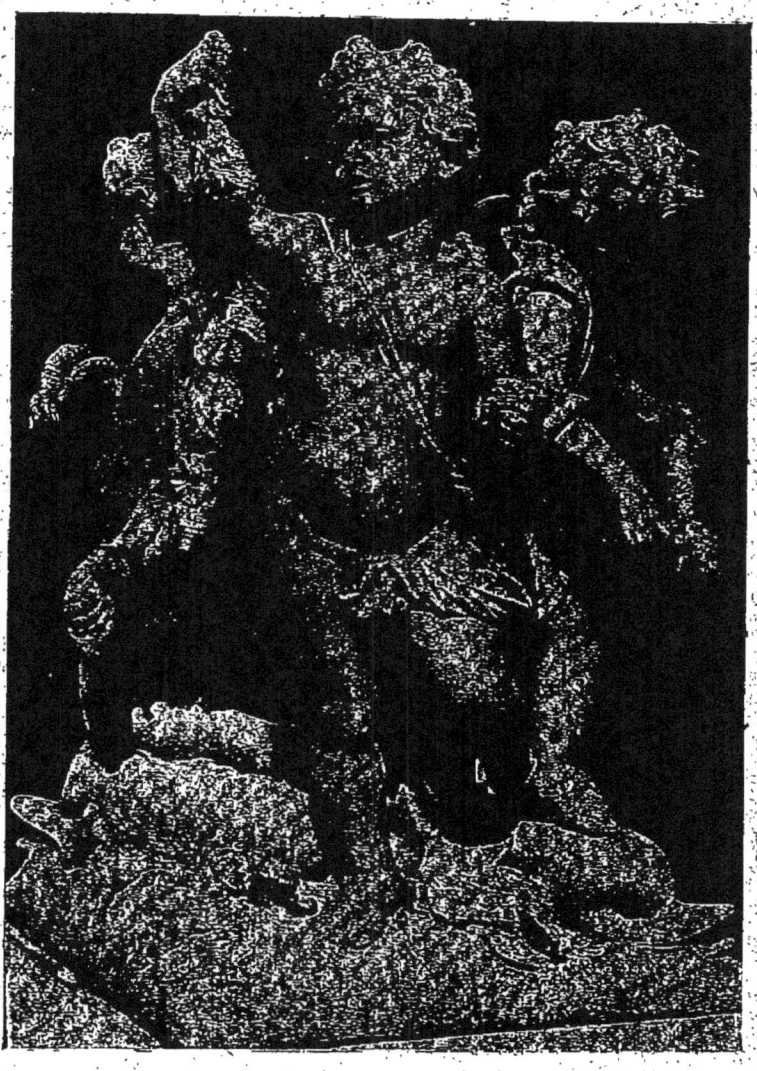

Fig. 137. — *Amours* du XVIIe siècle. (Palais de Versailles.)

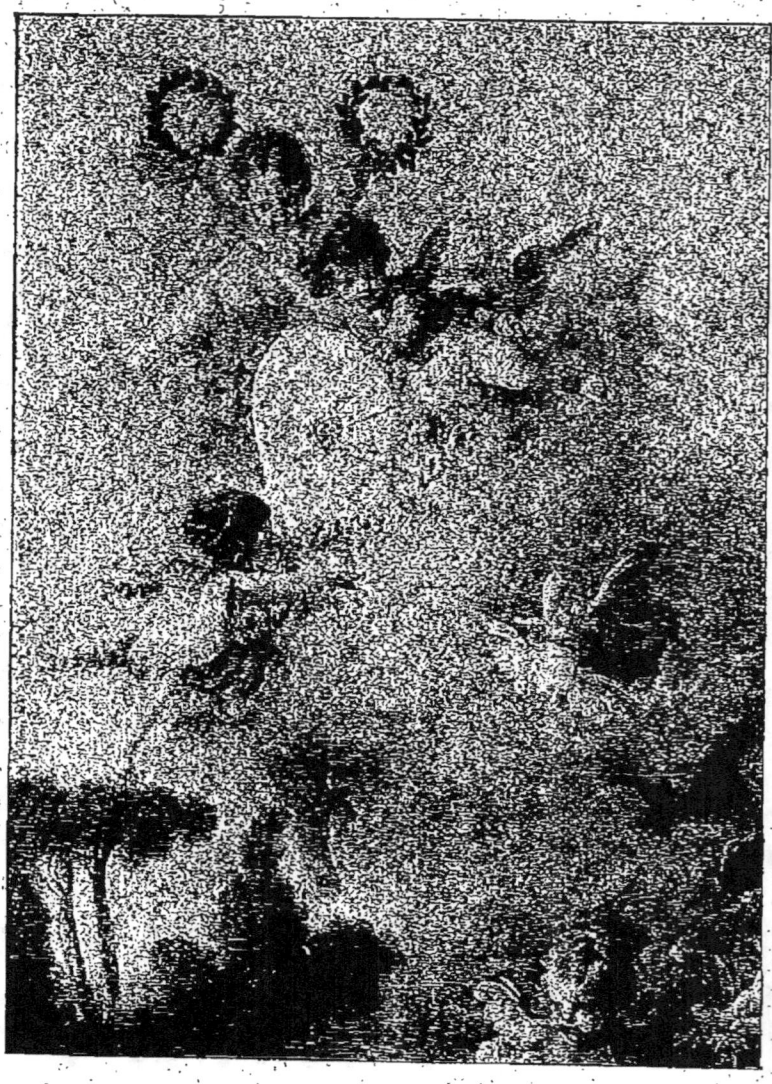

Fig. 138. — *Amours*, par François Boucher (*La Cible*, fragment).

Voyez une femme fermer le poing, dans l'action simulée de la boxe! Examinez la manière dont elle vise, avec un revolver!-Elle le manie aussi gauchement qu'un homme un éventail... à l'encontre de l'éphèbe, dans l'acception péjorative du mot. Le sport féminin, par ailleurs, nous prépare une génération virile qui promet...

Mais nous abandonnerons ici l'irrégularité sexuelle et reviendrons à la promesse printanière du corps, en remontant aux sources de l'enfant.

Maternellement adorables, artistiquement ensuite, les formes indécises de l'enfant ne prêtent point à l'ambiguïté. Du moins, ce furent les artistes qui troublèrent son innocence en le livrant au symbole, en le mêlant aux réalités humaines.

Lucrèce a remarqué que les enfants avaient contribué, par leur faiblesse même et leur fragilité, à l'adoucissement des mœurs humaines, à ce sentiment de leur propre fragilité qu'elles éprouvent à un si haut degré dans la pudeur et qu'elles ont pu, en partie, communiquer à l'homme.

Aussi bien ne sont-ce point tout à fait des enfants que l'art décoratif adopta avec une frénésie où le plus souvent la pudeur n'avait rien à voir.

Tout le XVIIIe siècle n'est que culbutis d'amours, et lorsque le galant François Boucher désire soulever un voile concupiscent, c'est encore par le truchement de l'Enfant-Dieu qu'il opère.

Armé de flèches, ceint de son carquois inépuisable, Cupidon, à vrai dire, échappe au sein de la mère pour lutiner celui de l'amante. C'est-à-dire qu'il

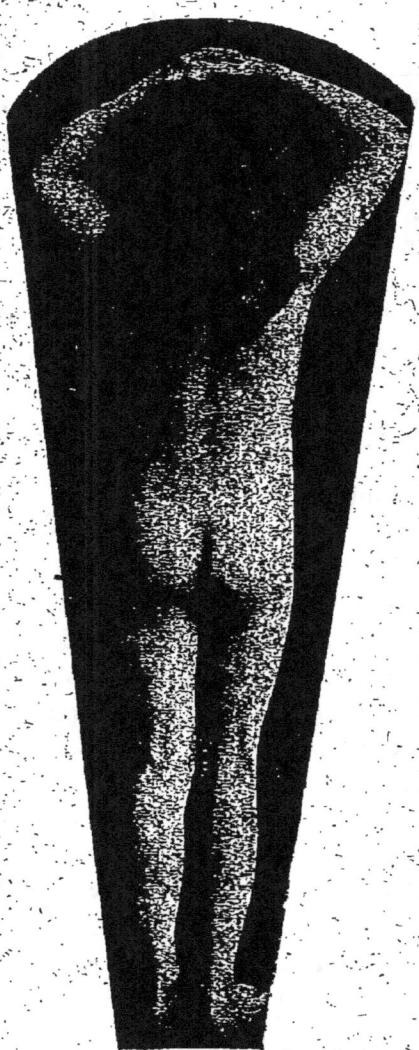
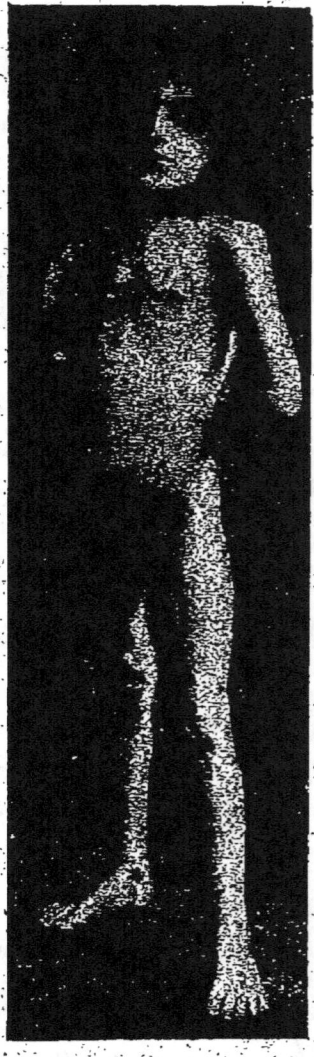

Fig. 139.
Dos normal.

Fig. 140. — Voir explications-critiques, au chapitre XIII.

n'est point un bébé, mais une manière d'espiègle et de tyran dont on exploite l'innocence. Des ailes, d'ailleurs, achèvent de transfigurer ce corps trop rebondi et trop rose et, conventionnellement, il courut sur les frises et encombra les tympans, taquinant, provoquant, avec l'excuse de ne point être un homme en réduction, ni même un futur homme, mais un surhomme, plutôt chargé comme le confident de tragédie, d'aider à l'intelligence de la scène, de l'animer, voire de la meubler. Les peintres primitifs respectèrent davantage les formes de l'enfant, qu'ils ne séparèrent pas de la mère et de la madone (fig. 128). L'Enfant Jésus posa pour eux et ils en détaillèrent la grâce divinisée avec tout le respect que la foi imposait à leur art. L'enfant personnifia souvent aussi les anges dont leurs rêves pieux étaient pleins et, s'ils accommodèrent la nature, ce fut seulement pour lui ôter le caractère de vérité qui eût vulgarisé, à leur sens, une vision séraphique.

Mais un Raphaël, déjà, munira d'arcs et de flèches les amours ailés qui accompagnent le triomphe de Galatée, et quand Rubens enguirlandera de lutins plantureux et bouffis les pages truculentes de la vie de Marie de Médicis, il aura opté pour l'Amour païen.

Pourtant, les enfants de Raphaël demeurent massifs, herculéens; ce sont encore des petits hommes, de même que ceux de Le Brun (et de tout le XVIIe siècle (fig. 137), magnifiques et lourds comme les draperies qu'ils supportent, et si Rubens, entraîné par sa palette grasse et blonde, succombe à l'obésité, Boucher modifie cette création puissante

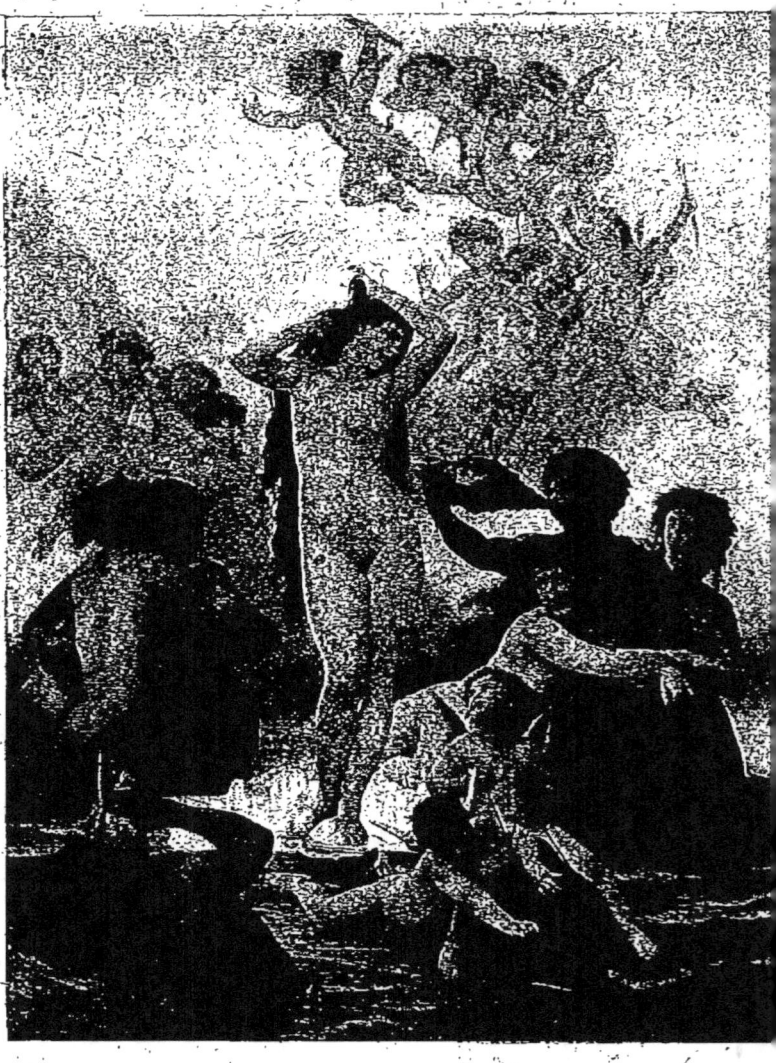

Fig. 141. — *Femme et Amours (La Naissance de Vénus),* par W. Bouguereau.

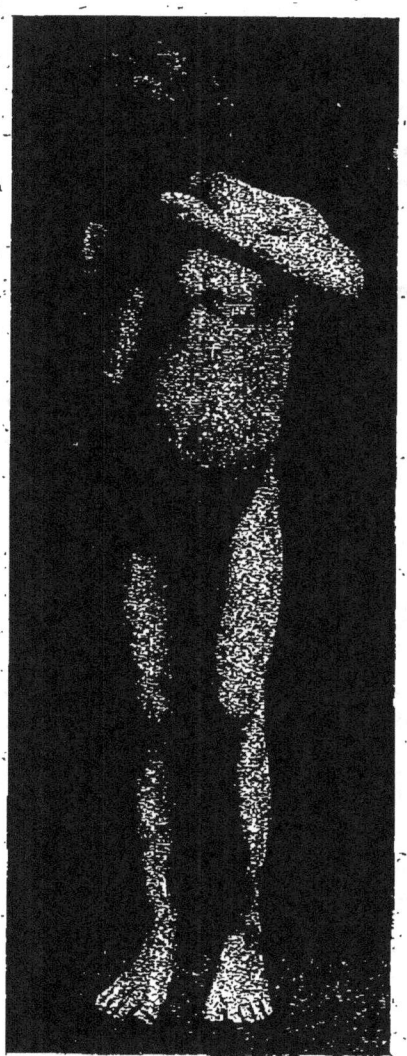

Fig. 142.
Ensemble normal.

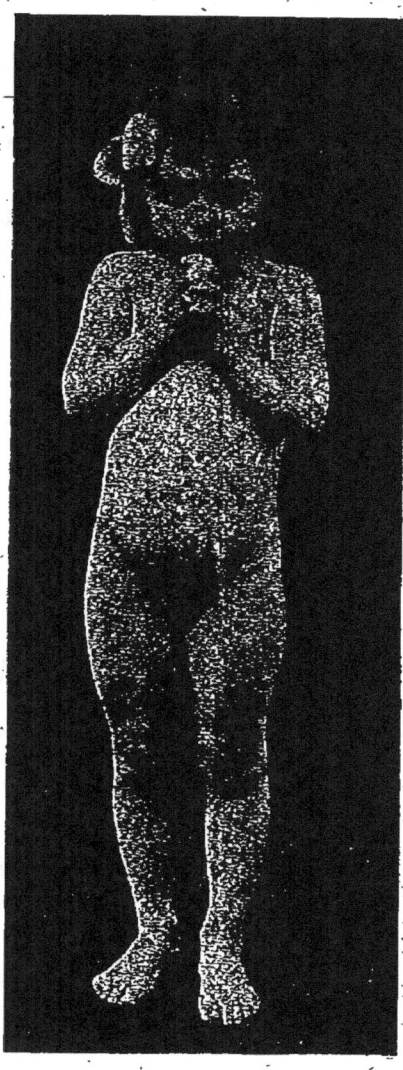

Fig. 143. — Jambes légèrement
courtes et encore arquées.

dans la grâce. Les amours de Boucher (fig. 138), aux chairs pétries de roses et de lait, volent plus légèrement, et nous avons dit qu'ils ont décidément rompu non seulement avec l'ingénuité de l'enfant mais avec ses représentations divine et humaine.

De nos jours, plus prosaïques, la personnification des amours s'évanouit dans le dernier rêve d'un W. Bouguereau (fig. 141). Le tableau a abandonné la fiction; le règne de la peinture religieuse est aboli, et l'on a condamné le charme, pour le punir de ses débordements, de même que le dernier amour de Boucher avait succombé, jadis, sous le glaive gréco-romain de David.

De telle sorte que nous voici préparés à affronter l'étude de l'enfant tel que la nature le conçut.

La forme, chez l'enfant, est plutôt à l'état d'embryon; sa tête ne semble avoir pris son développement presque complet qu'en raison de son corps et surtout de ses jambes courtes, et son abdomen apparaît jouir d'une amplitude définitive.

Cette exagération proportionnelle du chef et du ventre suffisent à indiquer, dans l'ensemble, une difformité. Jusqu'à l'âge de puberté, les membres de l'enfant revêtent peu de caractère, leur grâce poupine séduit seule, « amusante » parce que grassouillette et rose; elle attendrit plutôt maternellement. Il y a loin de ces membres indécis, indiqués par des bourrelets de chair et de graisse, à la forme volontaire qu'un Boucher, qu'un Clodion, exprimèrent.

A l'empâtement succèdera une maigreur dispro-

LA NUDITÉ ESTHÉTIQUE DE L'ENFANT 295

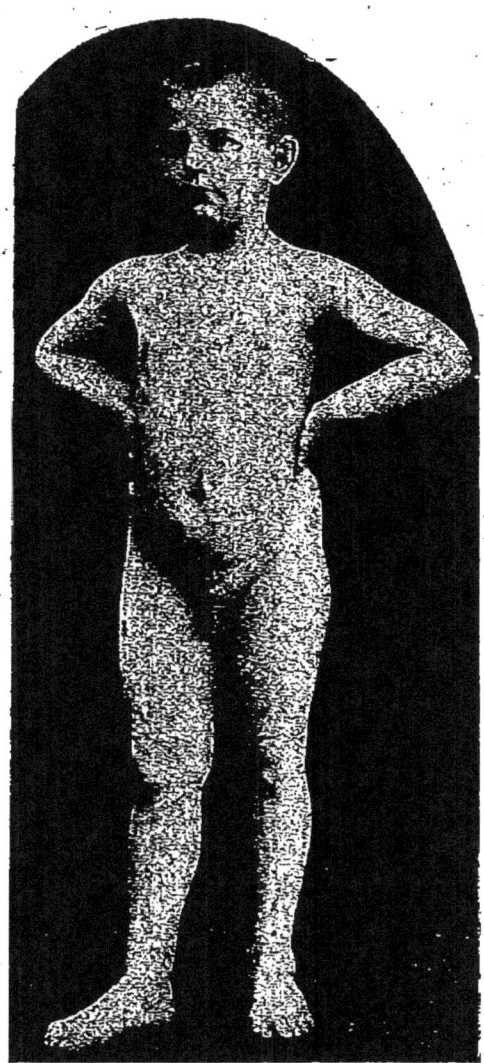

FIG. 144. — *Enfant légèrement adipeux.*

portionnée où s'afficheront, non moins en désaccord, des volumes se développant au détriment de certains autres; l'âge ingrat résultant d'une indécision de la forme après sa dénaturation mafflue.

A ce moment, le sexe se cherche, hésite, et la répercussion de cet état physiologique déconcerte l'esthétique. Les pieds de l'enfant, après avoir été roses et rebondis, s'allongent sans cambrure, les rotules marquent excessivement les genoux, les clavicules et les omoplates exagèrent leur saillie, etc. (fig. 140). En un mot, ce corps en formation manque de caractère et de tournure; il ne donne que des renseignements d'ordre anatomique.

Mais, sur la tête disproportionnée de l'enfant, des cheveux bouclés font merveille! Sa peau, qui n'a d'égale que la tendresse de ses yeux, bleus ou noirs, sous des frisons d'or, est nacrée sur des tissus rebondis. Le rose de ses joues séduit d'une fraîcheur sans pareille.

Peu ou point de cou; un torse rebondi et des bras dodus aboutissant à un bourrelet qui est le poignet, et à une main étonnamment grassouillette.

Guadet, dans *Eléments et théorie de l'architecture*, n'a pu résister à la détermination du module humain... Il ordonna de la sorte, la taille des enfants : « ... A la naissance, l'enfant a le tiers de la taille adulte; à trois ans, la moitié; à sept ans, les deux tiers, et à dix ans, les trois quarts. »

Si l'accord entre les volumes du corps de l'enfant apparaît discutable vis-à-vis, du moins, du sexe déterminé, les détails en sont charmants, jusqu'aux

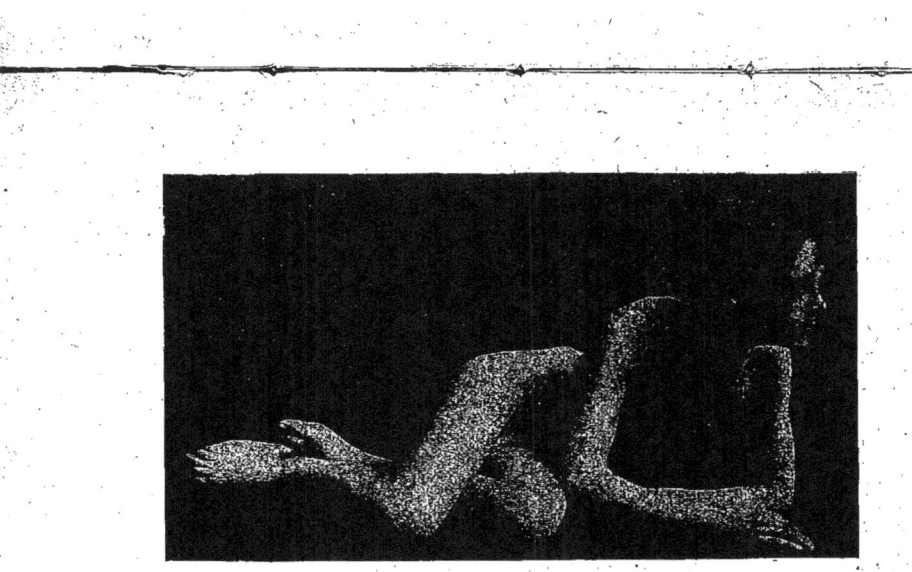

Fig. 145. — *Proportions normales.*

jambes inclusivement, tordues, mais terminées par un pied si mignon !

Quant à l'abdomen, nous savons sa dilatation excessive (fig. 129) et allons la voir susceptible même de s'aggraver. Les grandes personnes aussi, d'ailleurs, devant être gardées de toute atteinte à l'esthétique lorsqu'elles font figure d'exemple.

La dernière œuvre de Pigalle fut une jeune fille se tirant une épine du pied. On raconte qu'en exécutant cette statue, tel était son respect scrupuleux de la vérité, que l'artiste soumettait son modèle à des précautions de régime minutieuses, afin de lui conserver le juste degré d'embonpoint où il l'avait choisi. Cela nous rappelle un souci similaire chez W. Bouguereau, à propos d'un enfant en bas âge dont il redoutait l'alimentation disproportionnée ou grossière.

Le bébé ayant trop déjeuné (fig. 132) se présenta à la séance de l'après-midi avec un « bedon » tellement imposant, que le peintre de Vénus et des Amours décida que, dorénavant, son modèle prendrait ses repas à l'atelier où une nourriture délicate et mesurée lui serait servie.

Ce fut encore pour conserver jalousement son beau modèle, Spada, que Caravage l'enferma, dit-on, durant quatre jours et quatre nuits dans son atelier, le temps d'exécuter un saint Jean.

Il est à remarquer que les modèles qui posèrent les Amours furent toujours plus âgés que Cupidon. L'artiste doit se méfier, en effet, d'une forme seulement ébauchée et sans autre caractère que la joliesse.

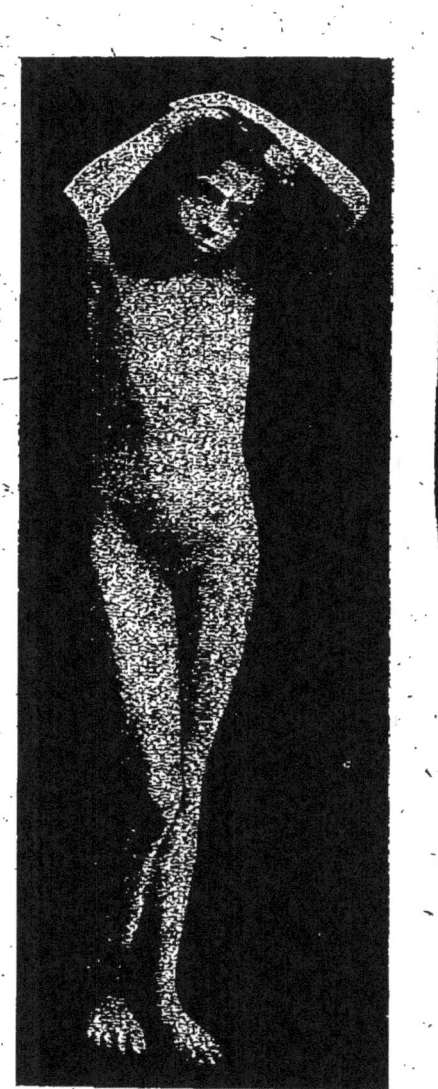

Fig. 146. — *Fillette normale.*

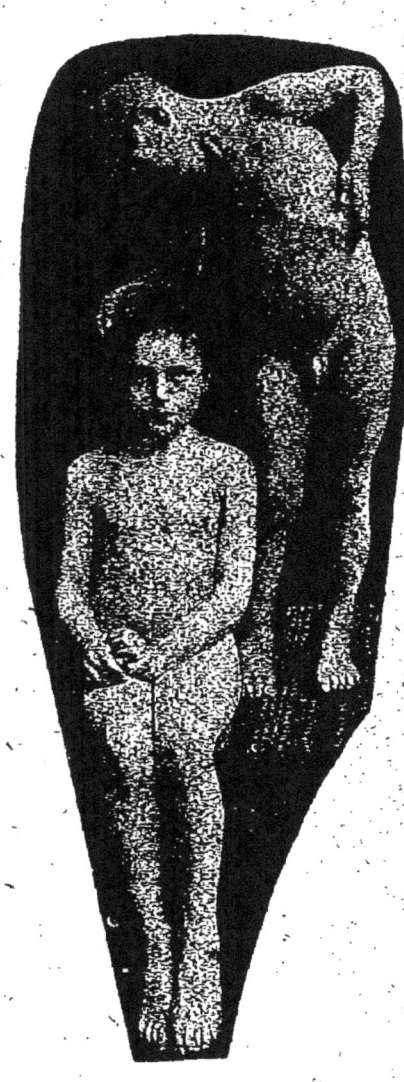

Fig. 147. — *Types normaux.*

Le jeu de bourrelets, qui flatte les bras ou les jambes d'Eros, constitue bien un caractère, mais encore appartient-il à l'artiste d'en chercher la tournure chez un sujet moins puéril. En revanche, la tête est délicieuse, telle quelle, précisément en raison de sa dimension et de ses traits déjà accusés; quant à l'abdomen, il sera mis en proportion par l'homme de l'art.

Les dieux-enfants ont plutôt, enfin, prêté leur figuration au décor dans cette irréalité tellement en harmonie avec leur forme hésitante comme leur sexe. Hercule enfant est un enfant monstrueux parce qu'il emprunte à la musculature d'un adulte puissant, et les Amours comme les Ris ne sont pas moins excessifs dans le dévergondage charmant de leur forme et de leur innocence altérée.

On ne saurait séparer ces petits démons de la fiction, du rêve. Ils palpitent dans un nuage de poudre de riz, et ils ont servi à merveille l'ornementation par leur souplesse, leur génie malicieux, par le balbutiement de leur geste. Toutefois, nous répéterons que les peintres primitifs devaient, en leur naïveté et sincérité typiques, représenter l'enfant avec une particulière fidélité. Ils n'y ont point manqué dans leur respect intense de la nature et de leur piété.

CHAPITRE XII

L'Art et le modèle vivant.
Le Nu et le déshabillé, au Théâtre.

Nous parlerons maintenant du modèle proposé couramment à l'artiste. Nous pensons qu'un éclaircissement sur ce point achèvera notre étude en ramenant le rêve à la réalité, car encore faut-il se contenter de la nudité professionnelle pour évoquer Vénus et pareillement le Christ et l'Enfant-Dieu, à la fois les deux idéals : païen et religieux.

Qu'il s'agisse des trois Grâces (fig. 2) ou de la Vierge, on ne peut s'illusionner davantage sur le choix terrestre qui les inspira, malgré qu'il soit avéré que des grandes dames s'immolèrent pieusement à l'art, parfois, en lui offrant jusqu'à leurs charmes dévêtus.

Pour un Giovanni da Fiesole, pour un Fra Bartolomeo, pour un Le Sueur, qui s'abîmaient dans la prière avant de peindre une Madone, combien d'artistes copièrent prosaïquement leur modèle ! Peut-on demander à une Sainte Famille de Rubens d'émouvoir comme celle d'un Léonard de Vinci ?

Vicente Joanès, le « Raphaël espagnol », chef de l'école de Valence, « eût considéré comme un sacrilège de se proposer un modèle humain pour figurer le fils de Marie; il ne lui donnait que les traits qu'il avait entrevus dans les ferveurs de la prière, aussi ses têtes de Christ sont-elles renommées pour leur caractère d'ineffable douceur ». « Il faut que ce bon moine ait visité le paradis, disait Michel-Ange, en parlant de Fra Angelico, et qu'il lui ait été permis d'y choisir ses modèles ! » Mais, de nos jours, Ernest Hébert n'est point allé si loin quérir le Christ qui figure dans la mosaïque byzantine, à fond d'or, dont il donna le carton pour la coupole du Panthéon. Ce Christ long, pâle et chevelu, est, sans contredit, l'un des personnages les mieux rendus par le peintre dont les recherches à Montmartre comme à Montparnasse, demeurées vaines, l'amenèrent enfin à rencontrer, par hasard, le modèle rêvé. Il finit par jeter son dévolu sur un jeune homme fraîchement débarqué de sa province dans l'espoir de se faire un nom dans les lettres. Ce jeune homme consentit à accorder à Hébert quelques séances pour le tirer d'embarras. Inconnu à cette époque, ce modèle devait, par la suite, réussir magistralement : c'était Joséphin Péladan.

En vérité, le modèle, c'est ce que l'on en fait, et peu importe que Vénus soit blonde ou brune et que la Vierge, malgré que la tradition religieuse la veuille rousse, soit encore blonde. L'art magnifie le modèle dans le sentiment qui l'auréole, à condition toutefois que la foi de l'artiste soit adéquate à l'œuvre. Ainsi la duchesse de Noailles fut-elle mal inspirée lors-

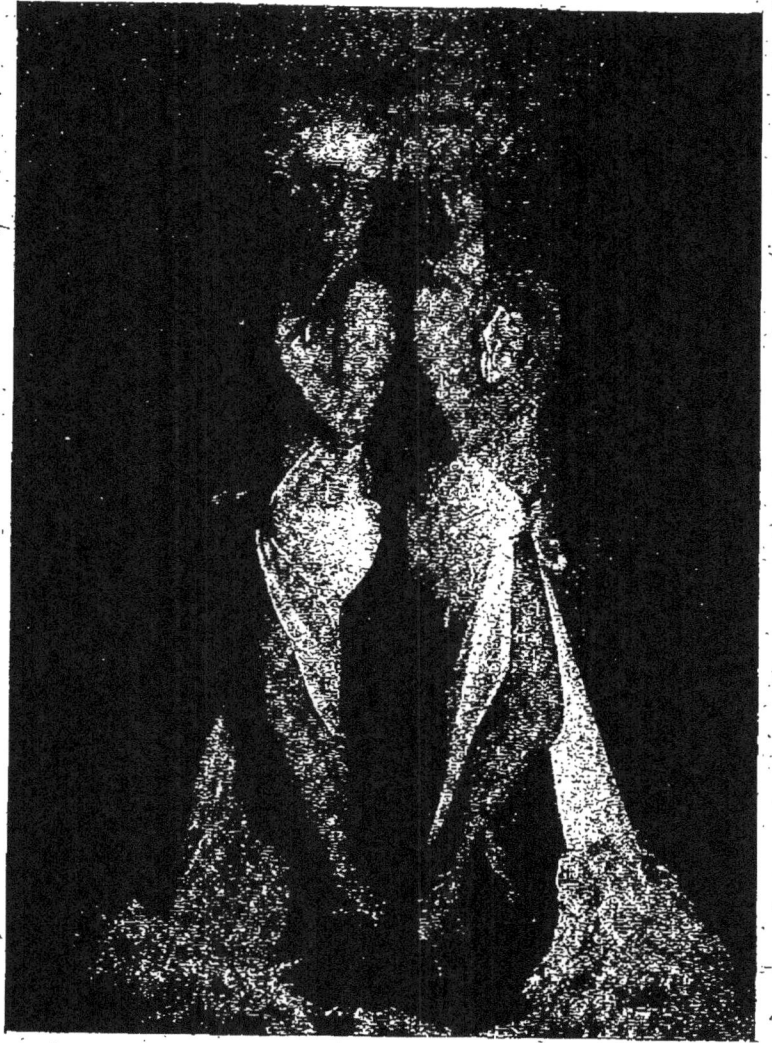

Studio G.-L. Manuel Frères.
Fig. 148. — *Etude*.

qu'elle demanda à Louis David de lui peindre un Christ couronné d'épines. « Comment voulez-vous, madame, que je peigne le Christ ? s'étonna l'artiste. Je ne le connais pas. Socrate si vous voulez. »

La plantureuse matrone qui personnifie la Vierge, serait inopinée, au sens rituel, sous le pinceau de Rubens, n'était la valeur de cette page artistiquement divinisée. Même observation pour le poupon réaliste à qui Van Dyck prêta les traits de Jésus enfant.

Dans l'idéal païen, il importe moins que les *Trois Grâces* de Regnault, par exemple, faillissent, glaciales, à la grâce même, et celles de Boucher succombent au maniérisme sans dommage encore. Le choix du modèle relève d'un dogme chez le premier peintre, digne élève de David, et, pour le second, les délicieuses créatures, dont il pétrit la chair nacrée, sortent tout artificielles de son cerveau. Non moins fardées et factices, les *Trois Grâces* de Canova, pareillement irréelles au contraire de celles de Germain Pilon qui répondent, elles, nettement à l'esthétique de la Renaissance. Les *Trois Grâces* de Pradier achèvent ce triumvirat des filles d'Apollon et d'Æglé, sans caractère, puisque à la remorque d'un art antique dégénéré, après leur célèbre représentation encore, par Raphaël, dans une massiveté toute florentine. Autant d'interprétations dont, au résumé, le type des modèles nous échappe et dont la réalité nous indiffère, pourvu qu'il s'agisse d'une nature transposée mais invariablement belle.

Antoine Coypel avait suivi, dit-on, les conseils du

Bernin et, « comme Bernin en Italie, il fut en France le corrupteur du goût. Il consultait le comédien Baron et donnait à ses personnages les attitudes guindées des acteurs de l'époque; les femmes de la cour du Régent posaient pour lui et il faisait minauder comme elles les femmes de l'antiquité et les déesses... »

Il n'en résulta pas moins une peinture de style, ce qui est préférable à cette vérité désillusionnante que nous offrit certain jour Dagnan-Bouveret, dans la Cène duquel tous les peintres pouvaient reconnaître un à un, terriblement ressemblants, les modèles qui couraient alors les ateliers, depuis le Christ jusqu'aux douze apôtres !

Guillaume II, empereur d'Allemagne, figurait bien le prophète Daniel, avant la Grande Guerre, dans les sculptures qui ornent le portail de la cathédrale de Metz !

Au surplus, sait-on que la statue de la ville de Lille, sur la place de la Concorde, à Paris, immortalise les traits de Mme Drouet, compagne du statuaire Pradier, et que c'est Mme Rude qui posa la tête de la Marseillaise du maître pour l'Arc de Triomphe de l'Étoile?

Dans ce chapitre où l'idéal, semble-t-il, s'évapore, on pourrait rappeler les nombreuses facéties des artistes de la Renaissance, qui s'évertuaient, dans leurs œuvres, à placer au ciel leurs amis, et en enfer ceux dont ils avaient eu à se plaindre, à la façon d'Orcagna entre autres. Les libertés des peintres qui, comme le grand Raphaël lui-même, n'hésitaient pas, dans leurs tableaux d'histoire, à changer la figure d'un personnage principal pour y mettre celle d'un de leurs protecteurs, n'étaient pas moins divertissantes.

Au reste, Raphaël n'a-t-il point été, dans ses admirables chambres du Vatican, « jusqu'à altérer les événements de l'histoire au bénéfice de ses mécènes ? Si Léon IV devient Léon X et Charlemagne François Ier, sous le pinceau magnifique de Sanzio, *Attila reculant à la voix de saint Léon* représente les étrangers chassés par la politique de Léon X, *Héliodore* ce sont les barons de l'Église dépouillés par Jules II... »

Parmi les œuvres contemporaines, ne saluerons-nous pas encore nombre de visages de connaissance ? Malgré que cette énumération ne tienne point essentiellement à notre sujet, comment résister à sa curiosité !

C'est le peintre Tony Robert-Fleury posant à Cabanel son *Poète florentin* ; c'est M. Paul Escudier, conseiller municipal de Paris, et l'acteur Albert Lambert Fils (à l'exemple du célèbre comédien anglais Garrick dont l'art du maquillage était tel qu'il reconstitua de façon saisissante l'image vivante et servit de modèle à Hogarth, pour le portrait du romancier Fielding) restituant le visage d'Alfred de Musset, dans l'œuvre de A. Mercié, place du Théâtre-Français.

C'est Mme Juana Romani inspirant les Dianes de Falguière, avant de devenir, en qualité de peintre, l'émule de son maître Roybet ; c'est... un littérateur connu, ami d'Aimé Morot, figurant son *Christ en*

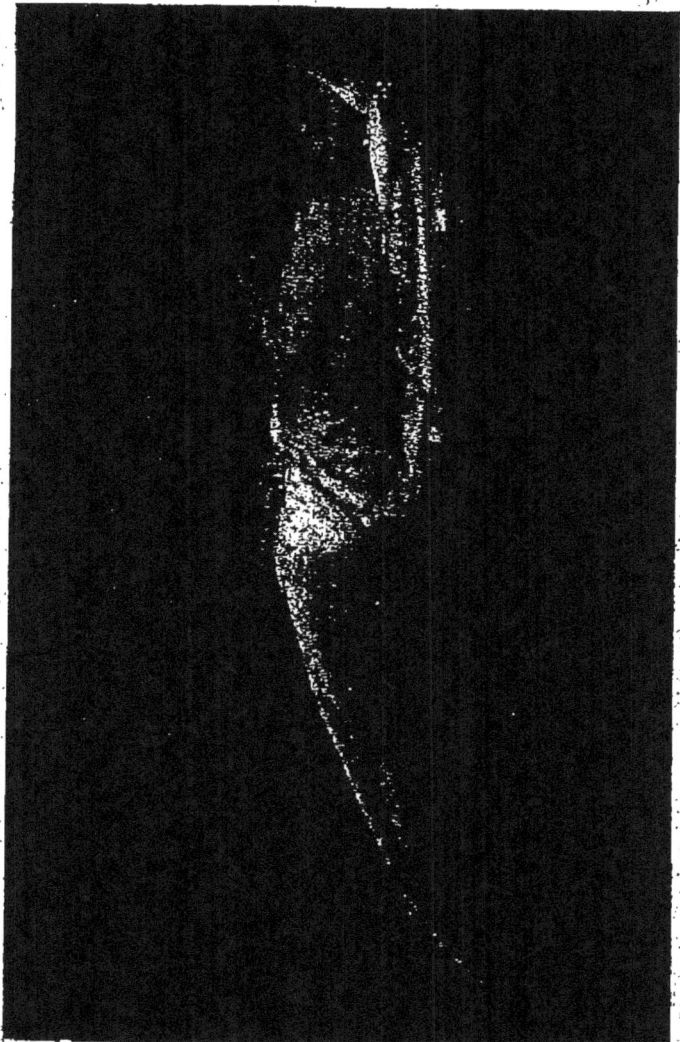

Studio G.-L. Manuel Frères.

Fig. 149. — *Étude*.

croix, et les lignes impeccables du visage d'un élève de W. Bouguereau lui révélant celles de sa *Mater afflicta*.

Et puis, voici les traits de Mme Laurens et de ses fils, les peintres Paul-Albert et Jean-Pierre, fixés nombre de fois dans les toiles de leur père Jean-Paul Laurens qui ne s'oublia pas non plus dans ses œuvres.

La main de Rachel, enfin, le masque de Napoléon moulé sur son lit de mort, et celui de l'acteur Silvain, de son vivant, constituent notamment, avec les visages, en plâtre, de Brutus, de Dante et du père de Dosy (un ancien modèle qui, fructueusement, aurait fait commerce du facies paternel, à peine refroidi...), les modèles courants, ronde bosse, proposés au fusain du débutant.

Mais nous fermerons cette longue parenthèse, au nez des innombrables exemples.

Sans revenir sur la suggestion, d'ordre humain, du déshabillé, comparativement à la nudité totale, essentiellement pudique parce que d'ordre divin, puisque naturel, il nous semble intéressant d'examiner maintenant le nu dans son rapport avec le public, au théâtre.

Nous admettrons, logiquement, que l'idéal qu'il poursuit dans son œuvre mette l'artiste au-dessus des pensées terrestres, de même que, pour le médecin, l'auscultation ou le palper sont tâches relevant encore du sacerdoce. Mais, en dehors de la niaiserie et de l'hypocrisie, il apparaît plus délicat de se prononcer sur la qualité d'art, du moins, d'une exhibition de nu en public.

On peut concevoir en principe qu'il y a profanation si l'on se commet avec le vulgaire. Il faut une éducation pour comprendre chaque art, et le nu plastique correspond à la plus haute expression de l'art représenté par la Nature essentiellement inspiratrice.

Or, l'éducation du public est-elle faite, en matière de nudité? Nous ne le croyons pas. C'est sa curiosité, d'ordre humain, qui attire, point les dehors de sa sublimité dont le commun ignore la grammaire. Il faut même espérer que, progressivement, le public dépouillera le sentiment humain qui l'agite sexuellement, pour n'être plus ému qu'esthétiquement. La vision de la nudité n'aurait-elle aidé qu'à l'affranchissement de la fausse pudeur, par le truchement de l'habitude, que son intelligence en eût largement profité, et, les lois de l'atavisme aidant, qui préparent les générations à toutes acceptions, la nudité finirait par apparaître simplement naturelle. Mais affranchissez-la auparavant, de toute réalité objective, car il importe de ne point détourner l'idéal de son but intangible en le ramenant à une pensée humaine. Il suffit d'un voile intime aux pieds de Vénus pour qu'elle ne soit plus qu'une femme. Voici pourquoi la quasi-nudité ne saurait être de tendance irréprochable.

On a prétendu que le nu immobile, seul, avait au théâtre la chasteté requise. Nous pensons, nous, que la nudité ne saurait être réellement chaste qu'à la condition d'être motivée. Rien de stupide comme le geste injustifiable, fût-il immobile, et l'art de profiter de la nudité, de son occasion admirable, excuse seul son spectacle.

D'un côté, il y a le public digne de contempler la vérité surtout même immobile; de l'autre côté, le talent ou le génie susceptible de lui donner un rôle. Au modèle parfaitement choisi, enfin, incombe la lourde tâche d'une pure personnification.

Tant que ces qualités n'auront point été réunies, la valeur du spectacle demeurera douteuse. Au théâtre, d'ailleurs, la vérité est déjà un mensonge. La police doit en effet, prendre des strictes mesures qui eussent certainement offensé l'aréopage aux yeux duquel Phryné se dévêtit; mais cela précisément parce que notre société, non initiée, n'est point encore digne de contempler la pure beauté. Réticences pudibondes au surplus, aboutissant singulièrement à des suggestions impudiques. Le mur derrière lequel il se passe quelque chose excite la curiosité des badauds et fausse leur imagination.

Au reste, nous concevons la pudeur comme nous la méritons, et la nudité ne s'idéalise guère à nos regards que lorsque nous l'apercevons à distance dans un cadre qui l'extériorise.

C'est ainsi que la promiscuité d'une dame très décolletée, à demi-nue comme aujourd'hui, nous gêne dans un fauteuil d'orchestre voisin, tandis que nous regardons volontiers des actrices nues, sur la scène. Pareillement préférons-nous que ces actrices ne descendent point de la scène dans la salle, il semble qu'elles descendraient aussi de notre rêve. Le contact de la chair nue, fardée, choque notre habit noir, alors qu'au loin elle fait si bien dans son décor factice ! La mode actuelle prône les jambes nues, et il

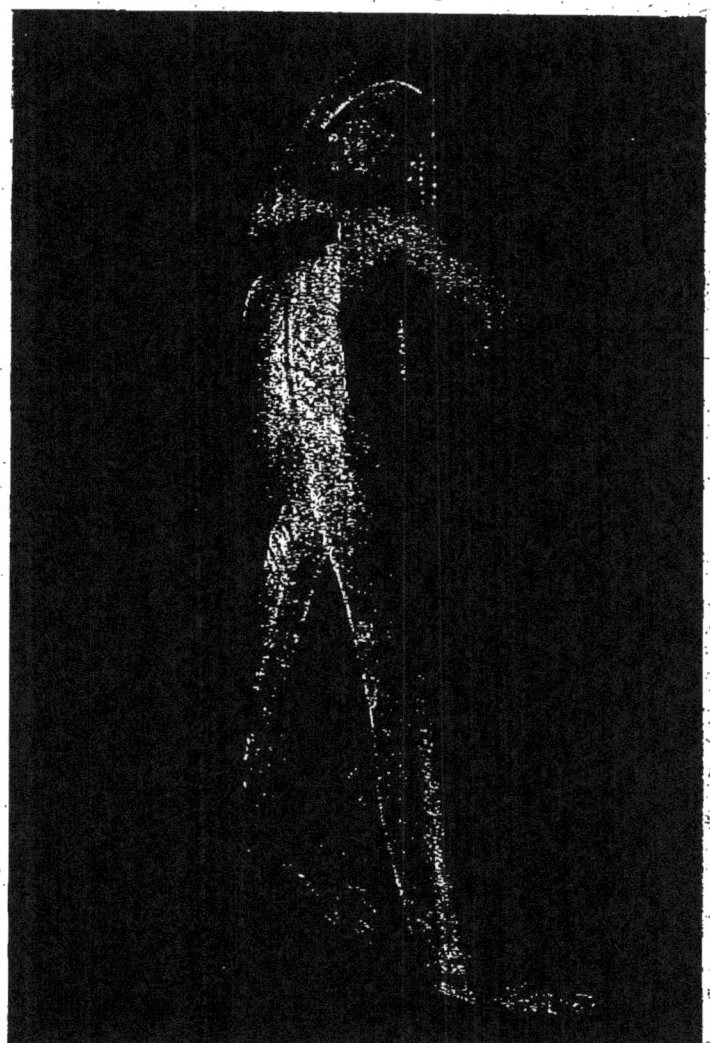

Studio G.-L. Manuel Frères.
Fig. 150. — *Etude*.

faut bien avouer que ce réalisme nous choque d'autant que les belles jambes sont rares et qu'au moins le maillot de soie d'autrefois nous illusionnait. Les jambes nues, d'ailleurs, ressortissant à la vision du déshabillé, pour la rigoureuse décence. Et puis, l'horrible maillot « académique », hier imposé par une soi-disant pudeur, a dénaturé notre sens de la nudité absolue que la représentation de certain idéal artistique fallacieux faussa d'autre part. Il faut laisser à l'habitude le soin de cette rééducation qui, en nous convertissant progressivement à la vérité, triomphera ainsi de notre fausse honte.

Le vice est surtout dans les yeux qui regardent. « Les vers d'Homère, les statues de Phidias, les peintures de Raphaël, a dit Th. Gautier, ont plus élevé l'âme que tous les traités des moralistes », et Molière a parfaitement pensé que « dans tous les Beaux-Arts c'est un supplice assez fâcheux que de se produire à des sots », et ceci pourrait s'adapter étroitement au plus noble spectacle de la nature qui est la nudité.

* *
*

En terminant, nous constaterons, chez les modèles vis-à-vis du choix esthétique, un déchet considérable, surtout en ce qui concerne la femme, d'une pureté plus essentielle et par conséquent plus précieuse. On peut établir une proportion élective de 40 %, pour l'homme, et de 10 % pour la femme. Mais encore l'artiste doit-il plus généralement se contenter de

« morceaux » qu'il réunit pour composer la beauté de l'ensemble.

Est-ce à dire que la beauté de l'ensemble ne se rencontre jamais sur le même individu? Non point, mais la rareté d'une belle tête couronnant un corps splendide s'avère plutôt exceptionnelle, chez la femme toujours, puisque le caractère qui séduit chez elle ne peut s'absoudre comme chez l'homme, d'une certaine laideur pittoresque.

Par suite des vulgarités de la vie auxquelles les modèles femmes sont assujetties, la noblesse de la maternité n'en dispensant pas moins ses tares concurremment avec les fatigues de la tâche domestique, les conditions d'hygiène et de nourriture précaires, les fragilités de la forme souffrent, et c'est à la prime jeunesse qu'il faut s'adresser, en principe, pour rencontrer les prémices indispensables à l'art. Apollon modèle, aussi bien, ne prenant pas soin de son corps au point de mériter toujours de l'exemple divin. Mais, a dit Charles Blanc, l'artiste qui comprend le beau est supérieur à la nature qui le montre.

CHAPITRE XIII

Observations et critiques sur quelques gravures.

L'idéal exalté par l'art à travers les divers optiques, styles et sentiments, semble avoir détourné le goût de la vérité naturelle. Le divin mensonge des artistes, ainsi donc, troubla l'exact entendement de la vie et la reproduction photographique, aux fatales déformations, précipita sa déception dans l'appréciation fausse. En un mot, le public s'imagine volontiers que la nudité est « toujours plus belle que cela », et les A. Cabanel, les W. Bouguereau, parmi tant d'autres contemporains, portent le poids de cette erreur propagée d'une forme de séduction irréelle (fig. 141). En remontant d'ailleurs plus avant (car nos jours ont dépassé les bornes de la réaction contre le joli et le « délectable » cher au Poussin), nous apprécions que les peintres et les sculpteurs aient versé dans le rêve, — faute de n'être point des artistes, — qui, au résumé, se juxtapose à la nature sans jamais la dépasser. « ... Ton œuvre sera d'autant meilleure, proclame Albert Dürer, qu'elle ressemblera plus à la vie... N'espère, ne désire donc point produire une œuvre pour laquelle Dieu n'a pas donné de force à sa créature : car ton pouvoir d'artiste n'est rien en face de la puissance créatrice de Dieu. » Mais encore faudrait-il que la rééducation visuelle du profane lui fît rendre légitimement hommage à la beauté naturelle du modèle éternel et divin.

Or, depuis le tableau jusqu'à la photographie, il n'est que retouches d'après la nudité; l'une supérieure, d'ordre esthétique, l'autre d'ordre machinal et pudibond. Toutes deux, sinon hostiles à la vérité, du moins propres à une vérité conventionnelle, désobligeante et niaise pour la vérité vraie du nu. D'ailleurs, le public estime que seul lui ressemble le portrait fortement amendé que l'on fit de lui !

Cette observation va au devant des idées préconçues qui accueilleraient le choix de nos photographies dont une patiente élimination répond à l'objection non prévenue.

Cependant, nous convenons que, dépouillé de la couleur, du frémissement de la chair et de cette ambiance magnétique que crée la vie d'accord avec le regard sensible, exercé et délicat, le cliché le meilleur d'après le modèle le plus parfait risque, à froid, de désenchanter. Toute part, donc, concédée à cette déperdition fatale accrue de la réduction de nos images, nous répondrons encore d'avance à la critique, en nous dérobant devant la perfection rare de l'ensemble. Au surplus, le lecteur qui ne s'arrêterait qu'aux gravures de notre livre, où s'intercalent à dessein des tares et des qualités physiques, s'exposerait à ne point saisir l'intention de notre étude comparative.

Ce préambule était indispensable selon nous, aux ensembles, formes, mouvements et « morceaux » dont nous allons examiner les vertus et vices :

Fig. 31 et 32. — Ces gravures n'offrent, dans un ouvrage sur l'esthétique, que l'intérêt démonstratif d'une culture physique bien entendue. Contrairement à certain sport déprimant (sur ce point, la statistique des conseils de révision ne saurait nous contredire) et déformateur, une gymnastique réfléchie, progressive et appropriée, parvient souvent à corriger la nature. C'est cela seulement que nous désirons prouver ici.

Fig. 46. — *Le Pugiliste* en question, ressemble singulièrement à M. Georges Carpentier, le célèbre boxeur; de même que la *Danseuse* (fig. 21) évoque à s'y méprendre, les traits de Mlle Cléo de Mérode... La qualité musculaire de ce pugiliste est supérieurement harmonieuse. On la comparera avec celle de l'athlète, plus puissant, de la figure 52, d'une valeur aussi appréciable vis-à-vis de la forme plastique non altérée. Dans son *Pugiliste*, l'artiste s'est rapproché de la sobriété antique.

Fig. 48. — Formes heurtées, sans galbe ni grâce; vulgarité générale.

Fig. 49, 62, 64 et 71. — Les types d'athlètes que nous communiqua aimablement l'École supérieure d'Éducation physique de Joinville, s'inspirent de mouvements sportifs et éducatifs qui s'éloignent, au vrai, de l'esthétique. Toutefois, de beaux morceaux resplendissants de santé plastique, retiendront l'attention, lorsque certaine exubérance musculaire, à force d'entraînement, ne confinera pas à la déformation (fig. 60), pour notre étonnement d'artiste.

Fig. 51. — Les trois modèles de la figure précédente sont particulièrement beaux ici, vus de dos; la photographie qui, fatalement, déforme les différents plans, les ayant moins défigurés sur le même plan qu'ils se trouvent.

Fig. 52. — Athlète normal, musclé sans excès, aux extrémités supérieures et inférieures bien proportionnées. Mouvement sportif. Voir (fig. 61) un autre aspect du même modèle, et son dos (fig. 59).

Fig. 54. — On remarquera chez ce modèle, l'élégance exagérée d'un dos sur un bassin, des fesses et des jambes d'un volume trop mince.

Fig. 55. — Mouvement sportif bien composé, mettant en valeur un beau dessin de jambes.

Fig. 56, 57, 90, 91, 134, 135 et 136. — Les photographies émanant du Studio G.-L. Manuel Frères, représentent avec maîtrise des types de beauté remarquable. Mais il se pourrait qu'en dehors des délicats visages de femmes et d'enfants, incontestablement purs, le lecteur non prévenu s'étonnât du type masculin (fig. 56) que nous lui présentons. A vrai dire, le vulgaire se complaît à un idéal d'homme détestablement joli, tel que la tête de cire du coiffeur ou la carte postale illustrée le figure. Or, nous savons que la beauté, et le joli surtout, n'existent point chez l'homme, mais le caractère mâle. C'est ainsi que nous avons choisi notre personnage dont on appréciera la volonté des traits virilement dessinés, l'expression et l'intelligence robustement indiquées. L'autre type (fig. 57) accuse encore un masque distingué, sous la caresse de l'effet de lumière. Cependant ici, nous avons sacrifié à la mode du visage rasé où hante quelque féminité.

Fig. 58. — La jambe du modèle de droite apparaît exagérément musclée et lourde comparativement à l'autre jambe. Déformation photographique dont pâtit également l'ensemble du corps.

Fig. 63. — Ce modèle, un lutteur d'ailleurs demeuré élégant, n'a pu résister à l'orgueil professionnel de la musculature étalée. Torse bombé, muscles des bras gonflés ainsi que ceux de la cuisse, au-dessus du genou. Même observation relativement à la figure 68, torse et biceps avantageusement contractés.

Fig. 70. — M. Rigoulot bat le record de la musculature; sa célébrité se passe de commentaires, mais cet athlète extraordinaire a certainement franchi les bornes de la forme. On ne peut justifier à la fois tous les intérêts. Même observation relativement à la figure 60 où nous voyons un dos phénoménal. En revanche, moins curieux mais normaux et esthétiques sont les dos des figures 54 et 59.

Fig. 84. — Trois natures différentes assemblées à dessein. Le modèle de droite (de même que celui du milieu), commence à s'empâter, sa taille est lourde; les plis à la hanche trahissent cette lourdeur. Le modèle de gauche offre une élégance avantageuse pour le contraste. (Voir, fig. 119, les mêmes modèles, de dos.)

Fig. 86. — A vrai dire, ce modèle était assis, et la contorsion de son torse, excessive ici, ne choquait point. La souplesse remarquable de ce torse, au contraire, était normale.

Fig. 87. — Torse de fillette dont les promesses de la forme s'estompent avantageusement comme volumes et modelés.

Fig. 88. — Délicate silhouette de jeune fille dont le torse, souple et bien modelé, se reflète. La ligne qui part du sein jusqu'au pied (à droite) serait encore mieux venue si le pied n'était légèrement en dedans.

Fig. 94. — Ensemble distingué, malgré des seins un peu sommaires, aux mamelons trop accusés. Ne voilà-t-il point la jeune fille à la mode, dite « garçonne »?

Fig. 97. — Beau modèle, dont la photographie exagéra l'importance des jambes, apparaissant un peu fortes pour le torse.

Fig. 99. — Le modèle de droite présente notamment les tares suivantes, en dehors d'un empâtement général : les seins distendus ainsi que l'abdomen; le bourrelet adipeux qui s'indique entre la base du tronc et l'attache de la cuisse (particulièrement visible sur la ligne du corps, où elle fait bosse, à droite); la cassure de la jambe qui porte.

Les deux autres modèles, surtout celui du milieu (n'était la tête), sont beaux. La nette détermination de la taille constitue un caractère particulièrement gracieux chez le sujet du milieu; celui de gauche, dont la taille est moins marquée, n'offre point comme l'autre l'agrément de la saillie des hanches.

On observe, chez ces deux modèles, la qualité de la démarcation, sans bourrelet de graisse, entre le tronc et les cuisses.

Fig. 100. — La souplesse de cette belle danseuse, dont un loup cache malheureusement les traits, dépasse ici les bornes de la grâce. D'autre part, certaines attitudes professionnelles de ce modèle de choix, indiquent (dans la disposition des jambes et des pieds, fig. 81 et 102) des irrégularités plastiques qui, au résumé, ne déparent pas l'élan superbe des formes et l'expression du geste (fig. 85 et 118).

Fig. 101. — Le modèle du milieu présente de rares qualités d'ensemble que les autres personnages font plutôt valoir. Sa haute stature écrase pourtant la finesse des deux sujets qui l'accotent. Quant aux deux autres (à droite et à gauche), nous n'insisterons pas sur leur empâtement accusé par le mouvement ployé.

Fig. 103. — Modèle parfaitement proportionné (le même, fig. 76 et 88), dont les seins pourtant commencent à être un peu lourds.

Fig. 105 et 106. — En comparant les deux modèles, on est séduit par la plus grande pureté de celui de gauche, dont les lignes plus fines servent un geste plus aisé. La tête du sujet de droite est un peu forte, son cou plutôt court, et ses seins apparaissent lourds sur un torse au galbe indécis qu'une mauvaise disposition des jambes ouvertes, dessert encore.

Fig. 113. — Dans ce beau groupe, on relèvera, sur la figure du troisième plan, à droite, la désarticulation du bras qui porte, accusant une cassure. On constate fréquemment cette désarticulation, pour cause d'exagération de souplesse (nous l'avons indiquée dans la jambe de la figure 99), chez la femme et l'enfant.

Fig. 79 et 114. — La photographie, exagérant les premiers plans, accuse le renflement des fesses au détriment du torse, légèrement diminué de volume, dans ces dos choisis de femmes.

Fig. 115. — La bonne proportion des bras et des jambes que nous relevons ici émanait surtout du modèle, car la photographie a sensiblement raccourci ses extrémités inférieures.

Fig. 116. — Il n'est tel que d'appeler à un même geste différentes natures de modèles, pour distinguer leurs diverses beautés. L'aisance du mouvement, sa grâce, son développement avantageux, etc., sont autant de motifs d'étude qui déterminent le choix de l'artiste.

Fig. 117. — Du choix du mouvement dépend l'utilisation avantageuse du modèle (lorsque la déformation photographique n'intervient pas!). Ainsi, ce mouvement ici avantageux, provient du même modèle (fig. 83), d'ailleurs très desservi par la photographie...

Fig. 119. — Ces modèles, les mêmes que ceux de la figure 84, sont supérieurs, esthétiquement, vus de dos. Le sujet de gauche demeure cependant le plus élégant, et celui du milieu n'a point perdu de son embonpoint naissant, à partir de la taille, tandis que celui de droite a gagné en élégance.

Fig. 132. — En dehors du ballonnement de l'abdomen, commun à l'enfant (fig. 129), cette petite fille présente une cassure de la jambe étendue. Nous avons relevé cette tare (fréquente aussi dans les extrémités supérieures) chez la femme, dont la souplesse n'a point, comme chez l'enfant, l'excuse d'une formation non accomplie, d'une résistance musculaire non réalisée.

Même cassure visible dans la jambe qui porte, du petit garçon de la figure 140. D'une manière générale, on constatera que les enfants présentent des attaches noueuses, plus accusées chez les garçons (fig. 140 et 142), dont les formes, au surplus, sont moins rondes et moins calmes, lorsqu'elles ne sont pas grasses (fig. 144).

Fig. 148, 149 et 150. — La franchise comme l'intention du demi-nu, au théâtre, composent sa vertu, à condition encore que le résultat soit beau. On ne pourra nier que les Sœurs Guy (fig. 148) et Mlle Spinelly (fig. 149 et 150), artistement présentées par le Studio G.-L. Manuel Frères, n'y aient atteint !

Au résumé, il importe avant tout de voir des beautés et non des lacunes. Si l'objet de l'art est d'unir la matière aux formes qui réalisent ce que la nature a de plus vrai, de plus beau et de plus pur, encore faut-il concéder à la photographie la dépréciation souvent fatale de sa vision machinale d'après la nature...

TABLE DES MATIÈRES

Chapitre		Page
Chapitre Ier.	Considérations générales sur l'Art et le Beau	7
II.	La forme humaine. La Science et l'Art.	21
III.	La forme humaine. La Science et l'Art (suite)	41
IV.	Autour et alentour de la forme humaine inspiratrice. La forme humaine et la Mode	66
V.	Sur la Nudité en général et ses divers caractères	96
VI.	La Nudité esthétique de l'Homme	122
VII.	La Nudité esthétique de l'Homme (suite et fin)	158
VIII.	La Nudité esthétique de la Femme	187
IX.	La Nudité esthétique de la Femme (suite)	210
X.	La Nudité esthétique de la Femme (suite et fin)	237
XI.	La Nudité esthétique de l'Enfant	275
XII.	L'Art et le modèle vivant. Le Nu et le déshabillé au théâtre	301
XIII.	Observations et critiques sur quelques gravures	314

Paris. — Imp. PAUL DUPONT (Cl.).-2.6.26.

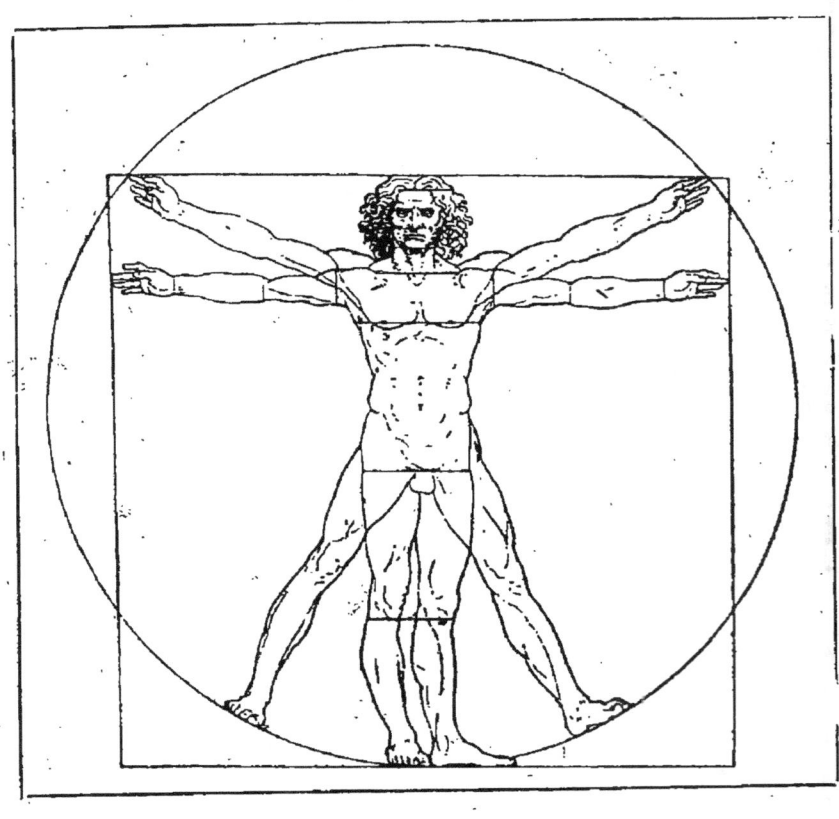

Imp. Paul
Clich

www.ingramcontent.com/pod-product-compliance
Lightning Source LLC
Chambersburg PA
CBHW071156240526
45470CB00016BA/122